Das Konzept der Sozialen Marktwirtschaft
und seine Anwendung

Ordnungspolitische Dialoge

Herausgegeben von
Bernhard Seliger, Jüri Sepp und Ralph Wrobel

Band 1

PETER LANG
Frankfurt am Main · Berlin · Bern · Bruxelles · New York · Oxford · Wien

Bernhard Seliger/Jüri Sepp/Ralph Wrobel (Hrsg.)

Das Konzept der Sozialen Marktwirtschaft und seine Anwendung

Deutschland im internationalen Vergleich

PETER LANG
Internationaler Verlag der Wissenschaften

Bibliografische Information der Deutschen Nationalbibliothek
Die Deutsche Nationalbibliothek verzeichnet diese Publikation in der Deutschen Nationalbibliografie; detaillierte bibliografische Daten sind im Internet über http://dnb.d-nb.de abrufbar.

Umschlagabbildungen:
Walter Eucken, Ludwig Erhard,
Friedrich August von Hayek,
Alfred Müller-Armack, Franz Böhm, Wilhelm Röpke
und Hans Gustav Grossmann-Doerth.

Abdruck mit freundlicher Genehmigung
des „Ordnungspolitischen Portals“.

Gedruckt mit Unterstützung
des Bundesministeriums für Wissenschaft
und Forschung in Wien.

Gedruckt auf alterungsbeständigem,
säurefreiem Papier.

ISSN 1868-7989
ISBN 978-3-631-58772-0

www.peterlang.de

Unsere moderne Welt ist unstreitig immer mehr zu einem riesenhaften *Maskenfest der Ideologien* geworden, auf dem niemand mehr recht weiß, was sich hinter der Wortvermummung in Wirklichkeit verbirgt. Unser tägliches Vokabularium ist in einem erschreckenden Umfange mit Ausdrücken wie „Demokratie", „Reaktion", „Kapitalismus", „Sozialismus", „Faschismus" und vielen anderen durchsetzt, die den Zweck der Sprache, nämlich die Verständigung der Menschen durch Übertragung präziser Vorstellungen, vereiteln.

Wilhelm Röpke (1950, S. 9).

Vorwort

Die Wirtschaftsordnung der Bundesrepublik Deutschland wie auch die Weltwirtschaftsordnung durchleben derzeit eine Vertrauenskrise, die die vielleicht größte Herausforderung nach dem Zweiten Weltkrieg darstellt. Nachdem das „Ende der Geschichte" sich für die politische Weltordnung schon recht bald als ein Vorläufiges herausgestellt hat, scheint nun auch der Siegeszug der Marktwirtschaft in Frage gestellt. An den Universitäten bilden sich wieder Zirkel, die Karl Marx lesen, eine prononciert antikapitalistische Partei mit postsozialistischem Hintergrund erringt in ganz Deutschland Erfolge und die „freie Welthandelsordnung", die vor wenigen Jahren noch als Garant der Teilhabe immer weiterer Völker am Wohlstand schien, taugt nun oft nur noch als Schimpfwort im politischen Diskurs. Die Weltwirtschaftskrise ist also nicht nur eine realwirtschaftliche Krise, sondern auch eine ordnungspolitische Krise, denn die bewährten ordnungspolitischen Mechanismen scheinen zu versagen. Hat also die Marktwirtschaft, und in Deutschland speziell die Soziale Marktwirtschaft, die Wirtschaftsordnung der Bundesrepublik Deutschland, die den Wiederaufstieg nach dem Zweiten Weltkrieg ermöglichte, die Deutschland zu einem der wohlhabendsten Staaten weltweit machte und zu einem Muster an Stabilität, versagt? Oder handelt es sich vielleicht, in Anlehnung an die Kritik Röpkes von vor fast sechzig Jahren, um ein Problem der Wortvermummung, bei dem ideologische Worthülsen den wahren Inhalt der Dinge verschleiern?

Die ordnungspolitische Krise, die zu den angesprochenen Phänomenen führte, ist tatsächlich nicht erst mit der aktuellen Weltwirtschaftskrise entstanden, sondern hat schon in den letzten beiden Jahrzehnten die volkswirtschaftliche Diskussion beschäftigt. Die konjunkturellen Hochphasen der Jahre 1999/2000 und 2005/2006 haben lediglich diese Diskussion überdeckt. Zwar hat es tatsächlich nach jahrzehntelanger Diskussion Reformanstrengungen vor allem im sozialen Bereich gegeben, diese wurden aber immer wieder durch politischen Widerstand gehemmt. Die im Wesentlichen konjunkturbedingten Verbesserungen der makroökonomischen Daten wurden dann als Erfolge für die Wirtschaftspolitik gewertet. Der Reformdruck ließ anschließend deutlich nach. So erscheint auch die aktuelle Krise als eine Krise der ungehemmten Marktkräfte und führt zur Kritik, manchmal sogar Fundamentalkritik, an der Marktwirtschaft, obwohl doch sehr zweifelhaft ist, inwieweit das tatsächliche wirtschaftspolitische System den Grundsätzen der marktwirtschaftlichen Wirtschaftspolitik entspricht. Kann die Soziale Marktwirtschaft, die schon Hayek (1983, S. 4) als „*weasel word*“ kritisierte, zu einer gehaltvollen Diskussion wirtschaftspolitischer Herausforderungen beitragen? Die Diskussion dieser Grundsätze und ihre Anwendung auf die Herausforderungen der Gegenwart sind das Thema dieses Bandes, der auf den Ergebnissen des ersten Ordnungspolitischen Dialoges an der Westsächsischen Hochschule Zwickau im November 2007 basiert und weitere Beiträge mitaufgenommen hat.

Dabei geht es nicht darum, einer Orthodoxie zu dienen, die die Soziale Marktwirtschaft als ewige Wahrheit beweihräuchert – auch das hat es gegeben –, sondern es geht darum, den wertvollen Gehalt der Sozialen Marktwirtschaft für die heutige Wirtschaftspolitik zu bestimmen. Dieser ergibt sich aus den Antworten, die das Konzept der Sozialen Marktwirtschaft für die heutigen Herausforderungen geben kann. Der erste Abschnitt dient dabei der Bestandsaufnahme: Bodo Gemper blickt auf die rheinischen Wegbereiter der Sozialen Marktwirtschaft zurück und betont die Rolle der Charaktere für die Durchsetzung der Marktwirtschaft. Eine Außenansicht liefert Emmanuel Decouard, der die französische Sicht auf das „modèle rhénan“ darstellt. Bernhard Seliger und Ralph Wrobel diskutieren dann die Krise der Ordnungspolitik auch als eine Krise der Kommunikation über Ordnungspolitik. Ronald Chapham schließt diesen Abschnitt mit einer Analyse des institutionellen Wettbewerbs in der EU, der die Soziale Marktwirtschaft als nationale Wirtschaftsordnung unter Anpassungszwänge stellt.

Im zweiten Abschnitt werden ordnungspolitische Perspektiven für die neuen Bundesländer diskutiert. Dabei stellt Karl Noltze, Regierungspräsident des Regierungsbezirks Chemnitz, die ordnungspolitischen Herausforderungen der Umgestaltung der ehemaligen DDR aus Sicht der Verwaltungen dar. Jürgen Backhaus erörtert die Rolle der Anfangsverteilung der Vermögen für die spätere wirtschaftliche Entwicklung der neuen Bundesländer. Die großen ordnungspolitischen Herausforderungen der letzten Jahrzehnte lassen sich geographisch relativ gut mit den beiden Regionen „Osteuropa“ und „Ostasien“ beschreiben, wobei die erste für die Transformation von der Zentralverwaltungswirtschaft zur Marktwirtschaft steht, die zweite für die erfolgreiche Entwicklungsstrategie von Marktwirtschaften, die aber erhebliche Staatseingriffe aufweisen. Die Abschnitte drei und vier befassen sich mit diesen Themen. Im dritten Abschnitt stellt zunächst Joachim Ahrens in einem Überblick die Rolle des Konzepts der Sozialen Marktwirtschaft für Transformationsstaaten dar. Jüri Sepp diskutiert dann die Transformation in Estland als besonders gelungenes ordnungspolitisches Bespiel. Die Wettbewerbspolitik, die seit jeher eine der zentralen Politikfelder der Marktwirtschaft ist, wird anhand des Beispiels Estlands im Transformationsprozess in einem Beitrag von Diana Eerma und Jüri Sepp analysiert. Alexander Libman untersucht räumliche Aspekte von Institutionenqualität und großen (teils ehemaligen) Staatsfirmen im postsowjetischen Raum. Isa Mulaj befasst sich mit der Wirtschaft des Kosovo unter der UN- und EU-Verwaltung. Den Schluss macht ein Beitrag von Uwe Dathe zur Rolle des Wettbewerbs in der ukrainischen Bildungspolitik. Im vierten Abschnitt diskutiert zunächst Bernhard Seliger die Herausforderungen an die deutsche und europäische Ordnungspolitik, die sich aus der „ersten“ und „zweiten Welle“ der ostasiatischen Entwicklung der sogenannten „Tigerstaaten“ ergeben. Danach stellt Jang Tae Seok ein bisher wenig beachtetes Transformationsbeispiel vor, nämlich Nordkorea, vor allem im Hinblick auf den Einfluss südkoreanischer Wirtschaftshilfen. Im letzten Beitrag des Bandes stellt Herbert Strunz alternative Ansätze der Wirtschaftspolitik unter dem Begriff „Governance“ vor.

Der weitgespannte Bogen, in dem sich die Artikel in diesem Buch bewegen, zeugt von der fortgesetzten Lebendigkeit der Idee der Sozialen Marktwirtschaft. Die Soziale Marktwirtschaft bleibt weiterhin binnen- wie außenwirtschaftlich relevant, nicht nur als theoretisches Idealbild, sondern als Wegweiser für eine gute, d.h. erfolgreiche, Ordnungspolitik. Aber dieser Band zeigt auch, dass dieses Bild (d.h. unser Verständnis von Ordnungspolitk) sich ständig neu in der Diskussion bewähren muss. Wir hoffen, dass unser Band zu diesem Dialog der Marktwirtschaft mit ihrer Kritik beiträgt.

Eine Menge Personen und Institutionen haben dafür gesorgt, dass dieses Buch erscheinen konnte. Wir danken neben den Autoren PD Dr. Bernhard Seliger, Prof. Dr. Jüri Sepp, Prof. Dr. Ralph M. Wrobel, der Fakultät Wirtschaftswissenschaften der Westsächsischen Hochschule Zwickau, die den ersten Ordnungspolitischen Dialog ermöglicht haben, Herrn Prof. Dr. Herbert Strunz, der die Publikation dieses Bandes ermöglichte, sowie Frau Vertr.-Prof. Monique Dorsch, Frau Susann Cech und Frau Antje Hübner.

Literatur

Hayek v., F. A. (1983). The Weasel Word "Social", *Salisbury Review*, Vol.2, No.1, October 1983, pp.4-5.

Röpke, Wilhelm (1950). *Mass und Mitte*, Erlenbach-Zürich: Eugen Rentsch Verlag.

Inhaltsverzeichnis:

1.) **Ordnungspolitische Ansätze in der deutschen Wirtschaftspolitik: Anspruch und Realität** 13

Bodo Gemper – Rheinische Wegbereiter der Sozialen Marktwirtschaft: Charakter zeigen im Aufbruch 15

Emmanuel Decouard – Das „Modèle rhénan" aus französischer Sicht 37

Bernhard Seliger und Ralph Wrobel – Die Krise der Ordnungspolitik als Kommunikationskrise 51

Ronald Clapham – Welche Bedeutung haben nationale Wirtschaftsordnungen für die Zukunft der EU? – Der Beitrag der Sozialen Marktwirtschaft 65

2.) **Die ordnungspolitische Perspektive in den Neuen Bundesländern** 87

Karl Noltze – Die ordnungspolitische Strategie des Landes Sachsen im internationalen Standortwettbewerb 89

Jürgen Backhaus – Gilt das Coase Theorem auch in den Neuen Ländern? 99

3.) **Die Umsetzung des Konzeptes der Sozialen Marktwirtschaft in den Transformationsstaaten Mittel- und Osteuropas** 107

Joachim Ahrens – The concept of the Social Market Economy for transition countries 109

Jüri Sepp – Transformation in Estland – eine ordnungspolitische Erfolgsgeschichte 143

Diana Eerma und Jüri Sepp – Competition Policy's Role in Network Industries – Regulation and Deregulation in Estonia 163

Alexander Libman – Big Business and Quality of Institutions in the Post-Soviet Space: Spatial Aspects 183

Isa Mulaj – Forgotten Status of Many: Kosovo's Economy under the UN and the EU Administration 211

Uwe Dathe – Wettbewerb ohne Wettbewerb? Über die Bedeutung von Reformen im Bildungswesen für die Akzeptanz der Wettbewerbsidee in der Ukraine 241

4.) **Ordnungspolitische Ansätze der Wirtschaftspolitik in Ostasien – Herausforderung für die deutsche Wettbewerbsfähigkeit** 257

Bernhard Seliger – Die zweite Welle – ordnungspolitische Herausforderungen der ostasiatischen Wirtschaftsentwicklung 259

Jang Tae Seok – South Korea's aid to North Korea's transformation process an assessment from a social market perspective 289

5.) **Alternative Ansätze der Wirtschaftspolitik** 301

Herbert Strunz – Staat, Wirtschaften und Governance 303

1.) Ordnungspolitische Ansätze in der deutschen Wirtschaftspolitik: Anspruch und Realität

Bodo Gemper

Rheinische Wegbereiter der Sozialen Marktwirtschaft: Charakter zeigen im Aufbruch

1 Stabile Tradition

1.1 Kulturen am Rhein

Die Menschen entlang des Rheins haben durch symbiotische Vielfalt Gestaltungskraft entwickelt. Auch nach dem Zweiten Weltkrieg fanden sich Menschen ein, die *sich mit Mut den Herausforderungen stellten*, um *das Leben zu ordnen*, es wieder in zivilisierte Bahnen zu lenken und einen Weg in eine *hoffnungsvolle friedliche Zukunft* zu ebnen.

Bereits nach der Zeitenwende trafen im Rheinland Völker aufeinander, wie *Germanen, Kelten*, *Römer* und *Ubier*, die ihre Kulturen einbrachten und die Bewohner einander vertraut machte. Sie assimilierten sich und wuchsen zu einer *ethnisch kreativen Einheit zusammen.*

Neue kulturelle Leistungen und politische Strukturen entstanden, zunächst auf der politischen Macht des *Imperiums Romanum* basierend. Das *oppidum Ubiorum,* das zur *Colonia Claudia Ara Agrippinensium* avancierte, wurde zur Hauptstadt der römischen *Provinz Germania inferior* und bald zum Kristallisationspunkt *christlich-abendländischer Kultur,* – *Köln*: Der Dom zu *Köln* ist ein wahrhaft aufstrebendes, die Lebensäußerungen übergreifendes Symbol deutscher Hochkultur. Allein sein Anblick flößt Ehrfurcht ein als Stätte der Andacht und des Gottesdienstes.

Papst Urban VI. verlieh dem Rat der freien Stadt Köln am 21. Mai 1388 das Recht zur Gründung einer Universität. Die „Kölner Universität (war) nicht nur die erste, die im damaligen Reich von einer Bürgerschaft ins Leben gerufen wurde, sondern sie entsprach zugleich mit ihrem umfassenden Lehrangebot dem Bild, das die schon älteren west- und südeuropäischen Universitäten boten“ (Meuthen 1998). Diese Universität hatte „ihre Blütezeit im 15. Jahrhundert ... unter

Führung der Theologen“ (Meincke 1998). *Konrad Adenauer*, Oberbürgermeister der Stadt Köln, öffnete die Universität, die unter napoleonischer Besatzung geschlossen worden war, 1919 wieder und verlieh der „Universitatis studii sanctae civitatis coloniensis“, eine „europäische Brückenfunktion, im besonderen zwischen Deutschland und Frankreich“ (Meuthen 1998).

Unter Preußens Hoheit wurde die Rheinprovinz industrialisiert und verkehrstechnisch erschlossen. In Köln wurde von *N.A. Otto* der nach ihm benannte 1976 patentierte Motor erfunden, setzte von Köln aus die Eisenbahn Ende des 19. Jahrhunderts ihre ersten D-Zug-Wagen ein. Diese Modernität wurde in das noch ländliche Preußen übertragen. Kein Geringerer als Konrad Adenauer war 1918 als Vertreter der preußischen Rheinprovinz in das preußische Herrenhaus berufen und 1921 bis 1933 sogar zum Präsidenten des Preußischen Staatsrates gewählt worden.

1.2 Ein kreativer Menschenschlag

Die Menschen entlang des Rheins haben diese Gestaltungskraft durch symbiotische Vielfalt weiterentwickelt. Nach dem Zweiten Weltkrieg ragen drei Namen besonders heraus: *Konrad Adenauer, Joseph Kardinal Frings* und *Ludwig Erhard.*

Was lehrt ein Blick in die erfolgreiche „Ära Adenauer-Erhard“ (Hellwig 1997), um von den „Gründungs-Vätern unserer heutigen Bundesrepublik Deutschland“ (Hellwig 1997), mithin *aus dem Vergangenen für die Zukunft zu lernen?*

2 Konstruktive Initiativen: Durchsetzungsfähigkeit

Leitthese: Ohne Adenauer und das katholische Rheinland hätte sich Westdeutschland niemals zu dem bewunderten Rechts- und Sozialstaat entwickeln, ja selbst Erhard nicht der Vater des deutschen Wirtschaftswunders werden können. Zur Neugestaltung Deutschlands nach der NS-Diktatur haben diese Persönlichkeiten entscheidend bei-

getragen, zielstrebig eine nachhaltig stabile freiheitlich-demokratische Grundordnung aufzubauen.

Vom *Rheinland*, insbesondere *Königswinter, Köln* und *Walberberg,* gingen *wegweisende* Signale *katholischer Soziallehre* aus. Bereits in der Endphase des Zweiten Weltkrieges wurden neue *ordnungspolitische Ideen* für den Wiederaufbau eines Deutschlands vorgestellt, in dem Bestreben, „friedenswirtschaftliche Ziele wieder zum Anlauf zu bringen" (Erhard 1944). Und es wurden *personelle* Weichen gestellt, die einen Neubeginn gestalteten, der nicht nur das Schicksal Westdeutschlands als freiheitliche Gesellschaft und ihre Orientierung an den Grundsätzen *christlich-abendländischer Kultur* bestimmen, sondern auch das Modell für ein wiedervereintes Deutschlands prägen sollte. Denn sie hatten nicht nur die *Chance für einen Neubeginn* erkannt, sondern sogar einen Neubeginn mit einem Konzept gewagt, das *gegen den Zeitgeist* anging:

So verstand es *Adenauer*, sich geschickt der Vorwürfe eines Delegierten, des Kölner Gewerkschaftlers *Johannes Albers*, zu erwehren, der in *Erhard* „einen verkappten Liberalen, einen Fremdkörper im Gefüge der Union" vermutete, „dem es lediglich darum gehe, das *Ahlener Programm*" (Koerfer 1987) auszuhebeln. Auch verhinderte *Adenauer* eine Grundsatzdebatte – mit zudem ungewissem Ausgang –, und er „verkündete außerdem, den Text von Erhards Vortrag (den dieser gerade gehalten hatte, B.G.) für den Wahlkampf drucken lassen zu wollen" (Koerfer 1987). Selbst *Adenauer* musste sich politisch noch etablieren, rangierte er doch noch „in der öffentlichen Popularität weit hinter *Kurt Schumacher* und *Ernst Reuter*" (Morsey 1972), zwei führenden Sozialdemokraten. „In dieser Situation musste Adenauer – um das Widerstandpotential gegen sich nicht zu stark werden zu lassen – Zugeständnisse machen, und sich geschickt verhalten: er zitierte in Reden während des Frühjahrs (1946 B.G.) sogar aus der ersten Fassung der (von der CDU in *Walberberg* gefassten ersten, B.G.) Kölner Leitsätze und veranlasste die Gründung eines Wirtschafts- und Sozialausschusses der rheinischen CDU, der den christlichen Sozialisten als Ventil dienen sollte" (Noethen 1994).

2.1 Königswinter

Die Entscheidung für *Erhard* hatte *Adenauer* auf der „Sitzung des Zonenausschusses der CDU der britischen Zone am 24. und 25. Februar 1949 in Königswinter" (Koerfer 1987) herbeigeführt. Das war auf dem „Höhe– und Schlusspunkt der Adenauerschen Werbung um Erhard" (Koerfer 1987), keineswegs eine ausgemachte Sache, waren doch CDU/CSU verunsichert: „Die von der SPD im Wirtschaftsrat am 17. August und 10. November 1949 gegen Erhard eingebrachten Misstrauensanträge" waren zwar abgelehnt worden, „aber es war doch ganz unübersehbar, dass sich auch in der Union die Gegner des neuen Kurses regten" (Koerfer 1987). Darunter waren gewichtige Spitzenpolitiker aus Nordrhein-Westfalen, Hessen, Baden-Württemberg und Bayern (Koerfer 1987): „Da war die Rückendeckung, die Erhard durch Adenauer erhielt, von hohem Wert" (Koerfer 1987).

Welch zentrale Rolle Erhard im Kalkül *Adenauer*s spielte, bezeugt, dass er *Erhard* 1948 wohl kalkulierend den nötigen Raum eröffnete, seine Idee der *Sozialen Marktwirtschaft* vorzustellen, dabei das Misstrauen des sich früh formierenden Arbeitnehmerflügels der CDU zu neutralisieren und die Öffentlichkeit für eine freiheitliche Ordnung einzustimmen. *Konrad Adenauer,* führender Kopf der CDU, dürfte sich als arrivierter Kommunalpolitiker (Oberbürgermeister von Köln) und Parlamentarier (Präsident des preußischen Staatsrates), angesichts der Mangelwirtschaft und notwendiger „Regeneration Deutschlands" (Allemann 1956) bewusst gewesen sein: Um auch auf nationaler Ebene erfolgreich zu sein, musste er – ein Jurist – sich auch fundierten ökonomischen Sachverstandes versichern. *Erhard* war eine ordnungspolitisch denkende und erfahrene Persönlichkeit, die zudem bereits dabei war, ihre Vorstellungen seit Vollzug der Währungsreform mit Tolerierung der Westalliierten Erfolg versprechend umzusetzen, hing doch „die staatliche Regeneration Westdeutschlands mindestens im selben Maße wie die seines Wirtschaftslebens und seiner vom Zerfall bedrohten Gesellschaftsstruktur am Erfolg oder Misserfolg einer einzelnen Maßnahme: der Währungsreform" (Allemann 1956: 53).

*Erhard*s geniales Meisterstück, den Motor der Marktwirtschaft pari passu mit der Währungsreform der Westalliierten bereits am 20./21.

Juni 1948 im *vorkonstitutionellen* Raume angeworfen und das Räderwerk der *Sozialen Marktwirtschaft* durch Eigenmächtigkeit und sogar Kompetenzüberschreitung in Gang gesetzt zu haben (Gemper 1998), war *bahnbrechend* und *Adenauer* nicht verborgen geblieben. Dieses Gedankengut, einen „sozialwirtschaftlich gerechten" Ausgleich (Erhard 1943/44) im Volke *marktwirtschaftlich* anzustreben, beeinflusse die Programmatik nicht nur der CDU, sondern auch der Christlich Sozialen Union, – ging es doch in Königswinter „im Februar 1949 ... gerade darum, ein Wahlprogramm von CDU und CSU zu entwickeln" (Koerfer 1987).

2.2 Inkulturation einer neuen Wirtschaftsordnung

Während das Weltbild *Karl Marx'* verblasste, schob *Adenauer* die Ideen vom Glauben an einen „gemäßigten Sozialismus" (Welty 1946a) beiseite und bot *Erhard* die Chance, sein *neues Leitbild* politisch zu propagieren. „*Adenauer*s Augenmerk" – wie auch *Erhards*, eine „sozialwirtschaftlich befriedigende Ordnung" (Erhard 1943/44; 1997) anzustreben – galt „von Anfang an ... der Herstellung einer ‚gerechten sozialen Ordnung'" (Buchstab 2006).

In Königswinter legten beide mit unnachgiebiger Entschlossenheit den Grundstein für die Inkulturation einer Wirtschaftsordnung mit konzeptionell *prästabilierter*, d.h. *eingebauter Sozialpflichtigkeit:* einem ordnungspolitischen *Built-in Social Balancing, das zu* einem auf markt*immanentem* Weg sich ständig vollziehenden sozialen Ausgleich (Gemper 2007) „zur Aufrechterhaltung der sozialen Ordnung" (Erhard 1962) verpflichtet. Eine „enge Koordinierung der Sozialpolitik mit der Wirtschaftspolitik und darüber hinaus mit der Gesamtpolitik ... und dabei von der „klassischen", „neutralen" und „autonomen" Sozialpolitik abgehoben" (Mühle 1967). Als „sozial verpflichtete Marktwirtschaft, die das einzelne Individuum wieder zur Geltung kommen lässt" (Erhard 1962), um „der Wohlfahrt der deutschen arbeitenden Menschen zu dienen" (Erhard 1962). Ganz im Sinne *Adenauers,* der 1946, aus dem „Fundamentalsatz der CDU", dem „Kerngedanken der christlichen Ethik" abgeleitet, ausführte: „die menschliche Person hat eine einzigartige Würde, und der Wert jedes einzelnen Menschen ist unersetzlich. Aus diesem Satz ergibt sich eine Staats-, Wirtschafts- und Kulturauffassung, die neu ist gegenüber der in Deutschland seit langem üblichen“ (Adenauer 1946).

Sein Credo, politisch „bei den zu treffenden Maßnahmen die wirtschaftlichen und sozialen Folgewirkungen zu einem gerechten organischen Ausgleich zu bringen“ (Adenauer 1949), korrespondierte mit *Erhard*s frühen „Erwägungen sittlicher oder sozialer Art“ (Erhard 1943/44 (1997)) „für die deutsche Nachkriegswirtschaft“ (Erhard 1943/44 (1997)) als „neu zu organisierende Friedenswirtschaft“ (Erhard 1943/44 (1997)) und „zur Gewährleistung einer sozialen Ordnung“ (Erhard 1943/44 (1997)).

Nun war es an *Erhard*, gegen den „Zeitgeist“ argumentierend, mit *zielstrebiger Leidenschaft* die Bürger für sein qualitativ „neues gesellschaftliches Leitbild“ (Erhard 1962: 544) zu überzeugen, das auf „gesellschaftliche Harmonie“ in Freiheit setzte (Erhard 1939: 100), sozial gerecht war. Denn „Freiheit und Glück des deutschen Menschen stehen und fallen mit der Freiheit der Marktwirtschaft, und nur in der von Machtpositionen freien Wirtschaft verwirklicht sich die Forderung nach deren sozialer Fundierung und Ausrichtung“ (Erhard 1962). Eine schwierige Mission!

Die deutsche Gesellschaft musste – um sie wieder auf den Weg zu einem freiheitlich-demokratischen Rechts- und Sozialstaat und eine „freie, auf echtem Leistungswettbewerb beruhende Marktwirtschaft“ (Erhard 1997) zu führen – sich neu formieren. Dazu entwickelte *Erhard* „Gedanken zur politischen Ordnung Deutschlands“ – die er als „formierte Gesellschaft“ konzipierte (Erhard 1966) „zur Heilung der ‚deformierten Gesellschaft'“ (Hellwig 1997) durch „konsequente *Entideologisierung* der pluralistischen Gesellschaft“ (Nawroth 1965). Geboten war, rasch auf positive Veränderung zu dringen, den Rhythmus der Geschichte zu erahnen, um zu versuchen, die Volksseele zum Mitschwingen zu bringen und sich konstruktiv in den freiheitlichen Entwicklungsprozess einzuklinken. Das dazu unerlässliche *Resonanzpotential* zu schaffen lag im Erfolg begründet, die darbenden Bundesbürger von den Vorzügen einer freiheitlichen Ordnung zu überzeugen und auf einen neuen Kurs einzuschwören, der ihnen eine *erkennbare* Verbesserung der Lebensbedingungen bringen würde.

2.2.1 Gesetzte institutionelle und ordnungspolitische Rahmenbedingungen

Sicherlich waren *Konrad Adenauer*, *Ludwig Erhard* und *Joseph Kardinal* Frings im Rheinland, über allen US-General *Lucius D. Clay* auf dem Petersberg als Leitfigur der Westalliierten, in der Besatzungszeit in den Westzonen überragende Persönlichkeiten, die an die Spitze politischer Führung getreten waren, Glücksfälle, – wie auch *Ernst Reuter*, der am 9. September 1948 in Berlin eindruckvoll für die Freiheit, mithin gegen die Blockade Westberlins durch die Sowjets protestierend, die Westalliierten zur Hilfe und damit zur Errichtung der *Luftbrücke* motiviert hatte.

Als prägend erwies sich die intellektuelle Symbiose zwischen Repräsentanten der Katholischen Kirche und der sich herausbildenden neuen Staatsordnung in den Jahren des Wiederaufbaus Westdeutschlands. Sie lässt sich zurückverfolgen zu den Anfängen, als „sich die CDU als betont *christliche* Partei formierte" (Allemann 1956), aber doch schließlich als „überkonfessionelle Unionspartei ... die ganze Entwicklung des deutschen Parteiensystems bestimmt" (Allemann 1956). „Union" meinte, „alle diejenigen, die auf diesem Boden (christlich-abendländischer Kultur, B.G.) stehen, zu politischer Arbeit" in ökumenischer Vernunft zusammenzuführen, „gleichgültig welchem Bekenntnis sie angehören" (Adenauer 1946): Indizien deuteten darauf hin, dass zu jener Zeit „selbst in protestantischen oder konfessionell gemischten Gebieten die Katholiken meist einen unverhältnismäßig großen Anteil an der Parteimitgliedschaft stellen " (Allemann 1956). „Jenseits von Aktivitäten der Kirchenführung suchten viele Menschen im Jahre 1945 Halt im Glauben" (Noethen 1994), gab es besonders im Katholizismus „eine starke spirituelle Bewegung mit ‚radikaler' Rückbesinnung auf christliche Werte" (Noethen 1994).

2.2.2 Die konstruktive Rolle der Katholischen Kirche

Die Katholische Kirche, glaubwürdige Vertreterin der Christen, verdingte sich als Starthilfe für den westdeutschen Staat, auch im Bewusstsein, ein zweites sozialistisches Experiment zu verhindern, das zu beginnen, sich die sowjetische Besatzungszone anschickte. In der Besorgnis des Ausbreitens des Kommunismus war der „Antikommunismus ... in der frühen Nachkriegszeit ... kein Topos allein im Katholizismus, sondern zum Beispiel auch in der Sozialdemokratie“ (Noethen 1994). Diese Furcht mündete in die Vorstellung, wie der 1937 in die USA emigrierte Sozialdemokrat Wilhelm Sollmann schrieb, „dass demokratische Regierung auf lange Zeit nur durch die christlich-sozialistische Koalition möglich sei“ (Noethen 1994), – sah er doch hierin „die beiden einzigen Partner, die dem Bolschewismus oder einer anderen Diktatur begegnen können“ (Noethen 1994).

In den Gründerjahren der Bundesrepublik konnte die Katholische Kirche sich politisch so stark engagieren, weil sie eine starke Gemeinde der Gläubigen im Rücken hatte, – ganz besonders in den Regionen des späteren Freistaates Bayern und der sich formierenden Bundesländer Baden-Württemberg, Rheinland-Pfalz und Nordrhein-Westfalen, wo mehr als die Hälfte der Bürger der römisch-katholischen Kirche angehörten. Das Wort der Kirchenmänner erreichte aufnahmebereite Ohren. Ja selbst „ein numerisches Gleichgewicht der Konfessionen bedeutet(e) faktisch ein katholisches Übergewicht“, weil „die Mehrheit der protestantischen Deutschen ... nun einmal kirchlichem Denken und kirchlichen Problemen wesentlich gleichgültiger gegenüber (stand) als die der Katholiken“ (Allemann 1956).

2.3 Köln

In einer Grundsatzrede in der Universität Köln gab Adenauer 1946 seiner „tiefen Überzeugung“ Ausdruck, „dass nur eine Demokratie, die in der christlich-abendländischen Weltanschauung ... wurzelt, die große erzieherische Aufgabe am deutschen Volke erfüllen und seinen Wiederaufstieg herbeiführen kann“ (Adenauer 1946).

Die *Katholische Kirche nutzte ihre Chance*, den Gläubigen in den Jahren unerlässlicher Erneuerung politisch beizustehen. Der Hirtenbrief vom 25. Juli 1949 für den Wahlsonntag am 14. August 1949, von *Joseph Kardinal Frings*, dem Erzbischof von Köln unterzeichnet, dokumentiert diese Orientierungshilfe:

„In der ernsten Situation, in der unser Volk steht, müssen auch wir erklären: Das Wahlrecht wird zur Wahlpflicht! Der christliche Wähler, der sich jetzt der Stimme enthält, entzieht sich zudem nicht seiner Verantwortung; er unterstützt letzten Endes diejenigen Kräfte, die seine christlichen Grundsätze ablehnen. …Wir müssen leider feststellen, dass Abgeordnete der sozialistischen und liberalistischen Weltanschauungen für wesentliche christliche Forderungen kein Verständnis gehabt haben. ... „Jetzt muss *jeder christliche Wähler* in seinem eigenen *Gewissen* die Entscheidung treffen“. ... „Vergesset nicht, dass ihr eure Entscheidung vor Gott, vor euren Kindern und vor der Zukunft unseres Volkes verantworten müsst.“ (Josef Kardinal Frings 1949). Den Ernst der Lage beschwörend, fand dieses *Hirtenwort* am Wahlsonntag durch das *Erzbischöfliche Generalvikariat* eine Ergänzung: ... Wir erinnern alle Gläubigen an die ernsten Worte, die unsere *Hochwürdigsten Herren Bischöfe* vor zwei Wochen an uns gerichtet haben. ... Sie mahnen uns, in unserem eigenen Gewissen die rechte Entscheidung zu treffen. Sie fragen uns: Kann ein gläubiger Christ es mit seinem Gewissen vereinbaren, einem Kandidaten seine Stimme zu geben, der in entscheidenden Bildungs- und Erziehungsfragen die Macht des Staates über die Freiheit des Gewissens stellt? Sie erklären: Die Abgeordneten, denen wir glauben unsere Stimme geben zu dürfen, müssen vor allem die Gewähr bieten, dass sie das *Naturgesetz* als Grundlage für das staatliche Gemeinschaftsleben anerkennen und mit allem Nachdruck dem natürlichen Recht wie den christlichen Grundsätzen im gesamten Leben unseres Volkes Geltung verschaffen wollen. Es geht um das Wohl unsres Volkes. Wir wollen am Wahltag unsere Pflicht so erfüllen, dass wir vor dem Urteil des eigenen Gewissens, vor dem Urteil der Nachwelt, besonders aber im unbestechlichen Gerichte Gottes bestehen zu können.“ (Erzbischöfliches Generalvikariat 1949) Erinnerung als Auftrag: „Jeder Mensch kennt Orte, zu denen es ihn immer wieder hinzieht, weil er sich dort zu Hause fühlt.

Das kann der Heimatort oder ein Wallfahrtsort sein, jedenfalls eine Stätte im Leben des Menschen, die er zu seiner Identität braucht" (Joseph Kardinal Meisner 2001). So eine Stätte, die „seit 1945 im Aktionsbereich der Walberberger Bewegung" (Nawroth 1976) geistige, insbesondere auch sozialethische und ordnungs-politische Orientierung bot, war nach dem Zweiten Weltkrieg das Dominikanerkloster Walberberg.

2.4 Dominikanerkloster Walberberg

Auch das Wirken der Dominikaner in ihrem Studienhaus St. Albert zu *Walberberg* südlich von Köln vermittelte nachhaltig wirkende Denkanstöße für eine „christliche Gesamtlebensordnung" (Welty 1945) als „kerngesunde Staats- und Gemeinschaftsordnung" (Welty 1945), „zur Neuordnung im deutschen Lebensraum" und für den „Neuaufbau der Staatsgemeinschaft" auf der Grundlage „der christlichen Gesellschaftsethik" (Welty 1945).

„(M)it der Tagung der Programmkommission der späteren CDU begründete Walberberg mit dem Wirken von *Pater Eberhard Welty OP* seinen Ruf als *Kloster der offenen Tür*, als Ort für öffentliche Tagungen und geheime Gespräche verschiedener Art" (Noethen 1994: 63), – ließ – in der Formulierung von Pater *Laurentius M. Siemer OP,* auch Walberberg –, „den Konvent zum geistigen Mittelpunkt Westdeutschlands und für eine gewisse Zeit sogar zu einem politischen Mittelpunkt der Rheinlande" (Siemer, zitiert nach Noethen 1994) werden. Hier wurden „schon 1945 die Grundsätze der künftigen CDU diskutiert, ... auch die ersten Vorbereitungen für das Ahlener Programm und für den Bochumer Katholikentag begonnen, auf welchem Kardinal Frings im Namen der Kirche die Mitbestimmung forderte" (Jäger 1978).

„Eine menschliche Wirtschaft", die dem Ideal *Nawroth*s vorschwebt: die „eine produktive und zugleich sozialgerechte Wirtschaft und als solche die umfassendste Kulturleistung eines Volkes" ist (Nawroth 1989). Zugleich wurde damit die Vertrauensbasis für eine *wehrhafte* „europäische Integration" (Adenauer 1949) gelegt, d.h. „den Frieden zu sichern, um Europa wieder zu einem Faktor in Politik und Wirtschaft zu machen“ (Adenauer 1953). *Adenauer* erkannte, welche „Bedeutung ... das Wirken der christlichen Kirchen und aller Religionsgesellschaften für das deutsche Volk hat“ und es „die Pflicht des Staates ist, sie zu schützen“ (Adenauer 1946).

2.5 Die Christlich-Demokratische-Union (CDU) des Rheinlands

Wenngleich „die CDU der britischen Zone“, die bis Dezember 1945 CDP hieß, sich im *Ahlener Programm* (AP) „für die Sozialisierung von Betrieben mit Monopolstellung sowie für die Vergesellschaftung der Bergwerke“ aussprach (Hüttenberger 1998), steuerte *Adenauer* einen anderen Kurs. Ruderte er nicht nur in seiner Partei gegen eine starke sozialistische Strömung. Zu den Verstaatlichungsambitionen, wie im *AP* gehegt, kam der ordnungspolitische Widerstand der *Linken* – prononciert durch *Erik Nölting* von den Sozialdemokraten und *Viktor Agartz* von den Gewerkschaften – hinzu: „Eine Mehrheit für die Idee der Sozialen Marktwirtschaft hat es, als er (Erhard) sein Werk umzusetzen begann, in der deutschen Bevölkerung nicht gegeben – nicht einmal in seiner eigenen Partei (B. Vogel 2007).

Franz Etzel, Mitglied des geschäftsführenden Vorstands der CDU Nordrhein, Vorsitzender des Wirtschaftspolitischen Ausschusses des Zonenausschusses für die britische Zone, späterer Bundesminister der Finanzen (1957–1961), bekannte freimütig: „Wir haben, wenn ich es glatt heraussagen darf, ja gar keine Wirtschaftspolitik der CDU, sondern die Wirtschaftspolitik von Prof. Erhard gemacht, und von der CDU her haben wir sie sanktioniert.“ (Koerfer 1987). Das verdeutlicht, weshalb *Adenauer* „alle Register“ zog „und ... seinen ganzen Einfallsreichtum darauf (verwendete), *Erhard* zu sich herüberzuziehen“, (Koerfer 1987). Doch *Erhard* war gleichermaßen daran interessiert, „Gegnern und Kritikern seiner Wirtschaftspolitik in den Reihen der CDU zu antworten, ... überhaupt größere Kreise der Christlichen Demokraten mit seinen Gedanken vertraut zu machen“ (Koerfer 1987).

3 Die Persönlichkeiten

3.1 Konrad Adenauer

Adenauer hatte ein ordnungspolitisches Gespür für das Notwendige: Dank seines Weitblicks besaß die CDU „1945/46 das mit Abstand fortschrittlichste Programm: mit ihrer Forderung nach einer Einigung Europas, nach Preisgabe nationaler Souveränität, mit ihrer Betonung der Menschenwürde, der christlichen Einigungsparole und der sozialen *Bindung des Eigentums.* " (Morsey 1972). Bereits auf der „Rhöndorfer Konferenz" hatte *Adenauer* vor führenden Unionspolitikern mit Blick auf die Bildung der ersten Bundesregierung erklärt, „dass die Wahlen nicht nur ein ein-drucksvolles Bekenntnis zu den Grundideen der christlich-demokratische Gesellschaftsauffassung, sondern auch eine eindeutige Bejahung der sozialen Marktwirtschaft im Gegensatz zur sozialistischen Planwirtschaft erbracht haben" (Adenauer 1949). Und in seiner ersten Regierungserklärung mahnte er am 20. September 1949, sich „bei der Durchführung des Prinzips der sozialen Marktwirtschaft ... davor (zu) hüten ... , einem starren Doktrinarismus zu verfallen" (Adenauer 1949), sondern „durch Mittel des Wettbewerbs und durch die immer stärkere Einordnung der deutschen Wirtschaft in die *Weltwirtschaft* systematisch die durch ... Zwangswirtschaft und Kriegswirtschaft entstandenen Strukturfehler der deutschen Wirtschaft (zu) beseitigen" (Adenauer 1949). Seine These, „die beste Sozialpolitik (ist) eine gesunde Wirtschaftspolitik" (Adenauer 1949), bezeugt seine ordnungspolitische Nähe zu *Erhard*, der auch das soziale Anliegen der rheinischen CDU begriffen und mit Blick auf die Grundstoffindustrie u.a. im Jahre 1951 „das Fehlen klarer Eigentumsbegriffe, klarer Zuständigkeiten und Verantwortungen" (Erhard 1972), beklagte, als er „die Frage der Einkommensbildung als wirtschaftspolitisches Problem" (Erhard 1972) stellend, sagte: „Wenn ich schon ... Eigentumskonzentration, Konzentration der Produktionsmittel ... nicht unterbinden kann, will ich wenigstens eine Dekonzentration der Eigentumstitel an diesem Produktivkapital schaffen" (Erhard 1972). *Erhard* wollte, „ganz bewusst der Vermögensbildung in den Mittelschichten dienen" (Erhard 1972). Seine „soziale Gesinnung" und Nähe zum linken Flügel der CDU war in der ihm geistig anverwandten

Sichtweise seines Doktorvaters *Franz Oppenheimer* angelegt, einem liberal-sozialistisch denkenden Gelehrten: *Erhard* zählte *Oppenheimer,* einen promovierten Arzt und Philosophen, als Soziologen und Sozialökonomen neben dem „Liberalen Wilhelm Rieger“ zu den bedeutenden Hochschullehrern, „die mein Denken und damit mein Leben wesentlich prägten“ (Erhard 1997). Wie bei *Erhard* sollten nach *Adenauer*s Wunsch, „Kosten- und Preissenkungen auch in vollem Umfang dem Verbraucher zugute kommen“, worin sich „der soziale Charakter der Marktwirtschaft“ erweise (Adenauer 1953).

Auch dachte *Adenauer* höchst weitsichtig: Bereits 1953 (!) hatte er „die wachsende – andauernd steigende – Überalterung des deutschen Volkes“ gesehen, „weil die Langlebigkeit wächst und die Geburtenzahl abnimmt“ (Adenauer 1953). Adenauer hat in politischer Symbiose mit *Erhard* entschlossen einen freiheitlich-demokratischen Rechtsstaat errichtet, der auf den Fundamenten einer *sozial ausbalancierten* Wirtschaftsordnung nicht nur Westdeutschland durch einen „gerechten organischen Ausgleich“ (Adenauer 1949) inneren Frieden beschert hat.

3.2 Konrad Adenauer/Ludwig Erhard in Königswinter

Adenauer, „seit 1946 mächtigster Mann“ in der **C**hristlich **D**emokratischen **U**nion (Noethen 1994), hat – neben den im *Parlamentarischen Rat* laufenden Beratungen – auf der Sitzung des Zonenausschusses der CDU der britischen Zone in Königswinter am 24. und 25 Februar 1949 erfolgreich um *Erhard* geworben. Ohne *Adenauers* Personalentscheidung, *Erhard* für sich zu gewinnen, hätte keine *Bonner* Republik entstehen können: Denn ohne *Erhard* als *Wahllokomotive* hätte die CDU 1949 weder mit *Adenauer* allein die Wahl zum ersten Deutschen Bundestag gewinnen, noch *Adenauer* zum Bundeskanzler gewählt und damit auch *Bonn* nicht Bundeshauptstadt werden können. Dann hätte es auch keine „Politik der Sozialen Marktwirtschaft“ (Erhard 1962) gegeben. Mit anderen Worten: ohne *Erhard*s „Prinzip der Sozialen Marktwirtschaft“ (Adenauer 1949, Erhard 1962) hätten die optimistischen Befürworter seiner konzeptionell vorausbedachten sozial verpflichteten Wirtschaftspolitik nicht *die Vielen* von den Vorzügen der

Marktwirtschaft überzeugen können, die sich nach verlorenem Krieg und den Zerstörungen, nach bedingungsloser Kapitulation, der Gewöhnung an Mangelwirtschaft und totale NS-Diktatur, eine freiheitliche Ordnung überhaupt nicht vorstellen konnten.

Fand *Adenauer* seine politische Stärke im rheinischen Katholizismus, schöpfte er sein Vertrauen in *Erhard* aus dessen mutigem Beginn seiner Politik Sozialer Marktwirtschaft mit der Währungsreform. Beide wurden einander sich *alternativlos ergänzende Partner* (Gemper 2007.), deren Leistungen in den Jahren 1953 und 1957 nicht nur zu glänzenden Wahlergebnissen, – im Jahre 1957 zusammen mit der CSU sogar zur absoluten Mehrheit(!) – führte, sondern die Gesellschaft Westdeutschlands der 50er und 60er Jahre auch nachhaltig prägte: „Die starke Persönlichkeit Adenauers ... nicht nur als Staatsmann, sondern auch als Parteichef..." auf der Woge, die „ der schnelle, ja stürmische ökonomische Wiederaufstieg der Bundesrepublik, für den die Wirtschaftspolitik Professor Erhards verantwortlich gemacht wurde, wirkte ... als starker integrierender Faktor" (Allemann 1956).

Adenauer wie *Erhard* hatten auch erkannt, dass nur derjenige aus einer Niederlage, die Deutschland erlittenen hatte, gelernt haben konnte, der eingesehen hatte, dass die latente Gefahr, erneut in ein gesellschaftliches Fiasko gestürzt zu werden, nur durch eine *freiheitliche Gesellschaftsordnung* abwendet werden konnte. Und, „Die Verbindung zwischen Freiheit und Verantwortung bedarf … der Ordnung" (Erhard 1962), aber einer Ordnung, in der „weder der Staat, noch die Wirtschaft, noch die Kultur Selbstzweck" ist: selbige mithin „eine dienende Funktion gegenüber der Person" haben (Adenauer 1946) und „die durch freiwillige Einordnung, durch Verantwortungsbewusstsein in einer sinnvoll organisierten Weise zum Ganzen strebt" (Erhard 1948).

3.3 Ludwig Erhard – US-General Lucius D. Clay

Wie *Erhard* General *Lucius D. Clay*, den Chef der amerikanischen Militärregierung, der *Erhard* „anfänglich vorwirft, alliierte Bewirtschaftungsmaßnahmen ohne Erlaubnis des *Bipartite Control Board* abgeändert zu haben“, von der Richtigkeit seiner Entscheidungen sogar überzeugt, beschreibt *Ekkehard Birnstiel:*

Denn, „Mit Erhards Wagnis wurde Wirtschafts- und Sozialpolitik wieder eine Sache der Deutschen selbst und war endlich der Inkonsequenz und Gängelei alliierter Besatzungspolitik erfolgreich, entschlüpft’“ (Birnstiel 1998). Übrigens: „General Clay hat es sich in späteren Äußerungen stets als staatsmännisches Verdienst angerechnet, die Tat Erhards ohne Einspruch einfach laufen zu lassen“ (Birnstiel).

3.4 Joseph Kardinal Frings

Als habilitierter Theologe konnte *Höffner* sich bei seinem Wirken auf eine sehr gediegene Bildung stützen: er hatte neben zwei *theologischen* Doktoraten noch ein *philosophisches* und ein *staatswissenschaftliches* erworben. Letzteres bei *Walter Eucken* an der Universität Freiburg i. Br. Profunde Sachlichkeit und liebenswürdige Ehrlichkeit zeichnen die Erinnerung an Wirken und Werk *Kardinal Höffners* aus. Seine Beiträge lassen – im Lichte der katholischen Soziallehre – einen *ordnungspolitischen Duktus* und ein Denken erkennen, das *katholisch* im weiteren Sinne: weltumspannend, also ganzheitlich war. Das erklärt *Joseph Höffners* Nähe zum „Denken in Ordnungen“ (Eucken 1968) *Euckens*, dem Spiritus Rector der *Freiburger Schule* des „Ordo-Liberalismus“. Hierin dürfte die sehr kritische Distanz *Kardinal Höffners* gegenüber dem Sowjetkommunismus wurzeln, auch seine realistische Befürchtung dessen weiteren Ausbreitens nach Westen. Hatte er doch zwei Weltkriege mit den folgenschweren Umbrüchen erlebt: der „Kalte Krieg“ war in vollem Gange. Ein aufrechter *Kardinal*, der es als „erlaubt und durchaus berechtigt“ hielt, „von einem Einwirken des priesterlichen Dienstes auf die irdischen Ordnungen zu sprechen, wenn nur die eschatologische Sicht gewahrt bleibt und die Mahnung des Neuen Testaments beachtet wird: „Werdet nicht zu Konformisten mit der Weltzeit, sondern wandelt euch durch die Erneuerung eures Geistes, indem ihr prüft, was der Wille Gottes ist: das Gute, das Wohlgefällige und das Vollkommene“ (Röm. 12, 2)“ (Joseph Kardinal Höffner 1979). Gedanken in der unmittelbaren geistigen Folge seines Vorgängers: schon *Joseph Kardinal Frings* hatte in dem Hirtenwort am 14. August 1949 gemahnt: „Der christliche Wähler hat aber auch die Pflicht, vor seinem Gewissen zu prüfen, welchem Kandidaten er seine Stimme geben kann“ (A.a.O). Und es wird „der Hoffnung Ausdruck (gegeben, dass christlich gesinnte B.G.) Abgeordnete ... sich ... ihrer großen Verantwortung bewusst sein werden, ... im kommenden Bundestag vertrauensvoll zusammen(zu)arbeiten und dem gemeinsamen Ziel in gemeinsamer Arbeit dienen: nämlich mitzuschaffen an einer neuen Ordnung, die aus christlichem Geist geboren ist, die das, was unsere abendländische Kultur an überzeitlichen Werten enthält, hinüberretten kann in die neue Zeit zum Segen unseres Volkes und für den Frieden unter allen Völkern der Erde.“ (A.a.O.).

Diese *firme geistliche Perspektive* im Ordensgefüge der katholischen Kirche verhalf *Konrad Adenauer* zur Wahl zum ersten Bundeskanzler der Bundesrepublik Deutschland im ersten Deutschen Bundestag, die ihm mit gerade einer Stimme Mehrheit einen neuen Weg in die Politik eröffnete.

4 Ertrag

Rückblickend erwiesen sich *CDU* und *Katholische Kirche des Rheinlandes* als Norm bildende Kräfte: „Wir müssen die religiösen und geistigen Kräfte der abendländischen Welt mobilisieren. Denn nur, wenn wir stark sind im Geist, werden wir unsere Lebensform behaupten.“ (Adenauer 1955). Sollte nicht dieses Gebot *Adenauer*s uns auch heute zu denken geben?

Somit schließt sich der Kreis zu *Ludwig Erhard*:

Selbst in seinen Augen war das gelungene Werk des Wiederaufbaues Westdeutschlands nach seinem Konzept der Sozialen Marktwirtschaft intellektuell ein „großer Wurf“, beschrieb *Erhard doch* sein Handeln rückblickend an seinem 80. Geburtstag mit den Worten:

„Denke ich daran zurück, so komme ich mir noch heute wie der Reiter über den Bodensee vor“ (Birnstiel 1998).

Diese Leistungen von *Adenauer*, *Erhard* und *Frings sowie von Welty* und *Nawroth* und deren Mitstreitern im *Ordensgefüge* der Rheinischen Kirche und der freiheitlich-demokratischen Grundordnung der Bundesrepublik Deutschland waren *geschichtsprägend* und bleiben – aus selbst- und miterlebtem Rückblick gewürdigt – vorbildlich. Denn sie haben in Westdeutschland eine „Gesellschaft des dynamischen Ausgleichs“ (Erhard 1965 (1966a)) formiert und damit Maßstäbe für eine völlig neue Ordnung gesetzt, die von Zeitgeschichtlern hochachtungsvoll *Bonner Republik* und ordnungspolitisch als „Rheinischer Kapitalismus“ (Castelluci 2001) bezeichnet wird.

Gemessen am Wirken der rheinischen Wegbereiter der Sozialen Marktwirtschaft erscheint die Wirtschafts- und Sozialordnung Deutschlands zu Beginn des 21. Jahrhunderts aus den Fugen und die Politik aus dem Tritt geraten zu sein, wovon allein die gravierende Verschlechterung des sozialen Klimas und die überkritische Unterdeckung des Anforderungsprofils geistig-konzeptionellen Denkens zeugen. Eine Rückkehr zum *„Denken in Ordnungen“* (Eucken 1968) sowie der Revitalisierung der Fähigkeit zur *Reduktion des Komplexen* in das Verständliche tut Not, das heißt, wieder mit „gesundem Menschenverstand“ (Erhard 1962) „für das Ganze Verantwortung“ zu tragen (Erhard 1962): so, wie es *die rheinischen Wegbereiter der Sozialen Marktwirtschaft* überaus erfolgreich vorlebten. Denn, da sich die Deutschen wieder als eine „durcheinander geschobene“ und geistig „heimatlose“ „atomisierte Masse, als die sich unser Volk darstellt“ präsentieren, „muss jedes Einzelwesen (wieder, B.G.) angesprochen und zu Selbstbewusstsein und Verantwortungsgefühl geführt werden“ (Adenauer 1946)!

„Lassen Sie mich – *mit Erhards Worten* – zusammenfassend sagen, dass wir uns in unserer Politik bewusst bleiben wollen, woher wir kommen und dass unser Tun im letzten in christlicher Gesinnung und Gesittung wurzelt: Mögen die anderen Programme verkünden, wir wollen durch Taten zeugen.“ (Erhard 1962). Die in der Präambel unseres Grundgesetzes verankerte *Nominatio Dei* steht für diesen *christlichen Humanismus*.

Es sollte nicht vergessen werden, diese einzigartige *Konstellation von Person und Konzeption* als *Glückfall* zu betrachten, da diese Persönlichkeiten in einer für eine politische Neuorientierung offenen Zeit nicht nur über ein vorausbedachtes, in sich konsistentes Konzept eines *markt-immanenten sozialen Ausgleich*s verfügten, sondern sie zur rechten Zeit und sogar in dem dafür geeigneten Augenblick den Mut fanden, die ihnen gebotene Chance nicht nur zu erkennen, sondern diese auch entschlossen gemeinsam zu nutzen, indem sie mit *Zielstrebigkeit, Überzeugungskraft* und *unbeugsamem Durchhaltevermögen* sowohl die westlichen Besatzungsmächte als auch die große Mehrheit der Bürger Westdeutschlands von diesem neuen Weg in eine *freiheitliche* Gesellschafts- und Wirtschaftsordnung zu überzeugen wussten. Auch mit der festen Absicht, die unerlässliche *Westbindung* zugleich als *Wertebindung* zu begreifen.

Diese Ausführungen korrespondieren teilweise mit denen meines Beitrages „Die rheinischen Wegbereiter der Sozialen Marktwirtschaft", erschienen im Dezember-Heft 2007, DIE NEUE ORDNUNG, 61. Jg., S. 407-421.

Literatur

Die Zitate von *K. Adenauer* und *L. Erhard,* sämtlich belegt, werden aus dem Grunde der Platzersparnis nur mit dem Erscheinungsjahr indiziert.

F. R. Allemann 1956, Bonn ist nicht Weimar, Köln & Berlin.

G. Buchstab 2006. Wege der Adenauer-Forschung: Politik und Persönlichkeit Konrad Adenauers im Urteil neuerer Literatur in Auswahl. In: Ulrich Schlie (Hrsg.), Horst Osterheld und seine Zeit (1919-1998), Wien/Köln/Weimar, S. 63-79.

L. Castelluci 2001. Zur Zukunft des Rheinischen Kapitalismus. In: Aus Politik und Zeitgeschichte. Beilage zur Wochenzeitung Das Parlament, B 6-7/2001: 20 ff.

Erzbischöfliches Generalvikariat 1949. Erklärung zum Hirtenwort vom 14. Juli 1949. In: Kirchlicher Anzeiger für die Erzdiözese Köln, 89. Jg., Stück 17 v. 25, Juli 1949, S. 299 f.

W. Eucken 1968. Grundsätze der Wirtschaftspolitik, 4. Aufl., Tübingen & Zürich.

J, Kardinal Frings 1949. Hirtenwort der deutschen Bischöfe vom 14. Juli 1949. In: Kirchlicher Anzeiger für die Erzdiözese Köln, 89. Jg., a.a.O. S. 293-299.

B. Gemper 1983. Die Jenaer Wegbereiter der Freiburger Schule. In: Orientierungen zur Wirtschafts- und Gesellschaftspolitik, Ludwig-Erhard-Stiftung, Heft 18, Bonn, S. 34-37.

B. Gemper 1998. Die Deutsche Mark und die Soziale Marktwirtschaft. Die Währungsreform als Beginn einer schöpferischen Symbiose vor 50 Jahren. In: Aus Politik und Zeitgeschichte, Heft B 24/98, Bonn, S. 3-12.

B. Gemper 2007. Ludwig Erhard revisited. In: Aus Politik und Zeitgeschichte, Heft 13: Soziale Marktwirtschaft, Bonn, S. 10-16.

F. Hellwig 1997. Rede bei dem Festakt zum 100. Geburtstag von Ludwig Erhard. In: Ludwig Erhard 1897-1997. 100. Geburtstag des Bundeswirtschaftsministers und Bundeskanzlers, Bonn. Joseph Kardinal Höffner 1979. Der Priester in der permissiven Gesellschaft. Neue Fassung, Kölner Beiträge N.F., Köln.

P. Hüttenberger 1998. Bundesrepublik Deutschland bis 1985. In: Der Große Ploetz. Die Daten-Enzyklopädie der Weltgeschichte, Daten, Fakten, Zusammenhänge, Feiburg im Breisgau, S, 1398-1418.

L. Jäger 1976. 50 Jahre Dominikaner in Walberberg, 1926-1976. In: Kontakt 4: Freundesgabe der Deutschen Dominikaner der (Dominikanerprovinz) Teutonia, Köln, S, 13-16.

D. Koerfer 1987. Kampf ums Kanzleramt. Erhard und Adenauer, Stuttgart.

J. Kardinal Meisner 2001, Berufung zur Nachfolge Christi. Predigten zum Osterfestkreis 2001, Köln.

J. P. Meincke 1998. Vorwort. In-, Meuthen, a.a.O., S. 3 f.

E. Meuthen 1998. Kleine Kölner Universitätsgeschichte, hrsg. vom Rektor der Universität zu Köln.

L. Miksch 1947. Wettbewerb als Aufgabe, Godesberg.

R. Morsey 1972. Vom Kommunalpolitiker zum Kanzler. In: Konrad Adenauer. Ziele und Wege, Mainz.

K.-D. Mühle 1967. Ludwig Erhard - Werdegang und Wirken eines führenden Exponenten der deutschen Monopolbourgeoisie (bis zur Wahl zum Bundeskanzler im Jahre 1963), Diss. Humboldt-Universität Berlin.

A. Müller-Armack 1973. Vorwort. In: B. Gemper (Hrsg.), Marktwirtschaft und Soziale Verantwortung, Köln, S. 22.

A, Müller-Armack 1981. Die Wirtschaftsordnung, sozial gesehen. In: Stützel et al. (Hrsg.): Grundtexte zur Sozialen Marktwirtschaft, Zeugnisse aus zwei-hundert Jahren ordnungspolitischer Diskussion, Stuttgart u. New York 1981.

E. Nawroth 1962. Die Sozial- und Wirtschaftsphilosophie des Neoliberalismus, Heidelberg.

E. Nawroth 1965. Raum und Gesellschaft morgen. In: DIE NEUE ORDNUNG, 19, Jg., H. 4,S. 250 ff.

E. Nawroth 1983. Christliche Gesellschaftslehre im Zeitalter der Ideologien. In: Gemper (Hrsg.), Religion und Verantwortung als Elemente gesellschaftlicher Ordnung, Siegen, S. 455 ff.

E. Nawroth 1976. Walberberger Systemsymposion Gesellschaft und Wirtschaft. In: L. Jäger 1976, a.a.O., S. 19-21.

E. Nawroth 1989. Humanisierung der Marktwirtschaft. Wirtschaftsgesetz und Wirtschaftsethik. In: F.-M. Schmolz (Hrsg.): Kirche - Wirtschaft. Überwundene Berührungsängste, Innsbruck & Wien, S. 63-72.

E. Nawroth 1993. Zur Sinnerfüllung der Marktwirtschaft. In: Die Neue Ordnung, 47. Jg., Heft 3/1993, S, 170 ff.

S. Noethen 1994. Christlicher Sozialismus im Nachkriegsdeutschland? Die vom Kloster Walberberg ausgehenden Neuordnungskonzeptionen und der Versuch ihrer politischen Um-setzung, Magisterarbeit Universität Köln., Brühl.

W. Ockenfels 2003. Edgar Nawroth, neunzigjährig. In: Die Neue Ordnung, 57. Jg., Heft 1/2003, Walberberg, S. 2 f.

D. Rübsam/H. Schadek (Hrsg.) 1990. Der „Freiburger Kreis". Widerstand und Nachkriegsplanung 1933-1945, Katalog einer Ausstellung, Freiburg im Breisgau.

O. Schlecht 1990. Grundlagen und Perspektiven der Sozialen Marktwirtschaft, Tübingen.

O. Schlecht 1998. Soziale Marktwirtschaft ist kein beliebiger Begriff. In: Orientierungen zur Wirtschafts- und Gesellschaftspolitik, Ludwig-Erhard-Stiftung, H. 78, S. 34 ff.

St. Schmidt (Hrsg.) 2007. 100. Geburtstag von Joseph Kardinal Höffner (1906-1987). Eine Dokumentation, Zeitzeugenanhörung, Pontifikalamt im Hohen Dom und Festakt in Köln am 20. und 21. Januar 2007, Erzbistum Köln.

N. Trippen 1988. Gedenken: Zum 100. Geburtstag von Kardinal Frings. In: Katholisch-Soziales Institut der Erzdiözese Köln (Hrsg.). Abschlußbericht 34, Bad Honnef.

B. Vogel 2007. Bildung und Religion, Das christlich geprägte Menschenbild in einem säkularisierten Umfeld. In: B. Gemper (Hrsg.). Verantwortung in Freiheit. Bildung, Recht und Wirtschaft in einer christlich-abendländisch geprägten Kultur, Lohmar & Köln.

E. Welty (1945). Was nun? Grundsätze und Hinweise zur Neuordnung im deutschen Lebensraum. Brühl-Köln.

E. Welty 1946a. Entscheidung in die Zukunft. Grundsätze zur Neuordnung im deutschen Lebensraum, Köln.

E. Welty 1946b. Vom Sinn und Wert der menschlichen Arbeit, Heidelberg.

Emmanuel Decouard

Das „Modèle rhénan“ aus französischer Sicht

Einleitung

„Das rheinische Model“, „soziale Marktwirtschaft“ und „Ordoliberalismus“ sind Begriffe, die sich in Frankreich auf eine komplexe, um nicht zu sagen widersprüchliche Situation beziehen. Hier ist nicht der Ort, um auf die Ambivalenz zu sprechen zu kommen, die die deutsch-französischen Beziehungen auszeichnet. Im Französischen spricht man nicht von „Beziehungen“, sondern vom deutsch-französischen Paar, und dieser Ausdruck hat bereits eine Vielzahl von Konnotationen: Von einer Zweierbeziehung zur Ehe ist es nur ein kleiner Schritt, doch dann stellt sich sofort die Frage nach der Qualität dieser Verbindung – ist es eine Liebesheirat, eine Vernunftehe oder eine Zwangsehe? Ohne von den Illusionen und Verblendungen zu sprechen, die für das Zusammenleben eines Paares charakteristisch sind.

Und auf eine gewisse Art und Weise kristallisieren sich diese schwierigen und unklaren Beziehungen im Begriff der „sozialen Marktwirtschaft“. Dieser Ordnungsrahmen, durch Ludwig Erhards populäre (und populistische) Slogans wie „Wohlstand durch Wettbewerb“ oder „Wohlstand für alle“ knapp auf den Punkt gebracht, bewährte sich nicht nur in der Praxis, sondern fand auch Anklang bei so eminenten Ökonomen wie Samuelson. Dieser lobte Erhard ausdrücklich für die Abschaffung von Rationierung und Preiskontrolle, unter der die Wirtschaft Westdeutschlands bis 1948 gelitten hatte.[1] Solange die Zeit des Wirtschaftswunders anhielt, hielt man in Frankreich die soziale Marktwirtschaft für das ideale Modell schlechthin, betrachtete es als magische Lösung aller Probleme und als Verkörperung des deutschen Geistes, als ein Vorbild, an dem sich Frankreich, wenn es nur ein wenig vernünftiger wäre, hätte orientieren sollen, anstatt zwischen einem Regime gaullistischer Planwirtschaft und Sozialismus à la Mitterand zu schwanken.

[1] Vgl. Paul A. Samuelson. *Economics*. Tokyo et al., 1973, S. 806 ff.

Kurz gesagt, Deutschland stellte in ökonomischer Hinsicht das Objekt der Begierde dar. Dann jedoch hat sich die Situation geändert. Das deutsche Wirtschaftswunder hat sich langsam, aber sicher in Luft aufgelöst, nicht zuletzt als Folge eines radikalen politischen Wandels, der Wiedervereinigung Deutschlands. Die Wachstumsrate ist deutlich gesunken, um sich dann auf einem erstaunlich niedrigen Niveau einzupendeln, während die Arbeitslosenquote so astronomisch gestiegen ist, dass Erinnerungen an die Weimarer Republik wach wurden.

Deutschland hat in den Augen Frankreichs radikal an Charme verloren, und man begann, das ehemalige Wunderkind wegen seiner Rigidität zu kritisieren, insbesondere wegen seiner geradezu zwanghaften Fixierung auf die Preisstabilität – dies besonders angesichts der Tatsache, dass die Europäische Zentralbank auf europäischer Ebene eine exakte Kopie der Deutschen Bundesbank darstellt. Der Wunsch nach einer Liebesheirat verlor sich schnell, und man wandte sich nun ohne zu zögern dem ehemals so reizlosen, nun plötzlich so attraktiv erscheinenden England zu, dem Land der unwiderstehlichen Flexibilität und dem atemberaubenden wirtschaftlichen Erfolg.

Doch alte Liebe rostet nicht. Genau in dem Moment, wo Nicolas Sarkozy die Strategien von Thatcher und Reagan wieder belebt, entpuppt sich die abgelegte Geliebte als überraschend attraktiv. Die deutsche Wachstumsrate steigt, die Arbeitslosigkeit sinkt, und das Modell der sozialen Marktwirtschaft erscheint in einem neuen Licht.

Zurück zu den Quellen: Von den Physiocraten bis zu Keynes

Wir wollen im Folgendem einen kurzen Blick darauf werfen, wie Frankreich das Modell der sozialen Marktwirtschaft interpretiert hat – was man gesehen hat, gesehen zu haben glaubte oder was man sich phantasievoll ausgemalt hat, und wie man die Vorstellungen eines reinen Liberalismus mit der eines staatlichen Interventionismus kombiniert hat.

Einen kurzen Blick auf etwas werfen bedeutet bekanntlich nicht, einen Blick auf das werfen, was vor kurzem geschehen ist. Und wie so oft lohnt es sich, an die theoriegeschichtlichen Quellen zurückzugehen.

Genau dies hat Francois Bilger im Rahmen eines Kolloquiums gemacht, das im Jahr 2000 in Frankreich stattgefunden hat und das sich mit dem Themenkomplex des deutschen Ordoliberalismus beschäftigt hat. In seinen einleitenden Bemerkungen führt er aus:

„Als ich vor vierzig Jahren meine Dissertation[2] über die Geschichte des Liberalismus in Deutschland verfasst habe, war ich verblüfft, als sich eine enge Verwandtschaft zwischen der ordoliberalen Schule in Deutschland, der ersten Ausprägung des deutschen Liberalismus, und den französischen Physiokraten abzeichnete, den Physiokraten, die zwei Jahrhunderte früher französische liberale Vorstellungen beflügelt hatten. Die Parallelen beziehen sich sowohl auf die Form als auf den Inhalt.“ [3]

Francois Bilger, auf dessen Ausführungen sich im Folgenden häufig bezogen wird, ohne dies jeweils durch Zitate kenntlich zu machen, beginnt mit einer Aufzählung der Gemeinsamkeiten der physiokratischen und ordoliberalen Theorie. Man findet

– die Präsenz eines Meisters oder Vordenkers: Francois Quesnay (1694-1774) für die Physiokraten, Walter Eucken als Vertreter marktwirtschaftlicher Theorien;

– den Rückgriff auf eine andere, nicht-ökonomische Wissenschaft: Einerseits auf die Medizin in Bezug auf das wirtschaftliche Gesamtbild, andererseits auf das Recht im Hinblick auf eine wirtschaftlichen Morphologie;

– den wichtigen Beitrag eines Politikers – Anne Robert Jacques Turgot (1727-1781) und Ludwig Erhard.

Die Verbindung zwischen Personen wie Quesnay und Jacques Rueff oder Maurice Allais, also Vertretern des französischen Neoliberalis-

---

2 François Bilger, *La Pensée économique dans l'Allemagne contemporaine*, Paris: Librairie générale de droit et de jurisprudence, 1964.

3 François Bilger, *L'ordolibéralisme allemand : aux sources de l'économie sociale de marché* . Actes du colloque, Cergy–Pontoise, 8 et 9 décembre 2000 / organisé par le CIRAC et le CICC; sous la direction de Patricia Commun. – Cergy–Pontoise : CIRAC : CICC, 2003.

mus in der ersten Hälfte des 20. Jahrhunderts einerseits, sowie Walter Eucken und Alfred Müller-Armack, dem Vater des Konzepts der sozialen Marktwirtschaft und Zeitgenosse Euckens andererseits, versteht sich nicht von selbst. Quesnay und die Physiokraten gehörten dem 18. Jahrhundert an, und der französische Neoliberalismus, wie in Rueff und Allais repräsentieren, ist eine Art Renaissance desselben. Deutschland dagegen entwickelt seine eigenen Vorstellungen des Liberalismus im 20. Jahrhundert mit der Freiburger Schule.

Wie sehen die Verbindungen zwischen diesen beiden liberalen Schulen aus? Um dies zu entschlüsseln, müssen wir noch einen Schritt zurückgehen und die Gegensätze zwischen Merkantilisten und Physiokraten betrachten. Der französische Philosoph Michel Foucault beschreibt die Grundlagen des Merkantilismus wie folgt: „Bei den Ökonomen der Renaissance (...) beruht die Fähigkeit der Währung, den Wert von Waren zu messen und deren Austauschbarkeit zu garantieren, auf seinem intrinsischen Wert. Man wusste, dass die Edelmetalle abgesehen von der Münzprägung nur von geringem Nutzen waren, doch wenn sie als Standard gewählt worden waren, wenn man sich im Warentausch ihrer bediente, wenn sie also folglich einen hohen Preis erzielten, dann war dies der Fall, weil sie als solche und in der natürlichen Ordnung der Dinge einen absoluten Wert hatten, einen fundamentalen Wert, der höher als jeder andere war, ein Wert, auf den sich der Wert einer jeden einzelnen Ware beziehen konnte."[4] Wichtig in diesem Zusammenhang ist die Vorstellung einer natürlichen Ordnung. In dieser natürlichen Ordnung hat die Währung, und das heißt das Geld, einen absoluten Wert. Und von hier lassen sich mindestens drei Aspekte ableiten, die für den Merkantilismus charakteristisch sind:

– die Bereicherung einer Nation, die den optimalen Einsatz der Ressourcen und der Menschen garantiert;

– die Bestimmung dieser Bereicherung durch Messung anhand einer Zahlungsbilanz (aktive Handelsbilanz);

– und der monetäre Ausdruck des Überschusses, der sich auf die Einfuhr von (Edel)Metallen in ein bestimmtes Land bezieht.

[4] Michel Foucault, *Les mots et les choses*, Gallimard : Paris, 1966, S. 187.

Dies ist genau das Konzept, das Quesnay und die Physiokraten bekämpfen.

Foucault erläutert weiter: „Entsprechend den klassischen Vorstellungen heißt „einen Wert haben“, dass eine Ware (...) im Rahmen eines Tauschaktes durch einen anderen Gegenstand ersetzt werden kann. Nur auf der Basis dieses Tauschaktes wurde das Geld erfunden, wurden die Preise festgelegt und sind Preisschwankungen möglich. Der Tauschakt ist folglich nur scheinbar ein einfaches Phänomen. (...) Den Physiokraten zufolge muss ein Tausch möglich sein, damit es Wert und Reichtum geben kann. Der eine Tauschpartner besitzt einen Überschuss, dessen der andere bedarf.“[5] Und dieser Überschuss ist kein monetärer. Quesnay drückt diesen Zusammenhang wie folgt aus: „Die Luft, die wir atmen, das Wasser, das wir aus dem Fluss schöpfen, und all die anderen Gaben und Bodenschätze, die im Überfluss allen Menschen zur Verfügung stehen, sind nicht zu vermarkten: Es ist ein natürliches Vermögen, keine Handelsware.“ [6] Reichtum basiert auf Waren, die ein Bedürfnis befriedigen. Dieser Reichtum wird durch Arbeit geschaffen und nicht durch die Anhäufung von Edelmetallen oder von Geld. Das wird später Adam Smith (1723-1790) in seinem Werk An Inquiry into the Nature and Causes of the Wealth of Nations von 1776 nur bestätigen, wenn er die Bedeutung des Angebots von Geld zugunsten des Vorhandenseins von Waren, der Bevölkerung und der Institutionen zurückweist, Dinge, die die wahren Ursachen des Reichtums sind. Durchgesetzt hat sich die Theorie des freien Marktes und des Laissez faire statt der des Merkantilismus, der in Vergessenheit geraten ist. Und dennoch: Hat nicht John Maynard Keynes (1883-1946) teilweise die merkantilistischen Vorstellungen rehabilitiert? Denn in seiner General Theory of Employment, Interest and Money schreibt Keynes dem Geld die Funktion zu, das Wachstum anstoßen zu können, was eine Wiederkehr der Geldpolitik impliziert und einen Rückgriff auf staatlichen Interventionismus mit einer Förderung der Nachfrage.

---

[5] *id.*, S. 203.

[6] François Quesnay, article « homme » (in Eugène Daire, *Les Physiocrates*, 1846, p. 42.)

Frankreich: Von der Planwirtschaft zur Liberalisierung.

Wenn wir nach Frankreich blicken, so ist es gerade diese permanente Mischung Keynes'scher und Quesnay'scher Ansätze, die den klaren Blick auf das Modell der sozialen Marktwirtschaft verschleiert und es als von einer magischen Aura umgeben erscheinen lässt.

Wenden wir uns nun der jüngeren Vergangenheit zu. In den fünfziger Jahren schienen das deutsche und das französische Modell in klarer Opposition zueinander zu stehen: Gesamtwirtschaftliche Planung und Dirigismus in einzelnen Wirtschaftsbereichen auf der einen, freier Markt und freie Konkurrenz auf der anderen Seite; hier Keynes'sche Politik mit dem Ziel der Vollbeschäftigung, dort Preisstabilität; Verstaatlichung versus Privatisierung, konzertierte Aktion versus Tarifautonomie.[7]

Aus französischer Sicht erschien das deutsche Modell fast als eine Art Abweichung. Wie war es noch möglich, liberalistische Methoden anzuwenden? Und als das berühmte deutsche „Wirtschaftswunder" am Horizont auftauchte, erklärte man sich diesen Erfolg nicht durch die Anwendung des Systems der sozialen Marktwirtschaft, sondern machte den Marshallplan, die traditionelle Stärke der deutschen Industrie und die implizite Wirtschaftsplanung des deutschen Bankwesens dafür verantwortlich.

In den sechziger Jahren, angestoßen durch die ersten Impulse in Richtung auf ein gemeinsames Europa, beginnt Frankreich sich zu liberalisieren. Man beginnt nicht nur, die positiven Aspekte der sozialen Marktwirtschaft zu sehen, sondern unternimmt den Versuch, das deutsche Konzept des Marktes mit der französischen Vorstellung makroökonomischer Eingriffe zu kombinieren, um ein optimales Wirtschaftssystem zu schaffen. Ludwig Erhard und Alfred Müller-Armack lehnen eine solche Idee für die EWG jedoch ab. 1966, nach den politischen Veränderungen dieser Zeit, glaubte man jedoch, dass sich eine solche Konvergenz der ökonomischen Modelle entwickeln könnte. Denn Karl Schiller bemühte sich im Rückgriff auf die Keynes'sche Theorie, das Wachstum anzuregen, er verankerte eine Finanzplanung

---

[7] Der folgende Vergleich bezieht sich auf die Analyse von François Bilger.

des öffentlichen Dienstes und setzte eine konzertierte Aktion mit den Sozialpartnern und dem Staat durch.[8]

Die Krise der siebziger Jahre stellte zunächst diese Konvergenz in Frage, und es wurde deutlich, dass eine Politik der Anregung der Nachfrage und der sektoriellen Planung von Investitionen beim Kampf gegen die Stagflation und die Arbeitslosigkeit scheitern musste. Nach England (Thatcher 1979), den Vereinigten Staaten (Reagan 1980) und Deutschland (Kohl 1982) wandte sich auch Frankreich der Marktwirtschaft zu.

Am deutlichsten wird diese Wende 1983 bei Jacques Delors' Strategie der kompetitiven Desinflation. Unter Balladur setzt die französische Regierung diese Reform fort und sorgt für massive Privatisierung und Marktliberalisierung. Parallel dazu beeinflusst der Prozess der europäischen Vereinigung diese Entwicklung: Mit dem Einheitlichen Europäischen Akt von 1987 und besonders mit dem Vertrag von Maastricht 1992 werden die wirtschaftlichen Grundlagen der sozialen Marktwirtschaft, d.h. freie und offene Märkte, freie Konkurrenz, Unabhängigkeit der Zentralbank, Vorrang der Preisstabilität, Haushaltsdisziplin und Begrenzung der Staatsverschuldung de facto von Frankreich übernommen und werden Teil der offiziellen Wirtschaftspolitik.

Der capitalisme intermédié und die Geldpolitik.

Doch dieser kurze Überblick wird der Komplexität des Problems nicht gerecht. Tatsächlich hat ein Autor wie Jean Peyrelevade – nicht zu Unrecht – schreiben können, dass die soziale Marktwirtschaft für Deutschland und Frankreich gleichermaßen charakteristisch ist und diesbezüglich eines „vermittelten Kapitalismus“ (capitalisme intermédié).[9] In Bezug auf Deutschland sieht er eine starke wechselseitige

---

[8] Siehe Bundesministerium für Gesundheit und soziale Sicherung und Bundesarchiv (Herausgeber): *Geschichte der Sozialpolitik in Deutschland seit 1945*. Bd. 5: *Bundesrepublik Deutschland 1966–1974. Eine Zeit vielfältigen Aufbruchs*. Hg. Hans Günther Hockerts. Baden-Baden 2007.

[9] Jean Peyrelevade, *Le capitalisme total*. Paris: Seuil, 2005.

Abhängigkeit von Banken und Industrie, im Hinblick auf Frankreich eine ebensolche von Banken, Industrie und dem Staat.

Abgesehen von den Unterschieden in der Wirtschaftspolitik gab es also insofern eine Vergleichbarkeit zwischen Deutschland und Frankreich, als in beiden Ländern ein Modell dominierte, das auf dem Prinzip der Wechselseitigkeit beruhte und wo die Kapitalgeber nur begrenzte Forderungen in Bezug auf angelegtes Vermögen stellen konnten und auf die permanente Liquidität ihrer Vermögenswerte verzichteten.

Hier schließen sich zwei Fragen an. Erstens: Welche Rolle spielt oder spielte in Frankreich der Staat in diesem System der Vermittlung und zweitens: Kann man heute noch von einem „vermittelten" Kapitalismus sprechen?

Im Netz der Verflechtungen zwischen Banken, Industrie und Staat hat der französische Staat immer eine vorherrschende Rolle gespielt. Tatsächlich hat er nie aufgehört, die Finanzpolitik als eine politische Waffe einzusetzen. Die Geldpolitik gerät jetzt wieder in den Vordergrund – dies wird auch deutlich, wenn man an die jüngsten Ausfälle Sarkozys gegen die Unabhängigkeit der Europäischen Zentralbank denkt.

Wenn es, wie wir gerade gesehen haben, so ist, dass der Anfang der achtziger Jahre eine Wendung in Richtung einer Liberalisierung markiert, so gilt das auch in Bezug auf den radikalen Paradigmenwandel im Bereich der Geldpolitik (Festlegung der Zinssätze und des Wechselkurses), einen Wandel, der noch heute im Zentrum heftigster Debatten steht. Die kompetitive Desinflation, wie sie von Jacques Delors begonnen wurde, hatte zum Ziel, die Preiserhöhungen zu bekämpfen, um die Unternehmen konkurrenzfähiger zu machen, die französische Inflationsrate der deutschen anzugleichen und schließlich die Stabilität des Wechselkurses innerhalb des europäischen Währungssystems zu sichern.

Diese Politik beruhte auf mindestens zwei Annahmen: Restriktive Haushaltspolitik und restriktive Geldpolitik (definitive Aufgabe der Devaluation als Instrument zur Verbesserung der Handelsbilanz – was ohnehin bei festen Wechselkursen unmöglich war – und Unabhängigkeit der Zentralbank, was die Festsetzung der Zinsrate betrifft). Diese Politik hat ihre schärfste Kritik zu Anfang der neunziger Jahre erfahren. Einerseits bekräftigte der Vertrag von Maastricht 1992 die Regeln der restriktiven Haushaltspolitik (das Verhältnis zwischen Schulden und Bruttoinlandsprodukt 60%, zwischen Haushaltsdefizit und Bruttoinlandsprodukt 3%) ebenso wie die der Geldpolitik (Unabhängigkeit der Zentralbank und Kampf gegen die Inflation als wichtigstes Ziel). Andererseits war Frankreich 1993 Opfer einer Rezession, deren Ausmaß sich mit der Krise von 1974 und 1975 vergleichen lässt. Man hat den Grund hierfür häufig mit der deutschen Wiedervereinigung in Verbindung gebracht. Tatsächlich hat in Deutschland die Diskrepanz zwischen einem begrenzten Angebot und einer expandierenden Nachfrage inflationäre Spannungen hervorgebracht, die die Bundesbank bekämpft hat, in dem sie die Leitzinsen angehoben hat, was wiederum zu einer Aufwertung der Deutschen Mark im Verhältnis zu den anderen europäischen Währungen geführt hat, insbesondere im Verhältnis zum französischen Franc. Weil es an die Vereinbarungen des europäischen Währungssystems gebunden war, hat Frankreich auch seinen Zinssatz angehoben, damit der Franc im Verhältnis zur Mark nicht abgewertet wurde, während sich dies in einer Phase der Rezession innenpolitisch durch nichts rechtfertigen ließ. Genau zu diesem Zeitpunkt sind die unterschiedlichen Meinungen heftig aufeinander geprallt und es gab Stimmen, die schlicht und ergreifend einen Austritt aus der EU verlangten, um wieder zu einer unabhängigen Geldpolitik zurückkehren zu können und ggf. wieder kompetitive Abwertungen durchzusetzen.

Letztendlich war die Ausgangslage einfach. Die Geld- und Haushaltspolitik wurde durch die Regeln der EU neutralisiert, nur der Markt konnte im Falle einer Wirtschaftskrise die Rolle eines ausgleichenden Faktors spielen. Hier zeichneten sich zwei Möglichkeiten ab: Eine, die dem angelsächsischen Liberalismus nahe stand und durch weitgehende Flexibilisierung und Deregulierung gekennzeichnet war und eine, die sich am deutschen Vorbild orientierte, um das Funktionieren des französischen Marktes sicherzustellen. Im Zentrum stand hier die Fähigkeit, Konflikte durch Verhandlungen zu lösen und die Rolle der Tarifpartner zu stärken. Noch vor kurzem, während ihres Wahlkampfes nämlich, hat die Kandidatin der Parti Socialiste, Ségolène Royale, auf die Vorteile der skandinavischen Länder verwiesen und ihre Bereitschaft deutlich gemacht, sich daran auch in Frankreich zu orientieren. (Zugestandenermaßen hat sie sich nicht ausdrücklich Deutschland zum Vorbild genommen, aber sie berief sich genau auf jene Aspekte, die hier zum Tragen kommen: Verhandlungen, Partizipation und Regulierung.).

Diese beiden französischen Ansätze, der Rückgriff auf das angelsächsische und das deutsche Modell, überschneiden sich an einem Punkt, nämlich dort, wo es um die Rolle der Zentralbank geht, die sehr pragmatisch gesehen wird. Für die Anhänger des angelsächsischen Liberalismus erschien dies als vollkommen logisch: Man nahm sich die amerikanische Fed zum Vorbild, deren Hauptziel es ist, die wirtschaftlichen Zyklen zu begleiten, wobei bis zu einem gewissen Punkt Schwankungen des Wechselkurses in Kauf genommen werden.

Für die Anhänger der sozialen Marktwirtschaft nach deutschem Vorbild sprang folgender Widerspruch ins Auge: Man hat sich nur auf die sozialen Aspekte bezogen und dabei vernachlässigt, dass eine der Säulen dieses Modells die Preisstabilität ist, die von einer unabhängigen Zentralbank gewährleistet wird.

Hier sieht man deutlich die Verzerrungen, die das französische Bild der sozialen Marktwirtschaft bestimmen, d.h. zu glauben, dass es sich einzig um eine Form der gesellschaftlichen Organisation handelt und zu vergessen, dass eben diese Organisation auf bestimmten Voraussetzungen beruht, z.B. darauf, das Eingreifen des Staates auf ein Minimum zu beschränken, sei es bezüglich des Marktes oder bezüglich der Geldpolitik. Tatsächlich wird die „unsichtbare Hand“, von der Adam Smith spricht, im deutschen Modell der sozialen Marktwirtschaft ersetzt von einem regulierenden Rahmen, der vom Staat vorgegeben wird, aus dem sich dieser jedoch, theoretisch zumindest, weitgehend heraushält.

Fazit: Das Problem des Finanzkapitalismus.

Wie sieht die Situation heute aus? Es wurde schon erwähnt, dass Sarkozy vor kurzem die Unabhängigkeit der Europäischen Zentralbank scharf attackiert hat und ihr eine eher pragmatisch orientierte Richtung aufdrängen wollte. Auf der anderen Seite des politischen Spektrums, am besten verkörpert durch Ségolène Royale, träumt die Parti Socialiste von einer „partizipativen“ Gesellschaft und davon, in Frankreich das reichlich abstrakt erscheinende Konzept einer Verhandlungskultur nach dem Vorbild der nordischen Länder einzuführen.[10]

Auf einen Punkt könnten sich Sarkozy und Royale einigen, nämlich darauf, ein politisches Gegengewicht für die europäische Zentralbank zu schaffen, um deren Unabhängigkeit zu untergraben und deren Aufgabe in Frage zu stellen.

Ist aber diese Fragestellung nicht vollkommen veraltet? Anders gesagt, was für ein Gewicht könnte ein Wechsel der Geldpolitik haben, während die Struktur selbst des „vermittelten“ Kapitalismus dabei ist, sich auflöst zugunsten der Dominanz des spekulativen Finanzkapitalismus? Beginnen wir damit, zunächst den Finanzkapitalismus zu definieren. Elmar Altvater zufolge handelt es sich hierbei um ein System, in dem die Akteure aus dem Finanzbereich nicht mehr im Dienst der Realwirtschaft stehen, sondern sich von ihr befreit haben, indem sie ihm die Gesetze der höchsten Rentabilität aufgezwungen haben.[11] Auf mikroökonomischer Ebene dominiert das Ziel, die Aktionäre, die im Zentrum dieses Systems stehen, zufrieden zu stellen; auf makroökonomischer Ebene geht es vor allem um Liquidität. Um das Verhältnis zwischen Risiko und Ertrag auszugleichen, darf das Kapital nicht an die Produktionsmittel oder an langfristige Investitionsprojekte

[10] Aber auch in dieser Hinsicht gibt man sich in Frankreich gelegentlich einer Täuschung hin, was vor kurzem eine Untersuchung verdeutlicht hat: Im Zeitraum 1990 bis 2005 liegt Frankreich mit 0,03 Streiktagen pro Jahr und pro Arbeitnehmer unter dem Durchschnitt (0,04) und erst an elfter Stelle bezogen auf die achtzehn wichtigsten Industrienationen. Dänemark liegt an erster Stelle, Norwegen auf dem vierten und Finnland auf dem siebten Platz. Vgl. Francois Doutriaux, Le mythe d'un pays gréviste in *Le Monde*, 14.11.2007.

[11] Elmar Altvater, *Das Ende des Kapitalismus, wie wir ihn kennen. Eine radikale Kapitalismuskritik*. Münster: Westfälisches Dampfboot, 2005.

gefesselt sein. Rentabilität und Liquidität sind genau die beiden Aspekte, die das traditionelle Bankensystem nicht genügend garantieren kann.

Welche Rolle könnte nun in diesem neuen Rahmen eine aktive Geldpolitik spielen? Traditionellerweise behauptet man, dass eine Senkung der Zinssätze die wirtschaftliche Aktivität stimuliert, indem sie es den wirtschaftlichen Akteuren leichter macht, notwendige Kredite aufzunehmen. Aber hat sich nicht genau diese Theorie als Illusion herausgestellt, seitdem der Finanzbedarf von Unternehmen immer seltener von den traditionellen Institutionen gedeckt wird, sondern mehr und mehr von Pensionsfonds, Hedge Fonds usw.?

So gesehen scheint die französische Positionen durch zwei Missverständnisse charakterisiert zu sein: Zum einen glaubt man, dass Geldpolitik ein funktionierendes Mittel zur Regulierung wirtschaftlicher Aktivitäten ist, während der „vermittelte" Kapitalismus eine grundlegende Veränderung durchläuft. Gleichzeitig blickt man neidvoll auf das deutsche System der sozialen Regulierung und zieht genau das in Zweifel, was dessen Grundlage konstituiert: eine Politik der Preisstabilität, die durch die Unabhängigkeit einer Zentralbank garantiert wird.

Wir haben einleitend über das Phänomen der Anziehung und Abstoßung gesprochen, das die deutsch-französischen Beziehungen charakterisiert, zumindest, was das Bild wirtschaftlicher Modelle betrifft. In diesem Zusammenhang spielt die Geldpolitik eine zentrale Rolle.

Die Situation hat sich seit der Entwicklung des Finanzkapitalismus grundlegend geändert, wie auch Angela Merkel konstatiert: „In dem Moment aber, in dem sich die Wirtschaft global ausbreitet, entzieht sie sich zunehmend der bisherigen Ordnungsfunktion des Nationalstaates."[12] Die unterschiedlichen Reaktionen der beiden Länder sind in diesem Zusammenhang bedeutungsvoll: Während sich in Deutschland die Kritik am Finanzkapitalismus im Rahmen einer Diskussion der so-

---

[12] Angela Merkel, *Rede der Vorsitzenden der Christlich Demokratischen Union Deutschlands auf dem 20. Parteitag der CDU Deutschlands*. Auszug aus dem Stenographischen Protokoll, Dresden, 27.11.2006, S. 15, zit. Nach Bodo Gemper, *„Ludwig Erhard revisited"*, APuZ 13/2007, 10–16, S. 15.

zialen Marktwirtschaft, deren Überleben und gegebenenfalls deren notwendiger Anpassung bewegt, nimmt sie in Frankreich bei einer großen Zahl von Intellektuellen die Form der Infragestellung des kapitalistischen Systems als solche an.

Die Geschichte scheint sich zu wiederholen, und deutsch-französische Missverständnisse sind vorprogrammiert.

Bernhard Seliger; Ralph M. Wrobel

Die Krise der Ordnungspolitik als Kommunikationskrise

Deutschland in der ordnungspolitischen Krise

Nachdem Deutschland jahrelang innerhalb Europas die „rote Laterne“ des Schlusslichtes trug, befindet sich das Land seit kurzem in einer erfreulichen konjunkturellen Aufschwungphase. Das sollte aber nicht darüber hinweg täuschen, dass weiterhin eine fundamentale ordnungspolitische Krise in Deutschland besteht. So besteht trotz konjunktureller Erholung eine hohe, persistente Arbeitslosigkeit. An der langfristigen Tendenz scheint auch der konjunkturelle Aufschwung der neuesten Zeit nur wenig zu ändern. Doch nicht nur die Ergebnisse der Wirtschaftspolitik Deutschlands sind seit Jahren unbefriedigend, sondern auch die Beliebigkeit der dahinter stehenden Wirtschaftspolitik, egal von welcher Partei initiiert. Die in Deutschland traditionelle Ordnungspolitik hat nicht nur ihren Stellenwert bei der Politikgestaltung in Deutschland verloren, sondern wird auch immer weniger verstanden oder überhaupt wahrgenommen. So verwundert es nicht, wenn die ordnungspolitische Diskussion seit einigen Jahren mehr und mehr von der schlagwortartigen Gegenüberstellung „neoliberaler“ und „globalisierungskritischer“ oder „sozial gerechter“ Rezepte abgelöst wird.

Die Krise der Ordnungspolitik ist somit teilweise auch eine Krise der Kommunikation ordnungspolitischer Positionen. In der Wissenschaft wurde die ordnungspolitische Lehre und Forschung konsequent zurückgedrängt, ließ dies aber auch fast widerstandslos geschehen. Auch in der Politik sind ordnungspolitische Grundprinzipien fast ebenso bedeutungslos geworden. Dies ist umso erstaunlicher, als dass eigentlich bedeutende Ereignisse der letzten Jahrzehnte – wie der Zusammenbruch der Zentralverwaltungswirtschaften Osteuropas sowie die Krise der durch Interventionismus gekennzeichneten Entwicklungsstaaten Südostasiens – die marktwirtschaftliche Idee als klaren Sieger im Praxiswettbewerb erscheinen ließen. Ordnungspolitische Krisen und Fehlentwicklungen sind zwar nicht neu: von der „Politik der Experimente“ in der Zwischenkriegszeit des 20. Jahrhunderts über keynesianisch geprägte Makrosteuerungsideen bis hin zur aktiven Industriepolitik der EU hat es immer wieder Entwicklungen gegeben, die den ordnungspolitischen Einsichten vom Funktionieren der Wirtschaft für unvollkommene Menschen klar widersprechen.[1] Auf jede dieser Krisen wurde eine neue und andere Antwort gefunden – Sprachlosigkeit ist jedoch bisher das entscheidende Kennzeichen der aktuellen ordnungspolitischen Krise.

Angesichts der großen ordnungspolitischen Tradition Deutschlands ist eine solche Entwicklung unbegreiflich. Gerade heute, angesichts der krisenhaften Entwicklung, die seit der Wiedervereinigung Deutschlands die wirtschaftliche Dynamik zum Erliegen gebracht hat, wäre eine Renaissance der Ordnungspolitik wünschenswert – ja sogar notwendig! Deshalb besteht immer mehr die Notwendigkeit, Gegenpositionen zur immer mehr um sich greifenden „Wirtschaftspolitik der Konzeptlosigkeit“ zu entwickeln, die auf den Erkenntnissen der traditionellen Ordnungspolitik beruhen. Dies geschieht in der deutschen Medienlandschaft – egal ob wissenschaftlich oder nicht – leider nur sehr selten.[2] Ein weiterer (moderner) Weg, solche Kenntnisse zu verbreiten, ist das Internet. Das Internet ist als Transporteur von Ideen immer wichtiger geworden und ist sogar dabei, steigenden Einfluss auf aktuelle politische Debatten auszuüben. Als Kommunikationsmittel der jüngeren Generation von Studenten und Ökonomen ist es ein ideales Mittel, die Ordnungspolitik einer neuen Generation nahe zu bringen. In diesem Aufsatz wird deshalb untersucht, inwieweit die ordnungspolitische Krise eine Krise der Kommunikation ordnungspolitischer Positionen ist, und wie das Internet einen Beitrag zur Lösung der Krise leisten kann.

---

[1] Vgl. dazu Wede (2003).

[2] So findet man umfangreichere ordnungspolitische Positionen neben dem Jahrbuch ORDO lediglich in der Zeitschrift für Wirtschaftspolitik oder den Orientierungen der Gesellschafts- und Wirtschaftspolitik.

Die Krise der Ordnungspolitik

Deutschland ist bei den Bestandsgrößen inzwischen immer mehr ins Mittelmaß abrutscht.[3] Eine volle Dekade befand sich das Land in einer Stagnationsphase, die durch niedrige Wachstumsraten, kontinuierlich steigende Staatsverschuldung, immer größer werdende Finanzierungsprobleme der sozialen Sicherungssysteme und vor allem persistente Arbeitslosigkeit dargestellt werden kann.[4] Es wurde bereits regulär von der „deutschen Krankheit"[5] bzw. im Ausland von „*Germa disease*"[6] gesprochen. Spätestens seit dem Ende der „*New Economy*"-Blase können die Strukturprobleme Deutschlands immer weniger verborgen werden. Viele dieser Probleme sind freilich nicht nur ein Produkt des letzten Jahrzehnts – die strukturelle Arbeitslosigkeit nimmt schon seit drei Jahrzehnten kontinuierlich zu. Die Kosten der Wiedervereinigung Deutschlands waren in vieler Hinsicht nur ein Katalysator, der diese Probleme offen gelegt hat. Die Debatte um die „rote Laterne"[7] Deutschlands bringt somit nur auf den publizistisch zugespitzten Punkt, was unter Ökonomen längst Allgemeingut geworden ist, nämlich die Fehlentwicklungen der sozialen Marktwirtschaft aufgrund politökonomischer Zusammenhänge.[8] Dies betraf gleichermaßen die verschiedenen Teilordnungen und Märkte in Deutschland. Die Fehlentwicklungen bei den Sozialversicherungen und auf dem Arbeitsmarkt waren aber die politisch und wirtschaftlich schmerzhaftesten. Die soziale Marktwirtschaft konnte gerade hier, auf ihrem ureigensten Feld, immer weniger ihre Aufgaben erfüllen.[9] Auch die aktuellen Reformen der Großen Koalition im Sozialversicherungsbereich zeichnen sich durch eine immer weiter zunehmende Bürokratisierung und Zentralisierung aus. Marktwirtschaftliche Ansätze – von der Wissenschaft seit langem vorgelegt – werden bis heute aus partei- und machtpolitischen

---

[3] Vgl. z.B. OECD (2005).
[4] Vgl. dazu z.B. Seliger (2001).
[5] Vgl. z.B. Starbatty (1997) oder Späth (2004).
[6] Vgl. z.B. Wall Street Journal (2005).
[7] Vgl. z.B. Sinn (2002).
[8] Vgl. Starbatty (1997).
[9] Vgl. Hasse (1996).

Erwägungen heraus beiseite geschoben. Die Höhe der Staatsausgaben bleibt zudem gemessen am Bruttoinlandsprodukt in Deutschland im Vergleich zu den anderen Teilnehmerstaaten der Europäischen Währungsunion konstant auf dem hohen Niveau der Phase nach der Wiedervereinigung und hemmt so Wachstumschancen im privaten Sektor.[10] Heute sind fiskalische Ziele ganz in den Mittelpunkt der Arbeit der Großen Koalition gerückt. Zwar erfüllt Deutschland wieder den Stabilitätspakt der Europäischen Union, die Neuverschuldung sinkt aber nicht etwa aufgrund struktureller Reformen, sondern lediglich wegen einer konjunkturellen Erholung sowie weitgehender Steuererhöhungen. Ironischerweise korreliert die Höhe der Staatsausgaben dabei seit Jahren nicht etwa mit größeren Gestaltungsspielräumen der Politik. Weniger wurde – und wird bis heute – in der Öffentlichkeit beachtet, dass mit der geringeren wirtschaftlichen Dynamik in Deutschland ein Stilverfall der Marktwirtschaft einherging, der – zunächst im Gefolge der deutschen Einheit – stillschweigend in Kauf genommen, später aber, besonders seit 1998, durch organisatorische Änderungen sogar bewusst vorangetrieben wurde. Die Verlagerung der wirtschaftspolitischen Grundsatzabteilung in das Finanzministerium konnte schon ohne größere Proteste erfolgen. Es gelang immer weniger, Grundverständnis und praktische Politik miteinander zu verbinden. „Verstöße gegen die Prinzipien der Marktwirtschaft sind dagegen zur Regel geworden".[11] Am Anfang der sozialen Marktwirtschaft in Deutschland, als diese Prinzipien durchaus umkämpfte Leitlinien der Politik waren, war das Hauptaugenmerk der wirtschaftspolitischen Tätigkeit des Staates auf die Verabschiedung universaler, langlebiger Gesetze gerichtet. Diese Orientierung ist längst für eine Vielzahl kurzlebiger Maßnahmengesetze und Verordnungen aufgegeben worden.[12] Dem Kriterium der Konstanz der Wirtschaftspolitik, einem der Eucken`schen Grundprinzipien der Sozialen Marktwirtschaft entspricht eine solche Politik immer weniger. Politisch-ökonomisch gesehen sind die Gründe für den Stilverfall der Marktwirtschaft nicht unbedingt neu oder überraschend: Im Sinne Olsons (1982) kommt es

---

[10] Vgl. dazu bereits Boss (2002).

[11] Schatz (2002), S. 37.

[12] Vgl. Lambsdorff (2004).

in Deutschland, nachdem seit dem zweiten Weltkrieg zunächst die Verteilungskoalitionen der Vorkriegszeit zerstört waren, zu einem allmählichen Anwachsen solcher Interessenkoalitionen, die nach und nach das Wachstumspotenzial verringern. Die unbeschränkte Demokratie führt nicht zu einer „Verfassung der Freiheit" (Hayek 1971), sondern zu einer Maximierung der Leistungsversprechen an den Bürger auf Kosten Dritter, d.h. der Steuerzahler. Zwar hat der institutionelle Wettbewerb, ausgehend von der Deregulierungsbewegung in den angelsächsischen Ländern und forciert durch die Globalisierung, auch zu einer Beschränkung von Umverteilungskoalitionen in Deutschland geführt, aber die Harmonisierung sozialer Regulierung im „Harmonisierungskartell" EU[13] hat den Druck zu Reformen deutlich gemildert. Ganz konnte sich Deutschland natürlich nicht isolieren und der wachsende Druck in Arbeitsmarkt und Sozialbereich sind ein logisches Ergebnis der Reformverweigerung. Die seit einigen Jahren unter dem Begriff „Hartz-Reformen" bekannten Änderungen stellen zwar insofern einen Fortschritt dar, als dass viele Probleme zum ersten Mal überhaupt angesprochen werden, sind aber mehr von der Machbarkeit als von einer ordnungspolitischen Grundlinie her bestimmt.

Bewusste Regelverstöße gegen volkswirtschaftlichen Rat werden auch weiterhin als Pragmatismus gegenüber der „Orthodoxie" der Ökonomen salonfähig. Die jahrelange Krise wird, obwohl sie gerade durch die Ignorierung volkswirtschaftlichen Rats entstanden ist, als Beweis dafür angeführt, dass die Rezepte der Ökonomen nichts taugen und deshalb ein solcher Pragmatismus angebracht sei. Die nun schon langjährige Einigkeit der meisten Ökonomen über die strukturellen Gründe der deutschen Krankheit muss deshalb – gerade im Zusammenhang mit der Reformunwilligkeit des Staates – zu einer Debatte über die Rolle wirtschaftspolitischer Beratung in Deutschland führen. Dabei kann man mit Neid in die Vereinigten Staaten schauen, wo sich nicht nur „Think tanks" einer größeren Reputation als in Deutschland erfreuen, sondern auch entscheidend für die Formulierung der Politik der Regierung sind. Zwar ist in Deutschland die Auslagerung von Problemen in Expertenkommissionen weit verbreitet, diese haben aber

[13] Vgl. Mussler/Wohlgemuth (1995), S. 23-24, oder Wrobel (2000), S. 116-124.

einen weitaus weniger guten Zugang zur Politik. Außerdem leiden sie immer wieder darunter, dass – wohlmöglich noch in ihrem Namen – eine ihren Empfehlungen entgegen gesetzte Politik durchgeführt wird. Ohnehin sind in Deutschland bestenfalls verwässerte Versionen von wirtschaftspolitischen Reformkonzepten politisch durchsetzbar. Als ein Grund dafür wird angeführt, dass die Wissenschaftler oft gemeinwohlorientierte Lösungsvorschläge anbieten, während Politiker, so wie es die Neue Politische Ökonomie auch voraussagen würde, an wahlwirksamen Konzepten interessiert sind.[14]

Die Krise der Ordnungstheorie

Besteht die Krise der Ordnungspolitik aber nur im politischen Bereich? Ist sie also lediglich eine Krise der „Umsetzung" ordnungspolitischer Positionen? Sicherlich hat auf Dauer ein Dualismus von einerseits „reiner", aber wirkungsloser Wissenschaft und andererseits „pragmatischer" Politik auch Rückwirkungen auf die Wirtschaftswissenschaften selber. Es ist demnach zu vermuten, dass es von einem „bloßen" Umsetzungsproblem auch zu einem Erkenntnisproblem kommen kann. Dabei ist weniger an die „üblichen Verdächtigen" wie die keynesianisch geprägten Wissenschaftler gedacht, sondern daran, dass die ordnungspolitische Tradition an den Universitäten selber als rückständig oder hinderlich gesehen wird, bestenfalls als Folklore, aber nicht mehr als Maßstab moderner Wirtschaftspolitik.[15]

Als Walter Eucken seine große ordnungspolitische Schrift schrieb, konnte er sie, ohne Verständnisprobleme zu befürchten, die „Grundsätze der Wirtschaftspolitik" nennen, da Wirtschaftspolitik für ihn eben Wirtschaftsordnungspolitik war, d.h. zwischen beiden kein Gegensatz bestand. Diese Interpretation der Wirtschaftspolitik konnte

sich im Folgenden in Deutschland akademisch durchsetzen, nicht zuletzt wegen der Erfolge der praktischen Wirtschaftspolitik unter Ludwig Erhard. Diese bezog sich ja explizit auf die ordnungstheoretischen Modelle der Freiburger Schule, welche der Mehrheitsmeinung der

---

[14] Vgl. dazu z.B. Hayek (1971), S. 323-338, oder Cassel (2001).

[15] Vgl. dazu z.B. Fuest (2006).

zeitgenössischen amerikanischen Ökonomen gerade nicht entsprach. Der Siegeszug des Keynesianismus brachte die Unterteilung in Ordnungspolitik und Konjunkturpolitik auch nach Deutschland, wo das Stabilitäts- und Wachstumsgesetz von 1967 sowie die parallel dazu verlaufende Einrichtung des Sachverständigenrats zur Begutachtung der gesamtwirtschaftlichen Entwicklung ein Ausfluss dieses neuen Verständnisses wurden. Dennoch konnte sich in Deutschland, nicht zuletzt in universitären Zentren wie Köln und Freiburg, aber auch anderswo, stets eine starke ordnungspolitische Grundrichtung behaupten, auch in den wirtschaftspolitischen Forschungsinstituten, d.h. in der wissenschaftlichen Politikberatung. Die theoretischen Entwicklungen in den USA und weltweit schienen dem Festhalten an der ordnungspolitischen Grundeinstellung auch mehr und mehr Recht zu geben: Seit den fünfziger Jahren war es die Neue Politische Ökonomie, die vom Fundament der neoklassischen Theorie ausgehend, dennoch mit der Reinterpretation politischen Handels als eigennützigen Handelns die Grundlagen der vorherrschenden keynesianischen wie auch der neoklassischen Wohlfahrtsökonomie untergrub. Die Neue Institutionenökonomie, die vor allem im Bezug auf das Werk von F.A. von Hayek eine weitaus engere Anbindung an die deutschsprachige ordnungspolitische Tradition hatte, verstärkte die Kritik an der Wohlfahrtsökonomie noch. Sie hatte auch einen großen Einfluss auf politische Konzepte, nämlich in der Deregulierungspolitik in den angelsächsischen Ländern seit Ende der siebziger Jahre des 20. Jahrhunderts. Der Epochenumbruch von 1989 und 1990 verstärkte vordergründig noch die Aufwertung der ordnungspolitischen Tradition, die ja von jeher eine zentrale Aufgabe im wirtschaftspolitischen Systemvergleich gesehen hatte.

Während jedoch der Keynesianismus im Wesentlichen theoretisch wie auch praktisch durch die Erfahrungen der Hochinflationsperioden in den siebziger und achtziger Jahren diskreditiert war, gilt dies nicht für die neoklassische Theorie, die sogar nun als „Orthodoxie“ oder „*mainstream*“ in den USA unangefochten eine wissenschaftliche Monopolstellung einnehmen kann. Kann man aber bedenkenlos Poppers Vorstellung folgen, dass „die wissenschaftliche Kritik unsere Theorien oft an unserer Stelle sterben (lässt)"[16], also dass durch den evolutorischen Variations-Selektions-Mechanismus diejenigen Theorien eliminiert werden, die eine geringere Erklärungskraft haben? Sicherlich nicht, denn auch in der Wissenschaft gibt es Wettbewerbsbeschränkungen analog zum Konzept der „ruinösen Konkurrenz".[17] So hat die Neoklassik sich einerseits durch ein selbstreferentielles, mathematisches System von der Kritik insuliert, andererseits die kritischen, „heterodoxen" Ansätze wie die Neue Institutionenökonomie in einer für sie akzeptablen Form, d.h. als Maximierungstheorie als Spezialgebiet integriert.[18] Die Fundamentalkritik am „homo oeconomicus"-Modell, wie sie von Hayek bis North geübt wurde[19], wurde damit entschärft. Ähnlich wurden andere Randbereiche – wie z.B. die vergleichende Ordnungspolitik (*comparative economic systems*) – als Spezialgebiete akzeptiert, die in dieser Form mit ihrer Kritik keine Schäden am Fundament der neoklassischen Theorie anrichten konnten. Symptomatisch ist dafür zum Beispiel auch das Verhältnis von Rechtswissenschaften und Wirtschaftswissenschaften. Beide Fächer waren gleichermaßen wichtig für die Entwicklung der ordnungspolitischen Theorie, die ja im Wesentlichen eine „Theorie der Privatrechtsgesellschaft" (Franz Böhm) war. Deshalb war die ordnungspolitische Theorie in Forschung und Lehre idealerweise auch in einer staatswissenschaftlichen Fakultät angesiedelt, in der parallel Rechts- und Wirtschaftswissenschaften vertreten waren. Viele Ökonomen wie Friedrich August von Hayek waren zugleich juristisch ausgebildet. Heute sind beide Bereiche streng getrennt, in manchen Studienordnungen ist nicht einmal eine juristische Einführung für angehende Volkswirte vorgesehen. Das Überschneidungsgebiet von Recht und Wirtschaft wurde hingegen als *Law and economics* ein Spezialgebiet, das nun nicht mehr juristisches Grundwissen für Volkswirte bereitstellte, sondern (hauptsächlich mathematische) Maximierungsmodelle für die Anwendung im juristischen Bereich.

[16] Popper (1984).

[17] Vgl. Wrobel (2001), S. 238-240.

[18] Vgl. dazu z.B. Lucke (2006).

[19] Vgl. dazu Hayek (1969), oder North (1990), insbesondere S. 17-26.

Die Übernahme einer immer weiter in Spezialgebiete zersplitterten Theorie führte auch in Deutschland zu einer Zurückdrängung der Ordnungspolitik als Grundlage der Wirtschaftspolitik. Hierbei soll ein Missverständnis gleich ausgeschlossen werden. Mit dieser Kritik geht es nicht um eine Kanonisierung Walter Euckens oder der Freiburger Schule oder etwa der deutschen ordnungspolitischen Tradition überhaupt. Theorien haben sich zu bewähren und müssen durch neue und modernere Ansätze herausgefordert werden. Dies geschieht aber gerade nicht, wenn Ordnungspolitik in Forschung und Lehre durch immer spezialisierte Teiltheorien ersetzt wird. An großen deutschen wirtschaftswissenschaftlichen Fakultäten taucht Ordnungspolitik heute als eigenständiges Fach in Forschung und Lehre kaum noch auf, wohl aber Teilbereiche wie Systemtransformation, komparative Wirtschaftsforschung etc.[20] Die Neuausrichtung der wirtschaftswissenschaftlichen Ausbildung und Forschung im Hinblick auf internationale Kompatibilität hat durchaus viel für sich: Studenten werden dadurch international bessere Chancen erhalten, Studienzeiten können durch die Aufteilung in mehr und weniger forschungsintensive Studiengänge bei einer gleichzeitigen Reform überfrachteter Examen reduziert werden, die Forschung profitiert vom internationalen Ideenwettbewerb ebenso wie die Lehre. Allerdings führt eine Aufteilung der Ordnungspolitik in Spezialgebiete dazu, dass kein Überblick mehr über ordnungspolitische Entwicklungen gegeben wird und damit auch keine ordnungspolitische Denkweise vermittelt werden kann. Während dies in der älteren Generation der Ökonomen noch kein Problem darstellt, da sie ja selber Teil des früheren ordnungspolitischen Konsenses sind, wird dies bei der nachwachsenden Generation der Ökonomen nicht mehr der Fall sein. Damit ist nicht nur die Ordnungspolitik vom Stilverfall gekennzeichnet, sondern auch die Ordnungstheorie hat ihre grundlegende Bedeutung verloren. Letztlich richten es sich damit bei-

[20] Vgl. z.B. die volkswirtschaftlichen Lehrstühle der Ludwig-Maximilians-Universität in München oder der Universität Konstanz. An der Christian-Albrechts-Universität zu Kiel wurde der frühere Lehrstuhl für Ordnungspolitik beispielsweise für NIÖ und Innovationsökonomik umgewidmet, die nun nicht mehr als Teilbereiche der Ordnungspolitik verstanden werden können, sondern als Spezialisierungen innerhalb des volkswirtschaftlichen *Mainstreams*.

de Gruppen, Politiker und Wissenschaftler, gut ein: Die einen verweisen auf die vermeintliche Wirkungslosigkeit und Orientierungslosigkeit der Ökonomie und nehmen sie zum Anlass, ordnungspolitische Prinzipien nur noch als Prinzipienreiterei zu verstehen. Das hält sie nicht davon ab, sich weiterhin auf Ludwig Erhard zu berufen und sich sogar als Erben der Sozialen Marktwirtschaft zu verstehen. Die anderen, die Wissenschaftler, sind in ihrer theoretischen Nische durch mathematische Modelle abgesichert, haben aber dadurch die Option der Umsetzung ihrer Modelle in tatsächliche Wirtschaftspolitik verloren. Je weiter die Spezialisierung der Wissenschaftler geht, umso weniger wird dann der ordnungspolitische Überblick für die Politikberatung notwendig, weil dann Partialmodelle, abhängig von der Manipulation der Annahmen, jede staatliche Politik rechtfertigen können, nach dem Motto „garbage in – garbage out".

"Winning the war of ideas" – Ordnungspolitik im Internet

Bei der Frage, wie eine von ordnungspolitischen Prinzipien gesteuerte Wirtschaftspolitik wieder größere Beachtung finden kann, spielen sicherlich Lehre und Forschung in Universitäten und Instituten eine entscheidende Rolle. Doch dies ist, wie man ja am Stilverfall der Marktwirtschaft sehen kann, nicht genug. „Winning the war of ideas" verlangt auch eine größere Wirksamkeit ordnungspolitischer Ideen in der Bevölkerung, d.h. eine breite ordnungspolitische Debatte. Wie wichtig dies bei der Umsetzung marktwirtschaftlicher Ideen in der Anfangsphase der Bundesrepublik war, zeigt sich in den häufigen Radiointerviews bzw. -beiträgen Erhards, die noch heute lesenswert sind.[21] Die Aufnahmefähigkeit für eine solche Politik war sicher damals groß, da die Erfahrungen mit Inflation, Kartellmacht und staatlichem Machtmissbrauch frisch waren. Sie prägten für Jahrzehnte entscheidend die deutsche Wirtschaftspolitik. Die kollektive Erinnerung an die Inflationen von 1923 und 1945 war auch eine nicht zu unterschätzende politökonomische Determinante. Doch das natürliche Verblassen der Erfahrung in Zusammenhang mit dem jahrelangen Stilverfall hat diese Determinante zuletzt bedeutungslos werden lassen. Die unterschiedli-

[21] Vgl. Erhard (1962).

che Einstellung zur Marktwirtschaft in den neuen Bundesländern hat nach 1990 die Entfremdung von Grundkonzepten der Marktwirtschaft nochmals deutlich erhöht. Eine Renaissance der Marktwirtschaft muss also auch eine Wiederherstellung ihrer Akzeptanz bei der Bevölkerung bedeuten. Es ist interessant zu sehen, dass die weltweite globalisierungskritische Bewegung einen entscheidenden Triebfaktor im Internet, z.B. in Internetforen bzw. -tagebüchern (weblogging oder blogging) gefunden hat. Während diese Bewegung in Deutschland erst am Anfang steht, hat sie anderswo schon wahlentscheidende Bedeutung gewonnen, so z.B. die Anti-Kerry-Kampagne der „Swift Boat Veterans" in den USA. Dementsprechend bietet das Internet auch die Chance, gegen den Mainstream anzutreten. In diesem Informationsmarkt fehlt aber bisher weitgehend die ordnungspolitische Stimme. Um diesem Mangel abzuhelfen, ist auf Initiative der Autoren an der Westsächsischen Hochschule in Zwickau das „Ordnungspolitische Portal" eingerichtet worden, in dem Argumente zu aktuellen wirtschaftspolitischen Fragen genauso vertreten sind wie weiterführende und theoretische Abhandlungen. Allerdings ist damit zunächst nur ein erster Schritt getan, dem Weitere folgen müssen. Das Internet kann sicher kein Ersatz für die wirtschaftspolitische Debatte in den Universitäten und Forschungsinstituten, in der Tagespresse oder auf Konferenzen und Seminaren sein. Es kann aber ein wirkungsvolles Instrument sein, breitere Schichten für ordnungspolitische Debatten zu gewinnen und damit den Unterbau für eine auf Prinzipien der Ordnungspolitik basierende Wirtschaftspolitik wiederherzustellen.

Literatur

Boss, Alfred (2002) „Schlusslicht Deutschland“: was können die Unterschiede in der Finanzpolitik erklären?, Kieler Arbeitspapiere Nr. 1111, Kiel: Institut für Weltwirtschaft.

Cassel, Susanne (2001) Politikberatung und Politikerberatung: eine institutionenökonomische Analyse der wissenschaftlichen Beratung der Wirtschaftspolitik, Bern: Haupt.

Erhard, Ludwig (1962), Deutsche Wirtschaftspolitik, Düsseldorf: Econ.

Fuest, Clemens (2006) Die Stellung der Ordnungspolitik in der Ökonomik, in: Wirtschaftsdienst, Bd. 86 (2006), Heft 1, S. 11-14.

Hasse, Rolf (1996) Eine Renaissance des wahrhaft Sozialen – Die praktizierte Sozial- und Tarifpolitik kann sich kaum mehr auf die Soziale Marktwirtschaft berufen, in: Frankfurter Allgemeine Zeitung, 14.9.1996, S. 18.

Hayek, Friedrich August von (1969) Die Ergebnisse menschlichen Handelns, aber nicht menschlichen Entwurfs, in: Freiburger Studien, Tübingen, S. 97-107.

- - - **(1971)** Die Verfassung der Freiheit, Tübingen

Lambsdorff, Otto (2004) Ein ordnungspolitischer Aufbruch für Deutschland, Vortrag anlässlich der Verleihung der Hayek-Medaille in der Aula der Albert Ludwigs Universität, Freiburg, 25.6.2004, im Internet: http://www.hayek.de/docs/2004/Lambsdorff-Vortrag.pdf (Zugriff am 24.1.2005).

Lucke, Bernd (2006) Ablösung der Ordnungspolitik durch mathematische Methoden? in: Wirtschaftsdienst, Bd. 86 (2006), Heft 1, S. 7-10.

Mussler, W.; Wohlgemuth, M. (1995) Institutionen im Wettbewerb – Ordnungstheoretische Anmerkungen zum Systemwettbewerb in Europa, in: Peter Oberender; Manfred Streit (Hrsg.): Europas Arbeitsmärkte im Integrationsprozeß, Contributiones Jenensis Bd. 1, Baden-Baden, S. 9-45.

North, Douglas (1990) Institutions, institutional Change and economic performance, Camebridge.

OECD (2005) New GDP Comparisons based on Purchasing Power Parities for the Year 2002, Paris: OECD, im Internet: http://www.oecd.org/dataoecd/32/62/34256773.pdf (Zugriff am 24.1.2005).

Olson, Mancur (1982) The Rise and Decline of Nations, Cambridge (Mass.): Yale University Press.

Popper, Karl (1984) Objektive Erkenntnis – Ein evolutionärer Entwurf, Hoffmann und Campe, 4. Auflage.

Schatz, Klaus-Werner (2002) Über den Niedergang der Ordnungspolitik in Deutschland, in: Orientierungen zur Wirtschafts- und Gesellschaftspolitik, Nr. 91 (1/2002), S. 31-37.

Seliger, Bernhard (2001) Die Krise der sozialen Sicherung und die Globalisierung: politische Mythen und ordnungspolitische Wirklichkeit, in: Ordo: Jahrbuch für die Ordnung von Wirtschaft und Gesellschaft, Bd. 52, S. 215-238.

Sinn, Hans-Werner (2002) Die rote Laterne – Die Gründe für Deutschlands Wachstumsschwäche und die notwendigen Reformen, in: ifo Schnelldienst, no. 55 (23), S. 3-32.

Späth, Lothar (2004) Die deutsche Krankheit, in: Handelsblatt, 23.11.2004.

Starbatty, Joachim (1997) Fehlentwicklungen der Sozialen Marktwirtschaft – ein Lehrstück in politischer Ökonomie, Beitrag zu der Tagung „Verlässliche Soziale Sicherung", Frankfurt: Frankfurter Institut (Stiftung Marktwirtschaft und Politik), European Policy Forum.

Wall Street Journal (2005) The German Disease, 10.1.2005.

Weede, Erich (2003) Mensch, Markt und Staat. Plädoyer für eine Wirtschaftsordnung für unvollkommene Menschen, Stuttgart: Lucius und Lucius.

Wrobel, Ralph (2000) Estland und Europa: Die Bedeutung des Systemwettbewerbs für die Evolution und Transformation von Wirtschaftssystemen, Tartu.

Wrobel, Ralph (2001) Die Bedeutung der Komplexität ökonomischer Strukturen für die Wahl wirtschaftspolitischer Strategien, in: Zeitschrift für Wirtschaftspolitik, 2001/2, S. 217-249.

Ronald Clapham

Welche Bedeutung haben nationale Wirtschaftsordnungen für die Zukunft der EU? Der Beitrag der sozialen Marktwirtschaft

I Problemstellung

In der in Deutschland seit Jahren geführten Diskussion um die Erneuerung oder Wiederbelebung der Sozialen Marktwirtschaft wird meistens die Frage ausgeklammert, welche Bedeutung eigentlich der nationalen Wirtschaftsordnung zukünftig noch in der EU zukommt, wenn schon heute die Handlungsmöglichkeiten für die nationale Wirtschafts- und Sozialpolitik in allen EU-Mitgliedstaaten eingeschränkt sind. Bei Zielsetzungen und Maßnahmen sowohl der nationalen Ordnungspolitik als auch der Wirtschaftsprozesspolitik, sind internationale und supranationale Regelungen und Verflechtungen zu berücksichtigen. Durch internationale völker-rechtliche Abkommen wurde eine allgemeine Rahmenordnung geschaffen, die zu einer unterschiedlichen Regelungsdichte für die Wirtschafts-, Sozial- und Umweltpolitik der Staaten führt. Beispielhaft sei auf die handels- und währungspolitischen Regeln der WTO und des IMF, auf die sozialen Kernarbeitsnormen der ILO und auf Normensetzungen durch inter-nationale Umweltschutzabkommen verwiesen (vgl. Clapham, 2006). Spezielle Rahmenbedingungen wurden durch die europäischen Integrationsverträge geschaffen, die in wirtschaftlichen und sozialen Politikbereichen zu partiellen bis völligen Kompetenzverlusten bei den EU-Mitgliedstaaten geführt haben. Weitere neue Regelsetzungen sind in dem zur Ratifizierung anstehenden Lissabon-Vertrag enthalten.

Angesichts solcher Rahmenbedingungen für staatliches Handeln ist nach der heutigen Rolle nationaler Ordnungspolitik und – ganz grundsätzlich – nach der zukünftigen Bedeutung nationaler Wirtschaftsordnungen für die EU zu fragen. Wirtschaftsordnungen lassen sich als die Gesamtheit der Regeln beschreiben, die in den einzelnen Ländern, geprägt durch kulturelle und politische Grundwerte, für staatliches und privates Handeln in wirtschaftlichen und sozialen Bereichen entwickelt worden sind. Die jeweilige Wirtschaftsordnung ist somit stets Ausdruck des Ordnungsdenkens in einer Gesellschaft; dieses bestimmt das ordnungspolitische Handeln in wirtschaftlichen und sozialen Teilbereichen.

II Die Soziale Marktwirtschaft im Systemwettbewerb innerhalb der EU

In den folgenden Ausführungen wird die *Hypothese* vertreten, dass die nationalen Wirtschaftsordnungen in der EU die wesentliche Funktion haben und behalten werden, die Quelle für einen Wettbewerb der Ideen zur Entwicklung einer marktwirtschaftlichen und sozialverpflichteten Ordnung in der Union zu sein. Ordnungspolitische Innovationen entstehen nicht in europäischen Bürokratien, sondern aus dem vielfältigen und konkurrierenden Ordnungsdenken in den EU-Mitgliedstaaten. Die nationalen Wirtschaftsordnungskonzepte stehen in der EU in einem friedlichen Systemwettbewerb, bezogen auf die konstituierenden Prinzipien einer modernen, ökonomisch und sozial leistungsfähigen Ordnung und auf die Gestaltung einzelner Politikbereiche (vgl. hierzu auch John, 2007, S. 178 ff.).

Die im ergebnisoffenen Wettbewerb zu erwartenden Innovationen betreffen sowohl gesellschaftliche Grundwerte sowie einzelne wirtschafts- und sozialpolitische Ziele und Maßnahmen als auch institutionelle Neuerungen. Vom Systemwettbewerb wird zweierlei erwartet (Streit, 1996, S. 226 ff.): Er wirkt als *Entdeckungsverfahren*, da er die politischen Wettbewerber – die Regierungen – als institutionelle Anbieter anregt, beispielsweise im Bereich der Wirtschaft für die privaten Akteure attraktive institutionelle Neuerungen (z.B. verbesserte Standortqualitäten für Investoren) zu entwickeln. Außerdem wirkt er als *Kontrollverfahren* im Hinblick auf die politischen Wettbewerber, die ja die Anbieter alter und neuer institutioneller Arrangements sind, auf die die Nachfrager mit Abwanderung oder Widerspruch reagieren können.

Meine *These* ist, dass nationale Ordnungspolitik in der EU unter veränderten Rahmenbedingungen möglich und als Innovationsquelle notwendig ist. Die durch die europäischen Verträge entstandenen ordnungspolitischen Regeln sind bei allen nationalen wirtschafts- und sozialpolitischen Maßnahmen zu berücksichtigen, welche die vier Grundfreiheiten der EU – freier Waren-, Dienstleistungs-, Personen- und Kapitalverkehr – tangieren. Weiterhin mögliche Regelungsänderungen durch die nationale Ordnungspolitik der Mitgliedstaaten dürfen allerdings diese Grundfreiheiten nicht so beschneiden, dass der Binnenmarkt gefährdet wird. Beispielsweise ist bei nationalen ordnungspolitischen Veränderungen der Eigentumsordnung zu beachten, dass zwar die Eigentumsordnung der Mitgliedstaaten nach den europäischen Verträgen unberührt bleibt, aber bei etwaigen nationalen Sozialisierungs- und Verstaatlichungsmaßnahmen keine Beeinträchtigung des wettbewerblichen Binnenmarktes eintreten darf. Ein anderes Beispiel ist der Bereich der Sozialpolitik. So darf die Union die Befugnis der Mitgliedstaaten, die Grundprinzipien ihres Systems der sozialen Sicherheit festzulegen, nicht berühren. Jedoch müssen bei der nationalen ordnungspolitischen Gestaltung des Gesundheitssystems die Grundsätze des Binnenmarktes beachtet werden. Auch die „Offene Methode der Koordinierung“ auf europäischer Ebene, die Elemente der zentralen Steuerung mit dezentraler Umsetzung und mitgliedstaatlicher Verantwortung verbindet und die zu einem schleichenden Souveränitätsverlust des Nationalstaates führt, lässt Spielraum für nationale Ordnungspolitik.

Insgesamt kann man sagen, dass trotz Souveränitätsbeschränkungen und Kompetenzverlagerungen die EU versucht – hier besonders unterstützt vom EuGH –, die Identität der Mitgliedstaaten, ihre Traditionen und wesentlichen ordnungspolitischen Prinzipien zu achten.

Im Folgenden befasse ich mich mit *vier ordnungspolitischen Beiträgen*, die dem Konzept der Sozialen Marktwirtschaft folgend zur weiteren Ausgestaltung der Wirtschaftsordnung der EU wichtig sind und die deshalb von deutscher Seite europapolitisch vertreten werden sollten. Selbst wenn es durch die europäischen Verträge zu Beschränkungen der mitgliedstaatlichen Souveränität gekommen ist, so bestehen dennoch Möglichkeiten einer wirksamen Teilhabe an der Gestaltung der EU.

1 Geistige und politische Auseinandersetzung mit interventionistischen und kollektivistischen Ordnungsvorstellungen im Integrationsraum

Die Wirtschaftsordnung der EU ist nicht determiniert oder in ihren Teilbereichen abschließend normiert. Nach dem Vertrag von Maastricht (1993) entstand eine Ordnung von ambivalentem Charakter (vgl. Mussler, 1998, S. 166 ff.). Einerseits schufen die Vertragsbestimmungen zu den vier Grundfreiheiten und das Binnenmarktprogramm eine offene Marktwirtschaft mit freiem Wettbewerb. Andererseits führten der erweiterte Zielkatalog der EU und die damit verbundenen, zusätzlichen (geteilten) Zuständigkeiten der Union in mehreren Politikbereichen – insbesondere Binnenmarkt, Teile der Sozialpolitik, Stärkung des wirtschaftlichen, sozialen und territorialen Zusammenhalts, Umwelt, Verkehr, Forschung und technologische Entwicklung, Gesundheits- und Verbraucherschutz – zu einer Zentralisierung von Kompetenzen, verbunden mit der Zulässigkeit von Interventionen seitens der EU.

Um die Wirtschaftsordnung des europäischen Integrationsraumes weiter auszugestalten, sollte man den Ordnungsvorstellungen der Sozialen Marktwirtschaft folgen. Während in früheren Phasen der Integration von der deutschen Europapolitik erfolgreich die marktwirtschaftlich-wettbewerbliche Wirtschaftsverfassung der Gemeinschaft gefördert wurde (vgl. John, 2007, insbes. S. 152 ff.), haben sich die Spuren der Sozialen Marktwirtschaft in Europa schon seit Jahren verwischt (vgl. Streit, 1998, S. 195). Um hier von deutscher Seite wieder eine klare ordnungspolitische Leitidee in die Europapolitik hineinzubringen, muss man sich der *Kernaufgabe bewusst werden*, ordoliberale Grundsätze einer freiheitlichen und humanen Lebensordnung konsequent zu vertreten.

Diese Aufgabe erhält heute eine größere Bedeutung dadurch, dass es innerhalb der EU in den politischen und integrationstheoretischen Auseinandersetzungen längst nicht mehr allein um das (alte) Problem geht, welche Politikfelder vergemeinschaftet oder gemeinschaftlicher Aufsicht unterstellt werden sollen, sondern es geht jetzt um konkurrierende Integrationsinhalte. Nicht die Regelungsebene, sondern vermehrt die politischen Inhalte sind in der EU kontrovers (vgl. Schäfer, 2006, S. 200). Aus deutscher Sicht hat sich an den ordnungspolitischen Kontroversen seit den Verhandlungen über die Römischen Verträge wenig geändert. Anlass sind die in den Mitgliedstaaten nach wie vor unterschiedlichen Vorstellungen – oder Visionen – von der Rolle des Staates in einer freiheitlichen Gesellschaft; es geht um ein angemessenes Verhältnis zwischen privaten und staatlichen Zuständigkeiten. Um individuelle Freiheit und Eigeninitiative zu ermöglichen, ist für die Bürger eine verlässliche und berechenbare Rahmenordnung erforderlich, deren Bereitstellung als öffentliches Gut Aufgabe des Staates und – im Fall der EU – der Staatengemeinschaft ist. Die gesetzten Regeln schaffen dann die Möglichkeit zu vielen spontan durch die Marktteilnehmer vereinbarten Einzelregelungen auf wirtschaftlichen und sozialen Gebieten.

Man kann davon ausgehen, dass zukünftige deutsche Beiträge im europäischen Systemwettbewerb dem über Jahrzehnte herausgebildeten Entwicklungspfad der Sozialen Marktwirtschaft folgen werden. Diese Ordnungskonzeption steht innerhalb der EU in einem friedlichen Systemwettbewerb mit anderen Ordnungs-vorstellungen. Davon betroffen sind sowohl die politisch-gesellschaftliche Auseinandersetzung über das Verhältnis von staatlichen und privaten Zuständigkeiten und Aktivitäten als auch die Aufteilung der Handlungskompetenzen für Politikbereiche auf die EU oder die Mitgliedstaaten. Die deutsche Leitidee für die Integration stützt sich auf die ordnungspolitische Grundposition, „... das Prinzip der Freiheit auf dem Markt mit dem des sozialen Ausgleichs zu verbinden“ (Müller-Armack, 1956). Entsprechend wäre es Aufgabe der wissenschaftlichen und politischen Arbeit, wirtschaftliche und soziale Ziele der EU mit einer funktionsfähigen Wettbewerbsordnung und einer freiheitlichen Sozialordnung bei stabilen ökonomischen und umweltschutzrelevanten Rahmenbedingungen zu erreichen.

Das *Ordnungskonzept der Freiheit in sozialer Verantwortung* deutlicher und aktiver in der EU zu vertreten, ist dringend erforderlich, da es in der EU weiterhin – teilweise verstärkt durch den Druck der Globalisierung – eine sehr kontroverse Debatte über interventionistische und kollektivistische Ordnungsvorstellungen gibt.

Im interventionistischen Ansatz wird versucht, Struktur, Ablauf und Ergebnisse des Marktgeschehens im Hinblick auf Sonderinteressen punktuell zu korrigieren. Kollektivistische Ordnungsvorstellungen zeigen sich bei Zentralisierungsinteressen der Gemeinschaftsorgane und den Forderungen nach Gemeinschaftskompetenzen zur Durchsetzung nicht näher konkretisierter „Gemeinschaftsinteressen". Ein Beispiel für einen neuen Zentralisierungsversuch ist im Jahr 2007 der Entwurf der Europäischen Kommission zur Schaffung einer europäischen Regulierungsbehörde für Telekommunikation (COM (2007) 699 rev 2). Gegen die hier vorgesehene „Harmonisierung" der europäischen Telekommunikationsmärkte sprechen gewichtige Gründe : „1) Unterschiede bei den Präferenzen und Gewohnheiten der betroffenen Bürger, 2) Unterschiede bei der vorhandenen Infrastruktur, 3) Vorteile der Informationsbeschaffung auf dezentraler Ebene und 4) die Vorteile eines Wettbewerbs der Regulierungssysteme" (Haucap/Kühling, 2007).

Die anti-liberalen Überlegungen entstammen teilweise der französischen Denktradition, die schon während der Verhandlungen über die Römischen Verträge die Entwicklung der EWG beeinflusst und zu interventionistischen und protektionistischen Regelungen geführt hat. Diese Denkweise findet sich heute im dirigistischen Politikansatz der EU. So zeigen Analysen der neueren Entwicklungstrends der Integration eine Schwächung wettbewerblicher Strategien, vermehrte Regulierungen und Zentralisierungen (vgl. Mussler/Streit, 1996, S. 284 ff.; Mussler, 1998, S. 125 ff.). Eine andere Studie kommt zu dem Ergebnis, dass zwar die Überlegenheit des marktwirtschaftlichen Koordinationsmechanismus in der Gemeinschaft weitgehend anerkannt erscheint, jedoch die ordnungs-politischen Differenzen keineswegs verschwunden seien und sich jetzt auf das Gebiet der positiven Integrationspolitik verlagert hätten, die die Entwicklung gemeinsamer Politiken und gleicher institutioneller Bedingungen betrifft: Bei dem bestehenden Binnenmarktregime werden die ordnungspolitischen Konflikte jetzt darüber ausgetragen, welche Reichweite und Inhalte die gemeinsame positive Integrationspolitik haben soll. Das viele Jahre dominante Verfahren der Integration über Märkte wird durch stärkere Betonung der Integration durch Politik abgeschwächt (vgl. van Scherpenberg, 1996, S. 361).

Hinsichtlich der zukünftigen ordnungspolitischen Orientierung der EU ist zu fordern, stärker als bisher die *Präferenzen* der EU-Bürger hinsichtlich der Kompetenzverteilung zwischen EU und Mitgliedstaaten zu berücksichtigen, damit die Bürger sich mehr mit dem europäischen politischen System identifizieren und eher bereit sind, die Politik demokratisch zu legitimieren. Die gesellschaftliche Akzeptanz der EU wird zweifellos stark von der Auffassung der Bürger über die Ausgestaltung der europäischen Wirtschafts- und Sozialordnung beeinflusst.

Hierbei ist die große Schwierigkeit zu entscheiden, für welche wirtschaftlichen und sozialen Politikbereiche es effizienter wäre, Maßnahmen zu zentralisieren bzw. zu koordinieren und zu harmonisieren, ohne die Autonomie und Souveränität der Mitgliedsländer zu stark zu schwächen (vgl. Cerniglia/Pagani, 2007, S. 1; Ahrens/ Meurers, 2003, S. 23 ff.). Aus ökonomischer Sicht, begründet durch die Theorie des Fiskalföderalismus, liegen Vorteile für eine Zentralisierung dann vor, wenn es um die Ausnutzung von Economies of Scale und um die Internalisierung von Spill-Overs geht. Allerdings entstehen hierbei "Kosten der Uniformität", da die zentrale Bereitstellung von Gütern und Leistungen zu einem Konflikt mit den verschiedenen Präferenzen der Bürger führt. Eine neuere empirische Analyse der Präferenzen europäischer Bürger zeigt auf, dass auf EU-Ebene in Politikbereichen gehandelt wird, in denen die Heterogenität der Präferenzen bei den Bürgern groß ist, während die EU nicht oder kaum in Politikbereichen tätig ist, in denen große Economies of Scale und Externalitäten bestehen, wo also der optimale Problemlösungsraum die Union wäre.

Ergebnis der empirischen Analyse ist, dass es bei den EU-Bürgern deutliche Mehrheiten sowohl bei Präferenzen für eine Zentralisierung von Kompetenzen gibt (für die Bereiche Währung, Umwelt, Forschung und technologische Entwicklung, Regionalpolitik, Schutz vor Armut und Diskriminierung) als auch bei Präferenzen für dezentrale Lösungen (für die Bereiche Gesundheit, Soziales, Medien, Kultur, allgemeine und berufliche Bildung). Große Heterogenität hinsichtlich der Kompetenzzuweisung gibt es in den Mitgliedstaaten auf den Gebieten Verteidigung, Immigration, Arbeitsmarkt und Landwirtschaft. Die deutlichen Präferenzen der europäischen Bürger geben der Politik Hinweise auf die zukünftige Gestaltung der Regelungskompetenzen zwischen EU und Mitgliedstaaten.

2 Stärkung und Schutz der europäischen Wettbewerbsordnung

Nach dem deutschen Ordnungsverständnis besteht ein großes Interesse daran, das System offener und wettbewerbsorientierter Märkte in der EU durch Verbesserung der Wettbewerbsregeln und der Wettbewerbspraxis zu schützen und zu fördern (Wissenschaftlicher Beirat beim Bundesministerium für Wirtschaft, 1994, S. 32 ff.). Grundlegend vorbereitet im EWG-Vertrag und in den folgenden Perioden ausgebaut, folgt die europäische Wettbewerbspolitik ordnungspolitisch den Grundsätzen einer liberalen Wirtschaftsordnung. Sowohl Kartellverbot und Fusionskontrolle als auch die Beihilfenkontrolle fördern in der EU die Entwicklung eines Wirtschaftsraums der offenen Marktwirtschaft mit freiem Wettbewerb. Allerdings gibt es einige Möglichkeiten, diesen Wettbewerb zu verbessern.

Ordnungspolitische Beiträge Deutschlands im Systemwettbewerb sind für zwei Bereiche von Bedeutung:

a) *Das wettbewerbstheoretische Leitbild*

Im Konzept der Sozialen Marktwirtschaft wird der Wettbewerb als normativ–funktionale Ordnung vertreten. Wettbewerbspolitik, die ja immer umfassender als das bloße Wettbewerbsrecht zu verstehen ist, hat sowohl eine *Freiheitskomponente* als auch eine *Effizienzkomponente*. Dies wurde in der Regierungsbegründung des GWB von 1958 deutlich; man ging davon aus, „dass die Wettbewerbswirtschaft die ökonomischste und zugleich demokratischste Form der Wirtschaftsordnung ist" und dass eine entsprechend geordnete Wirtschaftsverfassung „das wirtschaftspolitische Gegenstück zur politischen Demokratie" bildet (zitiert bei Schmidt, 2001, S. 164).

Diese Auffassung vom Wettbewerb als allgemeines Ordnungsprinzip in einer freiheitlichen Gesellschaft muss angesichts der neuen europäischen Wettbewerbspolitik deutlicher vertreten werden. Wie auch die jüngste Fusionskontrollverordnung zeigt, die nur noch ein Fusionverbot vorsieht, wenn ein wirksamer Wettbewerb „erheblich behindert" würde, zeichnet sich ein Paradigmenwechsel ab, der vom bisher vertretenen ordoliberalen Freiheitsdenken hin zu einem wohlfahrtsökonomischen Effizienzdenken führt (vgl. hierzu Kainer, 2007, S. 59 ff. und insb. S. 74). Damit würde eine interventionistisch-regulierende europäische Wettbewerbspolitik unterstützt, die fallweise die ökonomische Nützlichkeit von Wettbewerbsvorgängen beurteilt und nach Effizienzgewinnen im Einzelfall entscheidet. Der Kurswechsel in der Wettbewerbspolitik der EU bedeutet die Abkehr von einem ergebnisoffenen Verständnis von Wettbewerb hin zu einem Leitbild, das Wettbewerbspolitik als Instrument zur Erreichung konkreter wirtschaftlicher Ziele („Erhöhung der Konsumentenwohlfahrt") versteht (Heitzer, 2007, S. 5). Statt des von der EG-Kommission bevorzugten „more economic approach" ist zu fordern, einen „more order economic approach" (Andre Schmid) zu vertreten, der an sinnvolle *Regeln* und *Voraussetzungen* des Wettbewerbs und nicht an dessen Ergebnissen ansetzt. Entsprechend der Freiburger Schule Euckens kommt es in der Wettbewerbspolitik entscheidend darauf an, in erster Linie wirtschaftliche Macht selbst zu bekämpfen, nicht die sogenannten Missbräuche von Wirtschaftsmacht. Jede interventionistisch-regulierende Wettbewerbspolitik hat Schwächen, denn sie ist eine politisch-bürokratische Außerkraftsetzung von Wettbewerbsprozessen.

Mit diesen Problemen hat man zurzeit auf dem deutschen Markt der Stromerzeugung zu tun. Während die Europäische Kommission die in vielen Ländern der EU stockende Öffnung der Strom- und Gasmärkte auch mit dem sektorspezifischen Instrument der Entflechtung der Energiekonzerne vorantreiben will (bis hin zur eigentumsrechtlichen Trennung von Erzeugung und Vertrieb von Energie), wird von deutscher Seite eine Verschärfung der Missbrauchskontrolle vorgesehen. Die bessere Lösung nach marktwirtschaftlich-ordnungs-politischem Verständnis wäre, Entflechtungen als ein allgemeines Instrument innerhalb des GWB vorzusehen, das strikt wettbewerblich angewendet wird, also bewusst nicht an Größenmacht oder industriepolitischen Zielen orientiert ist (vgl. Möschel, 2007). Dieser Lösungsvorschlag weist auf nationale ordnungspolitische Möglichkeiten in der Wettbewerbspolitik hin und wäre innerhalb der EU ein Beitrag zum Systemwettbewerb.

Die Debatte um die EU-Reformverträge hat gezeigt, dass die Rolle des Wettbewerbs neu gewichtet wird; die Stellung und die zukünftige Ausrichtung des EU-Wettbewerbs werden sehr kontrovers diskutiert. Zu kritisieren ist, dass der freie und unverfälschte Wettbewerb im Binnenmarkt – als eines der Ziele der Union noch im Nizza-Vertrag genannt – nicht mehr im Lissaboner Vertrag als wirtschaftspolitische Grundausrichtung der EU aufgeführt wird. Allerdings wurde dem Vertrag ein Protokoll beigefügt (Protokoll Nr. 29: Über den Binnenmarkt und den Wettbewerb). Darin steht: „... dass der Binnenmarkt, ..., ein System umfasst, das den Wettbewerb vor Verfälschungen schützt". Hierin wird von den Vertretern der Vertragsänderung eine klare, zuverlässige Grundlage für die weitere, bewährte Wettbewerbspolitik der EU gesehen. Allerdings ist sehr bedenklich, dass hier der Wettbewerb nur noch funktional für die Verwirklichung des Binnenmarktziels verstanden wird, das im Übrigen mit anderen Zielsetzungen wie sozialer Fortschritt und Verbesserung der Umweltqualität verknüpft ist, die nach allen Erfahrungen mit regulierenden Eingriffen verbunden sind (vgl. Basedow, 2007).

Grundsätzlich geht es darum, die Instrumentalisierung der europäischen Wettbewerbspolitik für andere Zwecke zu verhindern. Dieser ordnungspolitische Grundsatz muss von der deutschen Regierung gegenüber Auffassungen von Regierungen anderer Mitgliedstaaten – aber auch einflussreicher Interessengruppen im Inland – durchgesetzt werden, die Wettbewerbsbeschränkungen für Zwecke der Außenhandels-, Forschungs-, Industrie-, Arbeits- und Regionalpolitik anwenden wollen. Es gilt, den Wettbewerb in der EU als Entdeckungs- und Entmachtungsverfahren zu entwickeln und zu schützen.

b) *Die Errichtung einer unabhängigen Wettbewerbsbehörde in der EU*

Viele Erfahrungen sprechen dafür, dass mit dem Grad der Unabhängigkeit die Bereitschaft einer Wettbewerbsbehörde größer wird, wettbewerbsrelevante Sachverhalte gründlich und nicht diskriminierend aufzugreifen. Eine politisch unabhängige Behörde kann sich völlig auf die Anwendung der durch das Wettbewerbsrecht vorgegebenen Regeln konzentrieren und nach rein wettbewerblichen Kriterien entscheiden. Danach bleibt immer noch die Möglichkeit, aufgrund politischer Erwägungen nachträglich die behördliche Entscheidung abzuändern. Der Vorteil eines solchen zweistufigen Verfahrens liegt auch darin, dass es transparenter ist und einen öffentlichen Begründungszwang hinsichtlich politischer Entscheidungsmotive schafft. Daher sollte der deutsche Vorschlag, ein Europäisches Kartellamt zu schaffen, der 1996 keine Zustimmung seitens der Kommission und der Mitgliedsstaaten gefunden hat, wieder neu und nachdrücklich zur Diskussion gestellt werden.

3 Sicherung der Unabhängigkeit des Europäischen Zentralbanksystems als Garant der Währungsstabilität

In der EU bestehen makroökonomische Steuerungsprobleme, die durch die Aufspaltung in die zentrale Zuordnung der Geldpolitik bei dem ESZB und in die dezentrale Zuordnung der Wirtschaftspolitik bei den Mitgliedstaaten verursacht werden. Daher müssen geeignete institutionelle Regelungen geschaffen werden, um eine „Stabilitätskultur" in Europa entstehen zu lassen. Geeignete institutionelle Arrangements können zu einem Verhalten bei den wirtschaftlichen und politischen Entscheidungsträgern in den Mitgliedstaaten führen, das dem Ziel der Preisstabilität für die gesamte Union hohe Priorität einräumt.

Die Verlässlichkeit des deutschen Eintretens für eine europäische Stabilitätspolitik wurde mit der Aufweichung des Europäischen Stabilitäts- und Wachstumspaktes von 1997 schwer beschädigt. Obwohl gerade von Deutschland die ordnungspolitische Initiative für einen europäischen Stabilitätspakt ausgegangen war, um finanz-politische Disziplin und einen preisstabilen Wirtschaftsraum zu erreichen, wurden von der deutschen Politik die vereinbarten Regeln nicht eingehalten. Die dann erfolgte Neugestaltung des Paktes diente einer politisch gewollten Flexibilisierung und Schaffung nationaler finanzpolitischer Spielräume, so beispielsweise jetzt die 14 Ausnahmetatbestände für das Überschreiten der Obergrenze für erlaubte Defizite und die längeren Zeitvorgaben zum Defizitverfahren und Defizitabbau. Angesichts dieser stabilitätsgefährdenden Entwicklung erhält das Prinzip der Unabhängigkeit der EZB noch größeres Gewicht. Die Unabhängigkeit – institutionell, personell, finanziell und funktionell – ist durch Bestimmungen im EG-Vertrag und in der EZB-Satzung besonders geregelt worden (vgl. Görgens/Ruckriegel/Seitz, 2004, S. 88 ff.). Die Aufgabe des ESZB ist auch im Vertrag von Lissabon unmissverständlich vorgegeben: „Das vorrangige Ziel des Europäischen Systems der Zentralbanken ist es, die Preisstabilität zu gewährleisten. Soweit dies ohne Beeinträchtigung des Ziels der Preisstabilität möglich ist, unterstützt das ESZB die allgemeine Wirtschaftspolitik in der Union, um zur Verwirklichung der in Artikel 3 des Vertrages über die Europäische Union festgelegten Ziele der Union beizutragen“ (Art. 127, 1). Die Unabhängigkeit der EZB und der Notenbanken des ESZB ist eine wesentliche Grundlage des gemeinsamen Stabilitätskonsenses.

Diese stabilitätsfördernde ordnungspolitische Grundentscheidung ist allerdings immer wieder Gegenstand politischer Änderungswünsche. Die institutionellen Grundlagen der Währungsunion drohen immer wieder aufgebrochen zu werden. Es sei daran erinnert, dass das stabilitätspolitische Ziel bei den Ausarbeitungen im Europäischen Verfassungskonvent keine Mehrheit fand und daher im allgemeinen Zielkatalog der Union fehlte; erst durch die anschließende Regierungskonferenz wurde „Preisstabilität“ in den Zielkatalog des neuen Vertrages über die Europäische Union aufgenommen (Titel I, Art. 3, 3).

Erneut hat es institutionelle Änderungswünsche im Zusammenhang mit den Arbeiten an den EU-Reformverträgen gegeben. Die EZB wird nicht mehr den Status als „sonstiges Organ“ der EU haben, sondern gleichberechtigt mit den anderen EU-Institutionen – Europäischer Rat, Ministerrat, Kommission, EuGH, Rechnungshof – als „institutioneller Rahmen“ der Union aufgeführt. Gegen diese Änderung hatte sich der EZB-Präsident, darin nur von Deutschland unterstützt, gewendet. Die nicht unbegründete Befürchtung ist, dass durch den institutionellen „Gleichklang“ mit den anderen EU-Organen eine verfassungsrechtliche Pflicht entstehen könnte, eine Vorabkoordinierung der Geldpolitik mit der Finanz- und Wirtschaftspolitik abzuleiten.

Die Unabhängigkeit der EZB muss immer wieder gegen Forderungen Frankreichs verteidigt werden, zusätzlich ein „gouvernement économique" – beispielsweise in Form der Eurogruppe der Wirtschafts- und Finanzminister der Euro-Mitgliedstaaten – einzuführen, der auch konjunkturpolitische Zielvorstellungen in die Wechselkurspolitik einbeziehen soll. Dieser Vorschlag, kürzlich wieder vom französischen Staatspräsidenten Sarkozy vorgebracht, steht in der langjährigen Tradition Frankreichs, politischen Einfluss auf die Geld- und Währungspolitik zu nehmen. Gleiches zeigt der politische Streit über den Wechselkurs des Euro. Von französischer Seite wird wiederholt gefordert, die EZB solle in ihrer Geldpolitik den zu starken Euro berücksichtigen und auf die Kursentwicklung angemessen reagieren. Die Unabhängigkeit der EZB muss gegen solche Einflussnahme der Politik geschützt werden; die deutsche Auffassung von der Ausgestaltung einer stabilen Geldordnung, gestützt auf die unbestreitbaren Stabilitätserfolge der unabhängigen Deutschen Bundesbank, muss nachhaltig vertreten werden.

Zu der Stabilitätskultur in Europa könnte man von deutscher Seite aufgrund des vorhandenen Wissens um die gesamtwirtschaftliche Bedeutung finanzpolitischer Disziplin einen neuen ordnungs-politischen Beitrag leisten. Zum einen muss man versuchen, den europäischen Stabilitäts- und Wachstumspakt zu härten (vgl. hierzu Kronberger Kreis, 2005). Dazu müsste der Kommission eine stärkere Sanktionsbefugnis eingeräumt werden, um bei Defizitverfahren erfolgreich zu sein. Zusätzlich sollte man bei der Schuldenquote verstärkt darauf achten, inwieweit es sich um ein strukturelles Staatsdefizit handelt.

Zum anderen sollten neue institutionelle Regeln für einen nationalen Stabilitätspakt die eigene Haushaltsdisziplin verbessern (vgl. hierzu auch Kronberger Kreis, 2005, S. 60 ff.). Das europäische Gemeinschaftsrecht enthält einen verbindlichen rechtlichen Maßstab für die Schuldenbegrenzung. Auch im Vertrag von Lissabon – Vertrag über die Arbeitsweise der Europäischen Union – besteht nach Art. 126 (ex-Art. 104 EGV) die Verpflichtung der Mitgliedstaaten zur Haushaltsdisziplin; er verbietet daher übermäßige Defizite. Ein neuer Stabilitätsbeitrag wäre, auch die deutschen Bundesländer in die Pflicht zur Einhaltung des 3%-Defizitkriteriums einzubinden. Seit einiger Zeit wird der Vorschlag diskutiert, das nach dem Stabilitätspakt zulässige Gesamtdefizit nach einem festen Schlüssel auf Bund und Länder aufzuteilen und gemeinsam zu verantworten. Diese Regelung der Einbeziehung der föderalen Ebene entspräche dem Subsidiaritätsprinzip, für das sich die deutschen Bundesländer im Verfassungskonvent politisch stark eingesetzt hatten und das zu-künftig durch die im Lissaboner Vertrag vorgesehene erweiterte Beteiligung der nationalen Parlamente berücksichtigt werden soll.

4 Erhaltung nationaler sozialpolitischer Gestaltungsspielräume im Europäischen Sozialmodell

Als zentraler Leitgedanke der europäischen Integration gilt, in einem Raum der Freiheit ein menschenwürdiges Leben zu ermöglichen. Diese im weitesten Sinne soziale Zielsetzung hat in der Vergangenheit häufig zu einer Kritik an der nur schwach ausgeprägten sozialen Dimension der europäischen Integration geführt. Zwar vereinbarte man die Sozialcharta (1989), in der soziale Mindestanforderungen genannt wurden, und später das Sozialprotokoll zum Maastrichter Vertrag (1993, dann im Vertrag von Amsterdam 1999 integriert). Aber im Vergleich zu der Dichte bewusst gesetzter Regeln für das Wirtschaftsleben und der völligen bzw. teilweisen Übertragung nationaler Kompetenzen an die EU in den Bereichen Zollunion, Währung und Wettbewerb sind in den Verträgen sozialpolitische Regelungen schwächer. Die Befugnis der Mitgliedstaaten, die Grundprinzipien ihres Systems der sozialen Sicherheit festzulegen, darf nicht berührt werden. Allerdings entwickelt sich eine nicht geringe, direkte Einflussnahme der EU auf die nationale Sozialpolitik in Form „aktiver" Regelungs- und Rechtsetzung, die durch Urteile des EuGH ausgelegt wird (vgl. hierzu Leiber, 2007, S. 1 ff). Zusätzlich gibt es den Einfluss in Form der „negativen", d.h. Markthemmnisse beseitigenden Regelungen (z.B. die Dienstleistungsrichtlinie).

Zu den wesentlichen Instrumenten der „aktiven" EU-Sozialpolitik gehören heute:

- Europäischer Sozialfonds,

- Arbeitsrechtliche Mindeststandards,
- Europäische Sozialpartnerschaft und
- Offene Methode der Koordinierung (d.h. „weiche" Verfahren der Einflussnahme beispielsweise auf Qualität der Gesundheitsversorgung oder der Alterssicherung in den Mitgliedstaaten).

Nach dem Ordnungskonzept der Sozialen Marktwirtschaft ist anzustreben, die Kompetenzen für die nationale Sozialpolitik möglichst weit zu lassen. Wenn heute in den 27 Mitgliedstaaten der EU sehr große Unterschiede im Umfang, in der Effizienz und in der institutionellen Ausgestaltung der Sozialordnungen bestehen, dann ist das zum einen das Ergebnis der unterschiedlichen Präferenzen der EU-Bürger, der Einkommenshöhe und -verteilung und der Nachfrage nach sozialen Leistungen. Zum anderen sind die Unterschiede aber auch auf Wissensdefizite über ökonomisch und sozial bessere Lösungen zurückzuführen. All dies steht einer Vereinheitlichung oder stärkeren Harmonisierung der Sozialpolitik entgegen; sie würde die unterschiedlichen Präferenzen der Bürger missachten. Die EU hat jedoch die Verantwortung zur Koordinierung der einzelstaatlichen Sozialpolitik in den Fällen, in denen die Freizügigkeit der Bürger innerhalb der Union betroffen ist. Allerdings ist festzustellen, dass die Europäische Kommission eine neue sozialpolitische Agenda für die EU auf den Weg gebracht hat. Zwar wird dabei anerkannt, dass die Hauptverantwortung für Sozialpolitik bei den Mitgliedstaaten liege, aber es wird dennoch der Anspruch auf eine zentrale „Hilfestellung" und Festlegung eines „politischen Rahmens" erhoben. Verschiedene politische Strategien der EU werden in sieben prioritären Bereichen zusammengefasst (vgl. hierzu die Mitteilung der Kommission vom 2.7.2008 „Chancen, Zugangsmöglichkeiten und Solidarität: eine neue gesellschaftliche Vision für das Europa des 21. Jahrhunderts", COM(2008) 412 final).

Was man nach deutscher ordnungspolitischer Auffassung auf europäischer Ebene fördern muss, ist das grundlegende Verständnis dafür, dass die soziale Dimension der EU ganz entscheidend mit dem wettbewerblichen Binnenmarkt zu tun hat. Von der Marktwirtschaft des Gemeinsamen Marktes gehen nämlich erhebliche positive soziale Effekte aus, wie Entdeckung und Durchsetzung von Produkt- und Verfahrensinnovationen, Verringerung von Ressourcenverschwendung, Preiswettbewerb, Vermeidung und Bändigung von wirtschaftlicher Macht und Freiheiten zur Eigeninitiative. Daher gehört zur europäischen Sozialpolitik im weitesten Sinne zu allererst die Förderung und Sicherung wettbewerblicher Märkte für Güter, Dienstleistungen und Produktionsfaktoren. Es muss die *Priorität der funktionalen Integration* betont werden, die mit Prinzipien des Marktes, des Wettbewerbs und der Nichtdiskriminierung verbunden ist und die im internationalen Standortwettbewerb leistungsfähig ist (vgl. Schäfer, 2000, S. 121).

Das „Europäische Sozialmodell", das in den letzten Jahren verstärkt als notwendig erscheinende Ergänzung zum „Marktmodell" des Binnenmarktes angeführt wird, erscheint in den bisherigen Interpretationen als sehr diffus. Der Inhalt des Sozialmodells und dessen mögliche Orientierungsfunktion werden sehr unterschiedlich gesehen (vgl. Marhold, 2007, S. 189 ff.; Giddens, 2006). Der Vorschlag, innerhalb des europäischen Sozialmodells größere nationale Handlungsspielräume in der Sozialpolitik zu erhalten, sollte nun aber nicht so ausgelegt werden, dass es darum geht, Bereiche vom Marktwettbewerb auszunehmen und Spielräume für nationale sozial-politische Politikoptionen zu schützen (vgl. zu dieser Auffassung Leiber, 2007, S. 3 f.). Die Überlegungen, ein europäisches Sozialmodell im Zeitalter der Globalisierung gegen den Rest der Welt zu konservieren, sind statisch und letztlich wohlfahrtsmindernd. Ebenfalls ist abzulehnen, rechtsverbindliche europäische Mindeststandards einzusetzen, „die den Wettbewerb zwischen den Staaten zumindest abmildern können" (Leiber, 2007, S. 4).

Vielmehr ist die Forderung, nationale Gestaltungsspielräume zu erhalten, aus dem *Subsidiaritätsprinzip* abzuleiten, das seit dem Maastrichter Vertrag zu beachten ist. So heißt es im Lissaboner Vertrag – Vertrag über die Europäische Union – im Art. 5,3: „Nach dem Subsidiaritätsprinzip wird die Union in den Bereichen, die nicht in ihre ausschließliche Zuständigkeit fallen, nur tätig, sofern und soweit die Ziele der in Betracht gezogenen Maßnahmen von den Mitgliedstaaten weder auf zentraler noch auf regionaler oder lokaler Ebene ausreichend verwirklicht werden können, sondern vielmehr wegen ihres Umfangs oder ihrer Wirkungen auf Unionsebene besser zu verwirklichen sind."

Gerade die Sozialpolitik in ihrer Vielfalt ist für dezentrale Ansätze gut geeignet; im Übrigen entspricht das auch den geäußerten Präferenzen der EU-Bürger.

Nach dem Ordnungsverständnis der Sozialen Marktwirtschaft ist eine EU-Koordinierung der Lohn- und Beschäftigungspolitik kein geeignetes Instrument. Die Schaffung von Arbeitsplätzen bleibt im Wesentlichen eine nationale „Hausaufgabe"; sie besteht in der Anwendung einer Doppelstrategie: Neue Beschäftigungsmöglichkeiten müssen von wirtschaftlich erfolgreichen Unternehmen im Inland geschaffen und eine konstruktive Ausrichtung der Lohnpolitik von den Tarifvertragsparteien vertreten werden. Notwendig ist, die Flexibilität der Arbeitsmärkte zu verbessern und die Tarifautonomie zu bewahren. Diese gibt Gewerkschaften und Arbeitgeberverbänden die Freiheit, Tarifverträge frei von EU-Vorgaben eigenverantwortlich zu vereinbaren. Zu kritisieren ist das Projekt eines europäischen Mindestlohnstandards im Sinne einer gemeinsamen europäischen Norm für ein „proportionales Mindestlohnniveau", z.B. berechnet als ein bestimmter Prozentsatz des nationalen Durchschnitts- oder Medianlohnes. Einer solchen Mindestlohnregelung eine beachtliche Symbolkraft für die soziale Dimension Europas zuzuschreiben (vgl. Leiber, 2007, S. 4), ist eine fragwürdige prophetische Voraussage.

Sozialpolitische Reformen in einem Mitgliedsstaat, die durch Anpassung an Bedingungen der europäischen Integration und der Globalisierung ausgelöst werden, können im Systemwettbewerb zwischen den Staaten als „Benchmark" wirken. Dies entspricht der vorne genannten Funktionsweise des Systemwettbewerbs als Entdeckungs- und Kontrollverfahren. Eine beispielgebende ordnungs-politische Neuerung soll kurz erläutert werden: *Konzept der Flexicurity.*

Das aus einem dänischen Modell entwickelte Konzept soll die im technisch-wirtschaftlichen Strukturwandel erforderliche Anpassungsfähigkeit der Arbeitsmärkte verbessern. Grundidee ist, die beiden Ziele Flexibilität und Sicherheit der Arbeitnehmer nicht als Gegensatz, sondern in wechselseitiger Unterstützung zu sehen (vgl. Wiltenhagen/Tros, 2004). Das Konzept ist im Wesentlichen eine Kombination von mehr Flexibilität auf den Arbeitsmärkten (veränderte Ausgestaltung des Beschäftigungs- und Kündigungsschutzes), hoher Einkommenssicherheit (Unterstützung für Arbeits-lose) und relativ hoher Ausgaben für die aktive Arbeitsmarktpolitik. Das hohe Niveau der Arbeitslosenunterstützung wird kombiniert mit einer Arbeitsmarktpolitik, die stärker auf Anreize und Anforderungen setzt und die den Bezug von Arbeitslosengeld an die aktive Arbeitsplatzsuche und die obligatorische Teilnahme an Qualifizierungsmaßnahmen bindet (Andersen/Svarer, 2007, S. 389 ff.). Der Flexicurity-Ansatz wird inzwischen in einer Mitteilung der Europäischen Kommission vom Juni 2007 den EU-Mitgliedsstaaten als Modell für die Entwicklung ihrer eigenen Flexicurity-Strategien empfohlen.

III Ausblick

Abschließend soll betont werden, dass die Entwicklung einer freiheitlichen und sozialverpflichteten Wirtschaftsordnung in Europa ganz entscheidend durch den friedlichen Wettbewerb des unterschiedlichen Ordnungsdenkens in den EU-Mitgliedstaaten geformt wird. Ausgangspunkt für Innovationen bleiben die bestehenden, wenn heute auch eingeschränkten nationalen Wirtschaftsordnungen. Sie haben als Ausdruck des jeweiligen gesellschaftlichen Ordnungsdenkens für die Union insgesamt die durch nichts zu ersetzende Funktion, effizientere Konzepte und institutionelle Neuerungen für einen Raum der Freiheit, der Sicherheit und des Rechts entdecken zu helfen. Die Wirtschafts- und Gesellschaftsordnung der Sozialen Marktwirtschaft steht hier im Wettbewerb, neue eigene Beiträge zu Europas Zukunft zu entwickeln.

Literatur

Ahrens, J./Meurers, M., EU-Osterweiterung: Erfordert eine steigende Heterogenität der Mitglieder flexiblere EU-Institutionen?, in: ifo-Schnelldienst, 56. Jg. 19/2003, S. 23-33.

Andersen, T. M./Svarer, M., Flexicurity – Labour Market Performance in Denmark, in: CESifo Economic Studies, 2007, Vol. 53 (3), S. 389-429.

Basedow, J., „Der Wettbewerb spielt keine herausragende Rolle mehr", Gespräch mit der FAZ, 30. August 2007, S. 14.

Cerniglia, F./Pagani, L., The European Union and the Member States: Which Level Of Government Should Do What? An Empirical Analysis of Europeans\` Preferences, in: CRSifo Working Paper No. 2067, 2007, 31 S.

Clapham, R., Die Internationale Ordnung in wirtschaftlicher, sozialer und ökologischer Sicht, Stuttgart 2006.

Giddens, A., Die Zukunft des Europäischen Sozialmodells (Internationale Politikanalyse - Europäische Politik, Friedrich-Ebert-Stiftung), Bonn, März 2006, 19. S.

Görgens, E./Ruckriegel K./Seitz, F., Europäische Geldpolitik. Theorie, Empirie, Praxis, 4., völlig neu bearb. Auflage, Stuttgart 2004.

Haucap, J./Kühling, J., Bessere Regulierung für Europa, in: Frankfurter Allgemeine Zeitung, 13. Oktober 2007.

Heitzer, B., Fragwürdiger Kurswechsel in der Wettbewerbspolitik, in: Orientierungen zur Wirtschafts- und Gesellschaftspolitik, Heft 114, 2007, S. 4-8.

John, K.-D., Die Soziale Marktwirtschaft im Kontext des europäischen Integrationsprozesses – Befund und Perspektiven, in: von Hauff, M. (Hrsg.), Die Zukunftsfähigkeit der Sozialen Marktwirtschaft, Marburg 2007, S. 143-191.

Kainer, F., Die (neue) europäische Wettbewerbspolitik zwischen interventionistischer und normativ-funktionaler Ordnung am Beispiel der Fusionskontrolle, in Stumpf, C./Kainer, F. (Hrsg.), Gemeinschaftsrecht als Gestaltungsaufgabe. Entwicklungen, Bedingungen, Perspektiven, Baden–Baden 2007, S. 59-75.

Kronberger Kreis (Hrsg.), Den Stabilitäts- und Wachstumspakt härten, (Stiftung Marktwirtschaft), Berlin 2005, 73 S.

Leiber, S., Gestaltungsoptionen für ein „Soziales Europa“, (Internationale Politikanalyse, Friedrich-Ebert-Stiftung), Bonn, Juli 2007, 4 S.

Marhold, H., „Europäisches Sozialmodell“ – Ergebnisse und Lücken der Forschung, in: Integration, 30. Jg., 2/2007, S.189-197.

Möschel, W., Entflechtungen in der Stromwirtschaft, in: F.A.Z., 7. Juni 2007, Nr. 155, S. 15.

Müller-Armack, A., Soziale Marktwirtschaft, in: Handwörterbuch der Sozialwissenschaften, Bd. 9, Stuttgart 1956, S. 390 ff.

Mussler, W., Die Wirtschaftsverfassung der Europäischen Gemeinschaft im Wandel. Von Rom nach Maastricht, Baden-Baden 1998.

Mussler, W./Streit, M. E., Integrationspolitische Strategien in der EU, in: Ohr, R. (Hrsg.), Europäische Integration, Stuttgart 1996, S. 265 ff.

Schäfer, A., Die demokratische Grenze output-orientierter Legitimation, in: Integration, 29. Jg., 3/2006, S. 187 ff.

Schäfer, W., Zukunftsperspektiven des europäischen Modells der Sozialen Marktwirtschaft, in: List Forum für Wirtschafts- und Finanzpolitik, Bd. 26, Heft 2/2000, S. 121-132.

Scherpenberg, J. van, Ordnungspolitische Konflikte im Binnenmarkt, in: **Jachtenfuchs, M./Kohler-Koch, B. (Hrsg.),** Europäische Integration, Opladen 1996, S. 345 ff.

Schmidt, I., Wettbewerbspolitik und Kartellrecht. Eine interdisziplinäre Einführung, 7. Aufl., Stuttgart 2001.

Streit, M. E., Systemwettbewerb und Harmonisierung im europäischen Integrationsprozeß, in: Cassel, D. (Hrsg.), Entstehung und Wettbewerb von Systemen, Berlin 1996, S. 223-244.

Streit, M. E., Soziale Marktwirtschaft im europäischen Integrationsprozeß: Befund und Perspektiven, in: Cassel, D. (Hrsg.), 50 Jahre Soziale Marktwirtschaft, Stuttgart 1998, S. 177-199.

Wiltenhagen, T./Tros, F., The Concept of Flexicurity: A new approach to regulating employment and labour markets, in: Flexicurity: Conceptional issues and political implementation in Europe, European Review of Labour and Research, 10(2), 2004.

Wissenschaftlicher Beirat beim Bundesministerium für Wirtschaft, Ordnungspolitische Orientierung für die Europäische Union, Bonn 1994.

2.) Die ordnungspolitische Perspektive in den Neuen Bundesländern

Karl Noltze

Die ordnungspolitische Strategie des Landes Sachsen im internationalen Standortwettbewerb

1 Ordnungspolitische Herausforderungen für Sachsen

Eine an den Anforderungen des modernen gesellschaftlichen und wirtschaftlichen Lebens ausgerichtete, zukunftsorientierte Ordnungspolitik ist heute, unter den vorherrschenden Rahmenbedingungen, die meistens mit Schlagworten wie „Globalisierung“ oder „Liberalisierung“ umschrieben werden, mehr denn je ein bedeutender, ja oft ein entscheidender Standortfaktor. Die Bundesrepublik Deutschland hat sich – schon lange vor der deutschen Wiedervereinigung – für die (soziale) Marktwirtschaft als konkretes Ordnungssystem der Wirtschaft entschieden. An die Fortführung oder gar Übernahme einer Zentralverwaltungswirtschaft hat 1990 – nach ihrem offensichtlichen Scheitern – kein halbwegs vernünftiger Mensch gedacht.

Der Staat – und dies gilt selbstverständlich auch für den Freistaat Sachsen – muss die Voraussetzungen schaffen, unter denen sich Wirtschaft, d.h. Industrie und Gewerbe, ansiedeln, entfalten und – „last but not least“ – Arbeitsplätze und Wohlstand schaffen können. Dass dabei den Anforderungen von Ökonomie und Ökologie gleichermaßen Genüge getan werden muss, ist nicht erst seit der Intensivierung der Debatte um den globalen „Klimawandel“ selbstverständlich. Dies kann und soll an dieser Stelle nicht unerwähnt bleiben. Eine zeitgemäße Ordnungspolitik zu betreiben, heißt für die Sächsischen Staatsregierung wirtschaftlicher und unternehmerischer Betätigung beste Bedingungen zu bieten und nur dort und nur soweit regulierend einzugreifen, wo dies im übergeordneten allgemeinen Interesse erforderlich und sinnvoll ist.

Dabei ist die Schaffung der vielfältigen Voraussetzungen für eine weitere erfolgreiche wirtschaftliche Entwicklung unseres Freistaates und insbesondere unserer Region Südwestsachsen eine Aufgabe, die gleichermaßen von überragender Wichtigkeit wie von großer Komplexität ist. Die in den Erfahrungsaustausch und die Diskussion der vielfältigen damit einher gehenden Fragen investierte Zeit ist daher mit Sicherheit gut angelegt.

Eine stringente, zielgerichtete und heutigen Anforderungen gleichermaßen umfassend und flexibel Rechnung tragende Ordnungspolitik ist heute „conditio sine qua non“, um eine Region im Wettstreit um industrielle und gewerbliche Ansiedlungen und damit um Arbeitsplätze gut zu positionieren sowie um bestmögliche Voraussetzungen für deren wirtschaftliche Entwicklung als Grundlage von individuellem Wohlstand und sicheren Lebensverhältnissen zu schaffen. Hierzu muss eine Vielzahl an Faktoren unter perspektivischem Blickwinkel gesteuert und bedarfsgerecht ausgestaltet werden. Auf einige dieser aus meiner Sicht primär relevanten Faktoren soll hier eingegangen werden. Dabei werde ich mit meinen Ausführungen das komplexe Gebiet, den weiten Begriff der „Ordnungspolitik“ nicht erschöpfend abdecken und nicht in der vollen Breite und Tiefe, die dieser hoch interessanten Materie immanent ist, behandeln können.

Ausgehend vom gewachsenen Verständnis der Ordnungspolitik als Gesamtheit der staatlichen Maßnahmen, welche auf die Rahmenbedingungen des Wirtschaftens gerichtet sind, fällt doch auf, dass die Rechtsmaterien, welche diesen Bereich zum Gegenstand haben, in der Bundesrepublik Deutschland überwiegend bundesgesetzlich geregelt oder zumindest determiniert sind. Den Bundesländern, darunter dem Freistaat Sachsen, verbleiben hier allenfalls moderate Spielräume, die es natürlich gleichwohl effektiv zu nutzen gilt. Für mich als „Praktiker“ ist daher der Wettbewerbsgedanke von besonderem Interesse, bieten sich hier doch die größten Handlungsräume, die in regionalem bzw. sachsenweitem Rahmen mit Leben und innovativen Ansätzen ausgefüllt werden können. Ich werde daher gleich auf einige grundlegende Ansätze der seit Jahren erfolgreichen sächsischen Wirtschafts- und Wettbewerbspolitik eingehen und dabei den Versuch unternehmen, deren Wirkungen durch einige praktische Beispiele deutlich zu machen.

2 Strategien im Standortwettbewerb

Wirtschaftliche Entwicklung und wirtschaftlicher Erfolg werden im Großen wie im Kleinen durch eine Mehrzahl von Akteuren geprägt, in erster Linie natürlich durch die Wirtschaftsunternehmen selbst, durch deren Ideen, ihre Innovationskraft und ihre strategische Ausrichtung. Doch auch der Staat hat vielfältige Möglichkeiten der Einflussnahme, zum Beispiel durch die Definition der Grundsätze, nach denen er die Wirtschaft fördert und fordert. Ein ganz wesentliches Element der Wirtschaftsförderung ist natürlich auch im Freistaat Sachsen die direkte finanzielle Unterstützung von Unternehmen durch das Ausreichen von Fördermitteln, wobei es

- ganz selbstverständlich
- in Zeiten kleiner werdender Fördertöpfe mehr denn je darauf ankommt, diese Mittel zielgerichtet und nachhaltig, also zukunftsorientiert, einzusetzen.

Ich denke, dass sich gerade vor diesem Hintergrund die langjährige Politik des Freistaates, nicht nach dem „Gießkannen-Prinzip“ zu fördern, sondern gezielt auf die viel zitierten „Zukunftsbranchen“ mit Ausstrahlungswirkung auf weitere Industriezweige, auf branchenspezifische und branchenübergreifende sowie regionale Verbünde und auf die Entwicklung modularer Fertigungstechniken zu setzen und auch dadurch die Entstehung von „Wachstumskernen“ – von denen unsere Region im Großen wie im Kleinen einige zu bieten hat – zu erreichen, ausgesprochen gut bewährt hat. Gleichermaßen von Bedeutung für eine gesunde wirtschaftliche Entwicklung sind natürlich auch die infrastrukturellen Voraussetzungen, wobei der Schaffung einer leistungsfähigen Verkehrsinfrastruktur in der heutigen Zeit eine besondere Bedeutung zukommt. Dabei soll aber darauf hingewiesen werden, dass unter „Infrastruktur“ eine Vielzahl von Faktoren fallen, sowohl Hard- als auch Soft-Facts, z.B. Wasser- und Abwasserzweckverbände, geordnete Abfallentsorgung; Umweltschäden; Brachen.

2.1 Beispiel Flughafen Leipzig/Halle

Sehr gut illustrieren lässt sich der große Wert einer modernen Anforderung gerecht werdenden Verkehrsinfrastruktureinrichtung am Beispiel des Flughafens Leipzig/Halle. Nach der „Wende" hatte die Region um Leipzig und Halle mit den gleichen Problemen wie viele Städte und Landstriche in den „Neuen Bundesländern" zu kämpfen: Durch das Wegbrechen traditioneller Absatzmärkte und die abrupt auf dem Markt erscheinenden, meist übermächtigen Wettbewerber vor allem aus Westeuropa lag die einheimische Wirtschaft am Boden, ohne dass dieses Vakuum gleich durch ansiedlungswillige Unternehmen vor allem aus den „Alt-Bundesländern" gefüllt werden konnte. Einer der Hauptgründe für diese bedauerliche Entwicklung lag in der meist veralteten, nicht bedarfsgerechten Infrastruktur, so dass diese Regionen lediglich als konsumierende, nicht aber als produzierende Standorte begriffen wurden.

Ab dem Jahr 1990 wurde der damals eher provinziell anmutende Flughafen konsequent und Schritt für Schritt zu einem der modernsten europäischen Airports ausgebaut, der sich vor allem auch durch eine vorbildliche Verknüpfung der Verkehrsträger Luft, Straße und Schiene auszeichnet. Realisiert werden konnte dieses ehrgeizige Projekt nur, weil gleichermaßen entschlossen wie vorausschauend investiert wurde und derartigen Großvorhaben notwendiger Weise vorausgehende, sehr komplexe Verwaltungsverfahren durch das RP Leipzig teilweise in „Rekordzeit" und gleichwohl rechtssicher – auch ein Aspekt moderner Ordnungspolitik – durchgeführt und abgeschlossen werden konnten. So konnte die 3.600m lange „Start- und Landebahn Nord" nach nur fünf Jahren für Planung, Genehmigung und Errichtung, ein für Projekte dieser Dimension ausgesprochen kurzer Zeitraum, in Betrieb genommen werden.

Die erfreulichen Folgen des kontinuierlichen Ausbaus dieses Provinz- zum europäischen Großflughafen, seiner herausragenden Nutzungsbedingungen und dessen exzellenter Anbindung an das gleichfalls modernisierte mitteldeutsche Autobahn- und Schienennetz sind heute unübersehbar und ja auch weithin bekannt: Der Flughafen Leipzig/Halle wird zurzeit von rund 40 Fluggesellschaften genutzt, zudem hat sich in seinem Umland eine Vielzahl namhafter Unternehmen wie zum Beispiel BMW, Porsche, Quelle, DHL, Amazon oder Dell angesiedelt und in Größenordnungen zukunftssichere Arbeitsplätze geschaffen. Damit ist dieser Airport sicherlich eines der bekanntesten, aber längst nicht das einzige Beispiel für die Effekte der im Freistaat Sachsen konsequent betriebenen Ordnungs- und Standortpolitik.

2.2 Beispiel A 72

Aufgrund der erfreulichen Vielzahl einschlägig tätiger und erfolgreicher Unternehmen weniger an einzelnen Beispielen festzumachen, dafür aber hier im südwestsächsischen Raum noch präsenter ist die zielgerichtete Entwicklung vor allem der Region zwischen sowie um Chemnitz und Zwickau zum mittelständisch geprägten Standort des Automobil- und Maschinenbaus, zweier der Schlüsselindustrien in unserem Regierungsbezirk. Auch hier wurde gezielt gefördert und investiert, wurden Gewerbegebiete erschlossen und zu attraktiven Konditionen bereitgestellt, wurden Schienen und Straßenverbindungen modernisiert oder neu gebaut.

Bestes Beispiel für den letztgenannten Punkt und gerade auch für den Zwickauer Raum von großer Bedeutung ist die Bundesautobahn A 72, die zwischen Zwickau und Chemnitz ertüchtigt und zwischen Chemnitz und Leipzig neu gebaut wird. Gerade der Neubau der Trasse zwischen den beiden Großstädten Chemnitz und Leipzig, mit dem dann für das sog. „Sachsen-Dreieck" endlich eine vollständige Erschließung durch Autobahnen vorhanden ist, hat für die weitere wirtschaftliche Entwicklung in unserem Freistaat eine überragende Bedeutung. Wenn diese etwa 62 km lange Straßenschnellverbindung erst einmal durchgehend befahrbar ist, was leider erst in einigen Jahren der Fall sein wird, besteht eine exzellente Verknüpfung zwischen dem Leipziger Raum und den wirtschaftlich starken Regionen Südwestsachsen mit ihren jeweiligen Zentren des Fahrzeug- und Maschinenbaus, welche die weitere positive Entwicklung in diesen Räumen zusätzlich spürbar beflügeln wird.

Da wir um diese wirtschaftspolitisch erwünschten Effekte wissen, hat gerade dieses Projekt, der Neubau der A 72 zwischen Chemnitz und

Leipzig, im Regierungspräsidium Chemnitz, stets herausragende Bedeutung gehabt. Die für die Genehmigung der einzelnen Bauabschnitte erforderlichen Verfahren, die durch eine enorme tatsächliche, fachliche und juristische Komplexität und durch einen immensen Verwaltungsaufwand gekennzeichnet sind, wurden gleichermaßen zügig wie auch gewissenhaft durchgeführt und mit rechtssicheren Entscheidungen zum Abschluss gebracht. Aktuell sind 10 km dieser Trasse für den Verkehr freigegeben, der Baustart für den Abschnitt bis zur Grenze der Regierungsbezirke Chemnitz und Leipzig wird aller Voraussicht nach noch in diesem Jahr erfolgen.

2.3 Verknüpfung von Wissenschaft und Industrie

Einen ordnungspolitischen Rahmen für die Zusammenarbeit von Wissenschaft und Industrie zu schaffen, kann auch als deutlicher Standortfaktor gelten. Der Ansatz, Industrie und Wirtschaft möglichst eng mit universitärer Forschung und Lehre zu verknüpfen, hat hier schon beträchtliche Erfolge gebracht. Ein anschauliches und bekanntes Beispiel ist die Region um Freiberg, die oft – und völlig zu Recht – als „Standort der Zukunftstechnologien“ bezeichnet wird. Die Entwicklung, die Erfolgsgeschichte, die sich dort in den letzten gut anderthalb Jahrzehnten vollzogen hat, wird dabei ebenso gern wie auch zutreffend mit dem Slogan „Vom Silber zum Silizium“ umschrieben.

Einen großen Anteil hieran hat – neben den vielen dort arbeitenden, innovativen Unternehmen der Solar- und Bioenergiebranche, aber auch der Werkstoff- und Fertigungstechnik sowie der Metallurgie und Recyclingwirtschaft – vor allem auch die Technische Universität Bergakademie Freiberg. Die TU Bergakademie ist nämlich als 1765 gegründete und damit älteste montanwissenschaftliche Hochschule der Welt nicht „nur“ der größte Arbeitgeber der Stadt, sondern widmet sich verstärkt den genannten und noch einigen weiteren Branchen der Hochtechnologie und vernetzt sich dabei immer intensiver auch mit adäquaten Partnern aus der – meist regionalen – Wirtschaft, zum Beispiel im „Geokompetenzzentrum Freiberg e.V.“, welcher im Jahr 2002 gegründet wurde. Dieses Zentrum vereint neueste und modernste geo- und montanwissenschaftliche Erkenntnisse und das in der Praxis erworbene Wissen seiner Mitglieder aus Wissenschaft und Forschung, aus Wirtschaft und Verwaltung und erzeugt damit eine Fülle synergetischer Effekte, von denen die TU Freiberg und die Unternehmen der Region in gleicher Weise profitieren.

Auch dies – die Förderung der Vernetzung, der sachorientierten Zusammenarbeit von Wirtschaft und Hochschulen, die Schaffung der Voraussetzungen für einen effektiven, beiderseitigen Wissens- und Technologietransfer ist im Freistaat Sachsen gelebte Wirtschaftspolitik, ist ein erfolgreicher ordnungspolitischer Ansatzpunkt, der in Zukunft sicherlich noch weiter ausgebaut werden wird. Denn nach sächsischem Verständnis ist das Fördern von Innovationen, von Kreativität und Erfindungsreichtum eine der tragenden Säulen einer erfolgreichen, langfristig wirkenden Standortpolitik. Ein solches Selbstverständnis hat in Sachsen nicht nur eine lange Tradition, sondern auch eine vielversprechende Zukunft. Unser Freistaat kann schon jetzt eine hervorragende Infrastruktur im Bereich Wissenschaft und Forschung vorweisen. Außeruniversitäre, staatlich gezielt geförderte Forschungseinrichtungen stellen gemeinsam mit den Instituten an unseren Hochschulen und Universitäten eine Wissenschaftslandschaft, eine Struktur an Technologieentwicklern und Technologieträgern dar, die hierfür beste Voraussetzungen schafft.

Im Rahmen der „sächsischen Exzellenzinitiative", welche die Sächsische Staatsregierung im März diesen Jahres beschlossen hat, werden den Hochschulen unseres Freistaates Sondermittel in Höhe von rund 160 Millionen Euro für die Spitzenforschung zur Verfügung gestellt werden. Damit werden unsere Universitäten ihre im harten, globalen (Forschungs-) Wettbewerb erarbeitete, gute Position behaupten und weiter ausbauen können.

In inhaltlicher Hinsicht verfolgt dieses mittel- bis langfristig angelegte Projekt der Staatsregierung das primäre Ziel, Sachsen als Standort der Mikro- und Nanotechnik zu stärken. Dabei sollte aber die „Breitenwirkung", sollte der branchenübergreifende Ansatz dieser Initiative nicht verkannt oder unterschätzt werden. Die Mikro- und Nanotechnik hat sich heute längst zu einer Grundlagentechnologie entwickelt, ohne deren Erkenntnisse in vielen Technologie- und Industriezweigen nichts oder zumindest nicht mehr viel gehen würde. Auf diesem Gebiet „am Ball" und auf dem neuesten Stand zu bleiben, ist für „Silicon Saxony", den vor allem durch Unternehmen der Mikroelektronik geprägten Dresdner Raum, von ähnlich großer Bedeutung wie für die Region Südwestsachsen mit den industriellen Schwerpunkten des Fahrzeug- und Maschinenbaus oder für die „Logistikregion" Leipzig. Schon deshalb ist auch die Hochschul-, ist auch die Wissenschaftspolitik ein messbarer Standortfaktor und folgerichtig auch ein wesentliches Element der sächsischen Standortpolitik.

3 Standortpolitische Erfolge und Herausforderungen

Der Freistaat Sachsen war im vergangenen Jahr das Bundesland mit der größten wirtschaftlichen Dynamik in Deutschland. Die Wirtschaft unseres Freistaates wuchs insgesamt um 4%, die Industrie sogar mehr als dreimal so stark. Hinter diesen sehr abstrakten Zahlen stehen viele große und kleine Erfolge der hier betriebenen Wirtschaftspolitik, welche gleichermaßen auf die Bewahrung und den Ausbau alter Stärken wie auf die Erschließung neuer, langfristig nutzbarer Potentiale setzt.

Einer der eindrucksvollsten und vor allem auch objektivsten Belege für die Richtigkeit des eingeschlagenen Kurses sind immer auch die Daten zum Arbeitsmarkt, die hier eine klare Sprache sprechen. Lag die Arbeitslosenquote im Freistaat Sachsen im Jahr 2005 noch bei durchschnittlich 20,0%, konnte sie im letzten Jahr bereits auf 18,9% gesenkt werden. Zum Stand 31.10.2007 lag diese Quote bei 14,9%. Selbstverständlich ist mir bewusst, dass die Gründe für diese erfreuliche Entwicklung nicht ausschließlich „hausgemacht" sind. Die globalen Rahmenbedingungen, die seit Monaten wachsende Weltwirtschaft haben mit Sicherheit einen großen Anteil an der Ausgeprägtheit, mit welcher sich der Arbeitsmarkt in Sachsen positiv entwickelt hat.

Dennoch – wäre die sächsische Wirtschaft nicht gut aufgestellt, hätte sie nicht rechtzeitig auf „Zukunftsbranchen", wie eben unter anderem den Fahrzeug- und Maschinenbau, wie die Mikroelektronik, wie den Logistiksektor gesetzt, könnte sie nicht in diesem Ausmaß von den sich gegenwärtig vollziehenden Entwicklungen profitieren.

Dieses erreichte hohe Niveau in Zukunft zu halten und weiter zu steigern, wird kein „Selbstläufer“ werden. Die ordnungspolitischen Herausforderungen, vor denen auch der Freistaat Sachsen in den nächsten Jahren steht, werden nicht kleiner werden. Allein das zur Zeit viel publizierte und diskutierte Schlagwort „Fachkräftemangel“, mit dem gemeinhin absehbare und zum Teil bereits eingetretene Entwicklungen – nicht nur in Sachsen – umschrieben werden, steht für Handlungsfelder, in denen staatliche Akteure im Rahmen ihrer ordnungs- und standortpolitischen Verantwortung zeitnah aktiv werden und effektive Instrumente entwickeln müssen.

Jürgen Backhaus

Gilt das Coase Theorem auch in den neuen Ländern?

Einleitung

„Gemeinnutz geht vor Eigennutz“ war die Randprägung der Fünf Mark Stücke und ein Kernsatz der Weimarer Verfassung. Bedeutet dies auch, dass Gemeineigentum den Vorzug vor dem Privateigentum hat – ein zentraler Grundsatz des deutschen Staatssozialismus?

Wenn die Eigentumsverhältnisse zum Staatsziel erhoben werden, statt Staatszweck zu bleiben, muss es zu Verwerfungen kommen.

„Gemeinnutz geht vor Eigennutz“ lautet ein zentraler Gedanke der Weimarer Reichsverfassung. Dagegen hält die englisch geprägte ökonomische Theorie mit Mandeville und Smith, sowie dem österreichisch geprägten Hayek, dass der höchste gesellschaftliche Nutzen aus dem ineinander gefügten Zusammenspiel der Einzelnutzen gleichsam resultiert. Hinzu kommt als fester Bestandteil des kanonischen Lehrstoffs der Volkswirtschaftslehre das Coase Theorem, dem zufolge bei niedrigen Transaktionskosten die Zuweisung der Eigentumsrechte keinen Einfluss auf die Ressourcenverwendung hat.

Was dabei rauskommen kann, soll nachfolgendes Beispiel beschrieben, wo der Eigennutz einer Gruppe eine langfristige Folge hat, der man sich nicht besonders bewusst ist. Weswegen das Thema: „Gilt das Coase Theorem auch in den neuen Ländern?“ gewählt wurde.

Das Coase Theorem besagt, dass die Zuweisung von Eigentumsrechten keinen Einfluss auf die Verwendung der Ressourcen haben, wohl aber auf die Verteilung, wenn die Transaktionskosten vernachlässigt werden können. In diesem Sinne muss es sich um eine rhetorische Frage handeln, welches der Sinn des Coase Theorems ist, die Bedeutung der Transaktionskosten ins Blickfeld zu rücken.

Die Disziplin Law & Economics und der Aufsatz „The problem of social costs“ ist auch deswegen im Journal of Law & Economics erschienen, um die Transaktionskosten in den Focus zu setzen.

Ökonomen interpretieren es aber, als sei tatsächlich keine ressourcenallokative Wirkung eingetreten.

Vor einiger Zeit wurde über den Hammerstein-Bericht im Ausschuss für Systemvergleiche berichtet und da ging es auch um die Frage: „Was die Folge der so genannten Panikaktionen von Rechtsanwalt Gysi waren“.

Hammerstein-Bericht

Der Hammerstein-Bericht ist ein Dokument, welches 2006 der Bundesregierung vorgelegt worden ist. Die Hammerstein-Kommission wurde von der letzten Volkskammer einberufen, um die ungewöhnlichen Vorgänge im Hinblick auf SED-Vermögen und ihre Übertragung in verschiedene Formen zu untersuchen.

Dr. Freiherr von Hammerstein hat die letzten Jahre die Kommission geleitet, welche einen fiskalischen Effekt hatte.

Der Kommission ist es gelungen, den verschiedenen Organisationen der SED einen Teil des Vermögens zu entreißen.

Es wurden etwa sieben Milliarden Euro gemeinnützigen Zwecken zugeführt, die nach einem bestimmten Schlüssel vom Bundestag beschlossen waren. Es handelt sich dabei um Vermögen, welches die SED in ihren Besitz gebracht hatte. Vermögen, was zum einen 1945 systematisch konfisziert wurde und zum anderen aus Devisen und Konten aus Nachfolgevermögen von z. B. Gewerkschaftspräsidenten von Parteien, auch solchen Parteien, die in der SED aufgegangen waren, Verlage, Ferienhäuser und übrigens bestand.

Devisen waren nicht nur auf Konten, sondern auch in Tresoren aufbewahrt. DDR-Währung in großer Menge in Tresoren hinterlegt.

Es wird berichtet, dass der gesamte Umlauf der Basis-Menge noch in einem Tresor in Leipzig ist. Er wurde für den Fall einer Katastrophe als Ersatzform gegen gehalten. Auch dieser Ersatzumlauf der Basismenge kam in diesen Pool.

Zum Zeitpunkt der Währungsumstellung – am 30. Juni 1990 – war noch ein ungeheuerer Bargeldbestand im Besitz der SED und ihrer Nachfolgeorganisation sowie Satellitenorganisation. Damals haben zu diesem Termin zum Kurs von 1 DM = 2 DDR-Mark Übertragungen stattgefunden.

Gleichfalls ist ein Fülle von Schecks ausgestellt worden und es hat eine Vielzahl von Titelübertragungen gegeben. Gutschreibungen gab es auch Wochen später noch, wenn diese auf den 30. Juni datiert waren.

Es sind zwei Notariate namentlich genannt, die rund um die Uhr beglaubigte Unterschriften haben setzen müssen. Eines ist in Berlin und das andere in Wien.

Die Panikaktion bestand aus der Idee, dass man eine große Geldmenge in Beträge von 50.000 DM zerstückelt. Diese 100.000 DDR-Mark wurden zu Unternehmensgründungen vergeben. Ein SED-Mitglied, welcher aus diesem Topf versorgt wurde, musste ein kurzes Dokument mit einer Geschäftsidee und einer Solidaritätserklärung schreiben. Für diese Geschäftsidee wurden dann diese 100.000 Mark überwiesen und ein Unternehmen oder Geschäft gegründet.

Der Aufsatz soll zeigen, dass diese Art Geld zu verteilen einen nachhaltigen wirtschaftlichen Effekt hat, welcher im Sinne des Coase Theorems steht. Keinen reinen Verteilungseffekt, aber einen Effekt auf die Allokation der Ressourcen.

Und wenn es einen allokativen Effekt gibt, stellt sich die Frage: „Gilt das Coase Theorem nicht in den neuen Ländern?“.

Die Panikaktion von Gregor Gysi

Die Panikaktion muss im Zusammenhang mit einem existierenden Plan B gesehen werden, dessen Autor wohl auch Gregor Gysi war. Dieser Plan B ist sehr wichtig, um zu verstehen, warum sich in Leipzig und in anderen Großstädten die Dinge so entwickelt haben und warum nicht die vorbereiteten Auffanglager benutzt wurden. Die Auffanglager waren abgelegene Gehöfte, alte Burgen, große Gefängnisanlagen, oft mit eigenen Aggregaten für die Elektrizitätsversorgung, um eventuellen Sabotageakten vorzubeugen. In diesen Lagern wurden auch Stasi-Häftlingen und missliebige Menschen festgehalten. Ausgelegt waren die Anlagen für zwei Prozent der Bevölkerung der DDR, aber die Demonstrationen umfassten mehr als das – insofern ein Planungsfehler. Deswegen wurde auf Plan B zurückgegriffen und der bedeutete, so viel wie möglich von den Vermögenswerten zu retten und die Parteimitglieder in diesem Prozess in eine Marktwirtschaft zu begleiten.

Mit der Umstellung waren die 50.000 DM erreicht, um eine GmbH zu gründen. Der entscheidende Punkt ist die Rechtsform dieser Unternehmen. Das Kapital wurde nicht an den Firmengründer übertragen. Die Hammerstein-Kommission stellte also fest, dass diese umfangreiche Form der Geldwäsche juristisch nicht zu ahnden ist, weil da eine juristische Lücke bestand. Nur da wo sie sich tatsächlich durchsetzen konnten, wurden die etwa 7 Milliarden Euro eingesammelt.

Die 50.000 DM wurden übertragen und vom Firmengründer eingezahlt. Dieser musste sich in Form einer Treuhänderischen Erklärung verpflichten, dieses Kapital für den Geber zu verwalten. Der Geber als stiller Teilhaber ist aber zunächst nicht bekannt gewesen. Inwiefern dieses Treuhandverhältnis tatsächlich wirksam ist, kann hier aber nicht gesagt werden.

Der typische Fall einer solchen Firmengründung war so, dass ca. fünf Leute tätig wurden. Der Firmengründer und vier andere, die in der Regel parteinah waren. Wenn diese Firma vor 18 Jahren startete, sind hier 18 Jahre nach einem Geschäftsplan umgesetzt worden, normalen Prüfungen nicht folgenden. So das 18 Jahre Kapital in einer bestimmten Form gebunden wurde.

Der allokative Effekt

Hans-Jürgen Wagner, Autor verschiedener Lehrbücher auf dem Gebiet des Systemvergleichs, sagte einmal: „Es war eine großartige Idee das Geld zu verbrennen, das Geld ist weg. Es gibt keinen allokativen Effekt."

Im Folgenden soll diese These widerlegt werden. Wurde es verbrannt? Nein, es wurde nicht verbrannt. Es hat in der Tat die Gründung einer Unternehmung gegeben, die dann Betriebsmittel angeschafft hat und real existierende Ressourcen verwendete. Normalerweise keine ausreichende Geschäftsidee.

Das heißt also, es gibt einen Schub in den Transformationsprozess von Unternehmen, die mitunter vorher nicht bestanden, aber nun plötzlich im Sinne eines Versuchsballons entstehen. Einerseits binden diese Kapital und andererseits Personen. Diese Personen entwickelten eine Geschäftsidee, die ihnen schnell einfallen musste. Aber sie hatten keine Erfahrungen mit der sozialen Marktwirtschaft. Das waren meist Ideen, die noch aus den alten Wirtschaftsformen kamen. Manche dieser Unternehmen funktionieren heute noch, wie z.B. viele Wachdienste, Schlüsseldienste, aber auch Reinigungen, Haushaltswarengeschäfte, Hotels, Pensionen usw.

Und wenn man sich heute einige Ostdeutsche Städte ansieht, kann man feststellen, dass das Stadtbild von verfallenden Immobilien, schlecht instand gehaltenen Gebäuden, Geschäfte, die sich plötzlich aus dem Leben verabschieden, ohne das ein Nachfolger sichtbar wäre, geprägt sind. Es handelt sich um die langfristige Verwirklichung von Plänen, die in einer normal gestrickten sozialen Marktwirtschaft nie in Angriff genommen worden wären. Diese hätten dazu geführt, dass Kapital, Arbeit und andere Ressourcen, aber insbesondere Immobilien auf Dauer gebunden wären.

Aber dies hat einen Crowding out-Effekt, denn die Form von Kapital, welches zur Verfügung stand, ging auch weiterhin in derartige Unternehmen. Andere konnten sich nur schwer etablieren.

Folgender Punkt ist eventuell schwierig zu verstehen. Die Entfaltung von Unternehmen setzt die Verabschiedung von Flächennutzungsplänen und Bebauungsplänen voraus. Eine Unternehmensidee muss den Gewerbebetrieb sowie die Verfahren genehmigt bekommen. Hier sind aber Netzwerke entstanden, die sehr früh auch Versicherungscharakter hatten. Im Kreditwesen, Immobilienwesen – Bausparkassen, Stadtwerken usw. gibt es Netzwerke aus der alten SED. In den kommunalen Wohnungsbaugenossenschaften gibt es fast nur Netzwerke aus der alten SED. Die verschiedenen Planungsämter z.B. der Stadt Erfurt stellen sich wie ein einziges Netzwerk aus der alten SED dar. Und infolge dessen gibt es einen Blockadeeffekt, der sich ausbreitet und die „Gysi-Gründungen" im Rahmen der Panikaktion ihrerseits schützt.

Netzwerke finden sich nicht nur in den Nachfolgeorganisationen, von denen schon die Rede war, sondern auch in den Kirchen, in den NGO's, in der Presse. Die Presse ist ja zum Teil überhaupt aus der alten Partei entstanden. Presse, Behörden und Banken. Es gab unter anderem ein Angebot der Deutschen Bank für alle Mitglieder der Akademie der Wissenschaften, die nicht älter als vierzig waren.

Die prophezeiten blühenden Landschaften für Ostdeutschland

Die blühenden Landschaften sind so von vorne herein mit einem wachstumshemmenden Dünger gedüngt worden, welche sich jene, die blühende Landschaften erwarteten, nicht so vorgestellt hatten. Die den Dünger anbrachten, haben natürlich davon nicht gesprochen. Und jene die geplant haben, haben es nicht voll durchschaut. Insbesondere im Hinblick auf die langfristigen wachstumshemmenden Folgen. Aber es gibt noch eine andere Folge und auf die hat der Regierungspräsident der großen Koalition im November 2007 indirekt hingewiesen. Das Legitimitätsdefizit der Wirtschaft und ihrer Institutionen. Also z.B. der Handelskammern, die ja Zwangsorganisationen sind und am politischen Prozess teilnehmen wollen. In der Enquete-Kommission im Thüringer Landtag zur Neugestaltung Thüringens wurden plötzlich die Handelskammern befragt. Der Hinweis, dass diese keinerlei demokratische Legitimation haben, weil sie reine Zwangsorganisationen sind, führte zu einem Aufruhr.

In Erfurt wurde 2006 ein neuer Oberbürgermeister gewählt, der bisher keine Erfahrung in einem Amt hatte. Die Wahlbeteiligung lag unter 30 Prozent. Es wäre in einer süddeutschen Großstadt oder Landeshauptstadt undenkbar, dass ein Oberbürgermeisterkandidat antritt, der nicht wenigstens als Bürgermeister Erfahrung in das Amt und den Wahlkampf mitbringt. Es wäre auch völlig undenkbar, dass sich weniger als 30 Prozent der Bevölkerung an dem Angebot einer demokratischen Wahl beteiligen.

Von einem Erfurter wurde die Frage, warum das so ist, folgendermaßen beantwortet: „Aber wussten Sie denn nicht, dass der CDU-Kandidat (erfolgreicher Kandidat) ein informeller Mitarbeiter war?“

Die Panikaktion und andere damit im Zusammenhang stehende haben nicht nur einen nachhaltigen wachstumsbremsenden Effekt, sondern sie haben auch noch eine politische Legitimitätshypothek mitgebracht, denen wir uns ordnungspolitisch vernünftig für den Aufschwung in den neuen Ländern stellen müssen.

Literatur:

Drucksache 16/2466 des Deutschen Bundestages vom 24.08.2006 „Unterrichtung durch die Bundesregierung – Schlussbericht der Unabhängigen Kommission zu Überprüfung des Vermögens der Parteien und Massenorganisationen der DDR und Stellungnahme der Bundesregierung“;

Drucksache 14/4747 des Deutschen Bundestages vom 21.11.2000 Bericht über die Rechenschaftsberichte 1999 sowie über die Entwicklung der Finanzen der Parteien gemäß § 23 Abs. 5 des Parteiengesetzes (PartG);

Schlussbericht der Unabhängigen Kommission zur Überprüfung des Vermögens der Parteien und Massenorganisationen der DDR, Berlin, 5. Juli 2006;

3.) Die Umsetzung des Konzeptes der Sozialen Marktwirtschaft in den Transformationsstaaten Mittel- und Osteuropas

Joachim Ahrens

Transition towards a Social Market Economy? Limits and Opportunities

1 Introduction

The quest for an appropriate development and transition strategy in less developed countries (LDCs) and post-socialist countries (PSCs) has been studied for a long time, and it has been subject to numerous controversies among academics and development practitioners alike. Disputes have existed with respect to sequencing, timing, and pacing reforms, regarding the components of stabilization-cum-adjustment programs, and also relating to the question which actors can become effective drivers of transition and development. Today, a widespread consensus exists that institutions and governance matter for making market-oriented policy reform succeed and that governments, despite the general need for less state interventionsm, remain central actors for institution building and rule enforcement.

The search for a suitable strategy has been aggravated because a general theory of development and transition does not exist. Several historical role models, however, can be identified which may provide general guidance for policymakers. Besides the model of a liberal market economy, as it has been applied, e.g., in the United States, other market-based models can be identified such as the Scandinavian model of the welfare state or the German model of a Social Market Economy. The latter could be of particular relevance for LDCs and PSCs because it appears to combine the advantages of a liberal market economy in terms of economic efficiency with the advantages of a welfare state in terms of social justice.

The following considerations focus on the question whether or not the concept of the *Social Market Economy*, as it was originally developed and designed by German academics and policymakers more than fifty years ago, will be appropriate to guide policy and institutional reform in LDCs and PSCs and to make market-oriented reforms a viable policy choice in such countries regardless of their political regime.

It will be argued that whether or not the transition towards a market economy is successful, i.e. whether it leads to large-scale efficiency gains and sustained economic growth-cum-change, ultimately depends on the implementation of the new rules of the game and their impartial, transparent, and predictable enforcement and, related to that, the societal acceptability and hence political feasibility of the envisaged economic reform and transformation steps. This implies that the concept of a Social Market Economy can be applied in diverse environments, but that the institutional characteristics of the Social Market Economy will be contingent on the stage of socio-economic development, existing political constraints as well as the historical development trajectory of the respective country.

The paper is organized as follows: The next chapter introduces the original ideas and characteristics of the Social Market Economy as it had been conceived by its founding fathers. Chapter 3 discusses the applicability of the concept to LDCs and PSCs. It is argued that a gradual and non-orthodox implementation strategy will be superior to a big-bang approach and that governments need to assume new responsibilities, and therefore must develop novel capabilities and stronger capacities. Furthermore, the notion of best-practice institutions is being rejected. Instead, it is argued that economic governance is a dynamic process during which transitional institutions may prove to be economically efficient and politically feasible in certain periods of time. In the course of socio-economic development, these institutions may become inappropriate due to changing political, economic, social, and international constraints, and hence they will be replaced by other transitional institutions. This suggests that pragmatic flexibility and policy adaptability are key characteristics of successful policymaking. Institutional frameworks which allow for these characteristics will be best suited to foster economic development. Chapter 4 concludes.

2 The idea of the Social Market Economy

By its founding fathers, the *Social Market Economy* was conceived as a liberal market economy, based on ordoliberal reasoning, which was social by itself. The original conception of the Social Market Economy was developed in Germany before and during World War II as a potential post-war economic order. After the war, it was politically and visibly represented by Ludwig Erhard, among others. The concept did not allow for the substitution or elimination of market processes through state interventions or the active correction of market outcomes. The idea implied the realization of a market order based on individual self-responsibility with no or only very limited government redistribution. An indicator of the success of the Social Market Economy was said to be the fact that public social transfer payments became redundant due to continuously improving economic performance and all economic actors' participation therein (Wünsche 1994: 36). Thus, the original *Social Market Economy* does not develop its social characteristics through artificially imposing apparently social elements (favoring particular groups in society) onto an otherwise free market system. Rather, the attribute *social* is to be justified through the functions of economic competition and technological progress leading to economic growth processes, which allow a socially just distribution of income increases.

This is what Müller-Armack (1956: 390), who coined the term *Social Market Economy*, may have had in mind. He defined the concept as "an idea of order policy (...) pursuing the objective, on the basis of a competitive market economy, to link free initiative with social progress which is being assured exactly through market economic performance"[1] According to Ludwig Erhard, this, in fact, was supposed to be the driving force to unfold and ensure individual freedom. However, the basic principles underlying the concept of the Social Market Economy do not only include individual freedom and functioning

---

[1] Author's translation; the original reads „eine ordnungstheoretische Idee (...), deren Ziel es ist, auf der Basis der Wettbewerbswirtschaft die freie Initiative mit einem gerade durch die marktwirtschaftliche Leistung gesicherten sozialen Fortschritt zu verbinden."

competition. Subsidiarity, solidarity, and responsibility complete the set of basic principles. In order to ensure an efficient functioning of the economic order, to maintain social peace, and to enhance the societal acceptance of this particular capitalist system, solidarity mechanisms need to be in place which support the disadvantaged who cannot sufficiently participate in market processes and earn a living or who are handicapped in another way. Basically, citizens are supposed to be self-responsible. Hence, in order to make incentives compatible, any public support should be organized in a subsidiary way (Schlecht 2001).

Körner (2007: 19) argues, that, besides the principle of individual freedom, the commandment of social justice equally serves as a foundation of the economic and societal order. This would, however, not allow a onesided interpretation favoring either radical market liberalism or an encompassing, egalitarian social-policy approach. Both principles together constitute a framework for developing and securing a humane economic and social order. Eventually, this concept may help to bundle vested interests, to amalgamate diverse ideologies, and to harmonize different moral concepts.

In order to protect the Social Market Economy, a concentration of economic power has to be avoided. Neither the economic order nor economic policies should be subject to the influence of powerful interest groups or business cartels. Therefore, Eucken (1990/1952) postulated that politics and public policies ought to dissolve powerful economic groups or, at least, limit their functions. Moreover, public policymaking should focus on crafting and impartially enforcing the economic order and should not seek to steer economic processes.

Time and again, the attribute *social* has been the cause for conflicting political disputes. On the one hand, this attribute helped to gain societal acceptance for implementing the new economic order. On the other hand, the meaning of *social* remained unclear or was subject to opportunistic (political) interpretations. In the course of post World War II German economic history, the Social Market Economy has undergone a remarkable evolution with substantial reforms, additions, and modifications. These include, e.g., the introduction of a pay-as-you-go pension system, comprehensive worker co-determination rights, substantial social protection, and a generous social transfer system. As a consequence, an affluent welfare state has emerged the financing of which is getting ever more difficult, the incentives of which counteract market principles, and the survival of which is being challenged by globalization forces, demographic trends, and politically opportunistic behavior. The remainder of this paper does not explicitly focus on the actual design and evolution of the Social Market Economy in contemporary Germany.[2] Instead, Müller-Armack's definition serves as a point of departure and reference for addressing the question whether or not the concept of the Social Market Economy can be usefully applied to transition countries.

Figure 1: Principles of the Market-Economic Order

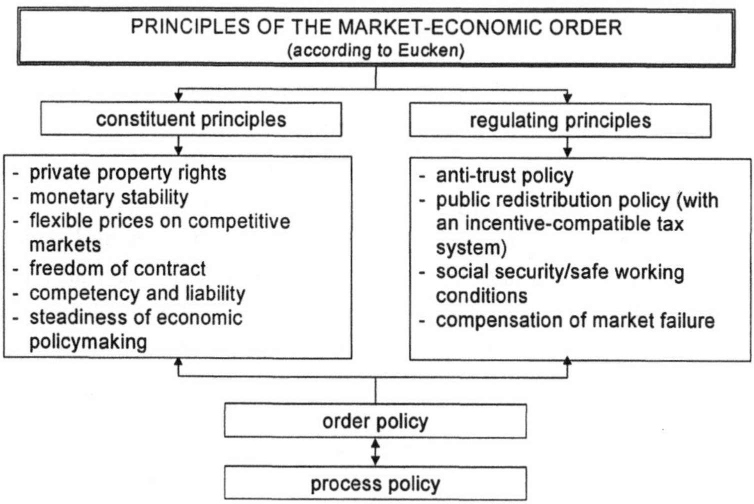

Source: Eucken (1990/1952); author

[2] With respect to this aspect and regarding the need for Germany to re-model its approach to a Social Market Economy in order to address the challenges from globalization and European integration, see, e.g., Vanberg (2007), Streit (2005), and Hass (2007).

A market economy is an order which ensures the autonomy of economic actors and coordinates – through the system of flexible relative prices – economic activities which take place within a given market-oriented institutional framework.[3] The basic understanding underlying the concept of the Social Market Economy is that a society consists of different orders, the political, economic, and social orders, and that each of these consists of various sub-orders, e.g., the monetary order and the legal order. Each order is made up of institutions, conceived as formal and informal rules of the game including their enforcement characteristics. These economic, political, and social institutions provide the incentive structure within a society and determine the behavior and actions of individuals. The main task of the government is to establish and enforce this order whithout intervening into economic processes. Thus institution building, or more generally order policy, is the key to bring about a functioning, efficient, and politically feasible market system. Order policy concerns the entirety of rules, which are relevant for the organizational structure of an economy and for economic processes as well as the entirety of mechanisms which are responsible for administering and steering the economy.

Today, it is widely recognized that macroeconomic stabilization, privatization, and price liberalization, though necessary components of economic transition and policy reform, are insufficient and that adequate economic rules and regulations must be in place to make incentives work and markets perform well, to reduce transaction uncertainties between private actors, and hence to support private sector development and coordination. In the 1990s, three disparate developments helped reinforce the efforts to put institutions on the reform agenda of policymakers. The first one was the failure of price liberalization and privatization in the Russian Federation and other successor states of the USSR due to a lack of a market-oriented regulatory, legal, and political framework. Another one was the dissatisfaction with economic reforms in Latin American countries and the insight that these policy reforms neglected the importance of safety nets and social insurance. The third one was the Asian crisis in 1997/98 which revealed that

[3] A large part of the following considerations heavily draw from Ahrens (2002a).

financial liberalization without prudent regulation can have disastrous consequences (Rodrik 1999).

The *constituent principles* of a Social Market Economy elaborated by the German *ordo* liberal school and, in particular, by Walter Eucken (1990/1952) serve as a useful starting point for identifying key economic institutions which matter for market performance and the evolution of a private sector. *Ordo* liberals derive their prescriptions for public policymaking from the notion of *order* which is a fundamental precondition to make governance structures effective.

Order means that repetitive events or actions fit into a discernible pattern which allows people to have confidence that the pattern of future actions, on which they may depend, can be predicted reasonably well. If the world is ordered, complexity, and hence the knowledge problem, is reduced and economic agents are better able to specialise. Institutions serve to facilitate the emergence of order.[4]

Adherents to the *ordo* liberal school favor order policy (i.e., supporting and enhancing the economic and social order of society) over process intervention. This maxim is essentially based on three axioms including that (1) cognitive abilities of individuals are limited so that an order, that allows recognizable patterns to be uncovered, will improve living standards through an enhanced division of labor and give citizens distinctive realms of freedom; (2) individual freedom is an unalterable prerequisite of competition; and (3) order is required to make binding commitments possible and to enforce formal rules in order to overcome problems of asymmetric information and the temptations of opportunistic behavior (Kasper and Streit 1998). Public policymaking that is based on the commitment to consistently conduct order policy will not only ensure that individual freedoms are more secure but that economic coordination is more effective and rent-seeking and discrimination are limited. Arbitrary ad hoc interventions and conscious discretionary policymaking (e.g., to smooth cyclical economic swings with respect to aggregate demand), it is argued, will attenuate market signals, create economic disturbances and destabilize

[4] Kasper and Streit (1998: 151; emphasis omitted).

private actors' expectations (Eucken 1990/1952). Government interventions into economic processes should be only undertaken if they are market compatible, i.e. if they "do not interfere with the price mechanism and with the automatism of the market derived from it" (Röpke 1950: 160).

The primary focus of *ordo* liberals is on competition, because competitive structures display basic control and knowledge-generating functions that serve to efficiently operate a complex market system. This implies that all policy measures ought to be market conforming. By the same token, redistribution policies should be rejected unless they aimed at ensuring the opportunity of equality for individuals and firms in a way which would not erode competitive signals. Thus, universal institutional arrangements which equally apply to all economic actors are more desirable than discriminatory interventions and specific directives (Kasper and Streit 1998). The constituent principles of order policy that promise to enhance and maintain competitive markets include a flexible system of market prices, monetary stability, private property rights, open markets (i.e., freedom of both entry as well as exit), the liability of all economic actors for their actions and commitments, freedom of contract, and the steadiness of economic policymaking (see Figure 1). Since the proper functioning of a competitive order is based on the decentralized *ex post* coordination of individual plans and actions through market transactions, establishing a system of flexible market prices will be the focal point of creating and maintaining a market economy. Only a price system that reflects the scarcities of goods, services, and the factors of production can efficiently fulfill the functions of a competitive system. This is why Eucken postulates a primacy of monetary stability. But basically all constituent principles are interdependent. Therefore, ordo liberals argue that they need to be realized simultaneously in order to effectively promote private sector development and to establish a functioning market economy. In addition, these principles need to be complemented by so-called *regulating principles*, because actual market-oriented economies may contain weaknesses and deficits which require correction. Eucken thus emphasizes the need for anti-trust policies in order to prevent the emergence of monopolistic power, the need to correct income distribution (e.g., though a progressive income tax) in order to enhance social justice, the need for social safety nets and the protection of employees, and the need for institutions that help internalize external effects.[5]

3 A Social Market Economy for transition countries?

As regards its justification, the idea of the Social Market Economy rests on ethical norms such as solidarity and social protection in order to generate social peace and hence a secure societal foundation of sustained economic growth and development. Moreover, one may argue that social aspects in economic lifes and economic policymaking help to ensure the political feasibility of economic reforms in times of major policy and institutional reforms and particulary in times of systemic transformation in which (potential) losers from economic restucturing and institutional change may threaten to object or even block reforms. Finding a social balance or compensation for individual losses may help to enhance the acceptance of policymaking, the credibility and hence the legitimacy of policymakers.

Taking this as a point of departure, the following discussion seeks to develop arguments on how to introduce and secure the concept of the Social Market Economy in times of economic transition from a state-led towards a market based system. It will be argued that blueprints or best-practice approaches are not available, that the transition will be time-consuming, and that country-specific transitional institutions may become crucial determinants of success.

---

[5] See Eucken (1990/1952). Notice in this connection that our references to *ordo* liberal ideas are restricted to the policy prescriptions concerning the economic order. Actually, the *ordo* liberal approach is much broader in that it not only emphasizes the interrelations of institutional frameworks of various product and factor markets but also the interdependence of all sub-orders of society comprising the economic, the political and the social order. This implies that economic, social, legal, and other policies need to be compatible so that the institutions of different sub-orders mutually support each other; see, e.g., Böhm (1950) and Leipold (1994).

3.1 An argument in favor of a non-orthodox, gradual approach

However important the constituent and regulatory principles may be for the proper functioning of market economies, the *ordo* liberal school shows two basic weaknesses, especially if the concept of the Social Market Economy is to be applied in the context of systemic transition. On the one hand, this school of thought has not answered the question of how to acquire those institutions which are required to fulfill these principles and how policymakers can credibly commit themselves to conduct order policy instead of relying on interventionist measures which may serve narrow interests. On the other hand, the *ordo* liberals have somewhat neglected the dynamic aspects of a growing developing or transition country, the economy of which may be subject to widespread market and coordination failures.

Regarding the second qualifier, it is to be noted that markets not only fail due to anti-competitive behavior but also due to relatively high transaction costs preventing privately induced technological change and due to adverse selection and moral hazard resulting from incomplete information. More modern economic theories including those of imperfect competition and principle-agents relations have recognized these failures and developed regulatory instruments to cope with them. In reality, all successful market economies rely on a set of regulatory organizations and institutions which oversee product and factor markets. With respect to less developed countries (LDCs) and also previously socialists countries (PSCs), where market failures are more pervasive than in industrialized countries, it is essential to understand that regulation may go beyond issues such as securities regulation, financial supervision, and anti-trust. Rodrik (1995 and 1999), Hellmann et al. (1997), and Lau (1997), among others, convincingly argue that especially coordination failures and imperfect capital markets require strategic government interventions in order to trigger socially desirable private investment. By referring to the experiences in East Asia and notably in Taiwan and South Korea in the 1960s and 1970s, they show that governments effectively coordinated private investment decisions, provided targeted subsidization and thus helped initiate a process of sustained growth. However, while institutional arrangements such as financial restraint, staggered entry procedures regulating market access, and the provision of contingent rents worked well in these countries, similar arrangements failed in others.[6] This fact does not call into question the usefulness of specific policy interventions *per se*, but indicates the need to better understand the institutional, economic, and political factors which determine the effectiveness of government interventions in a given country setting.[7]

Moreover, with respect to industrial policy and more specifically technology policy, which may be of particular importance for catching-up economies, analysts argued that less developed or transition countries do not simply select and costlessly apply technological innovations which had been introduced in more advanced industrial countries and which are regarded as appropriate for domestic use. Certainly, relatively backward economies can, as Gershenkron (1962) observed, take advantage of the technological knowledge of advanced countries. But they can only do so if they have acquired sufficient technological capabilities and institutional capacities to identify suitable technologies and to adapt, absorb, and improve the technologies imported from abroad. Since such a competence has numerous externalities, government activism in facilitating and encouraging the process of technological change is critical. Moreover, circumstantial sensitivity and tacitness in applying technologies make it extremely difficult, if not impossible, for PSCs and LDCs to rely on a best-practice approach or to formulate a blueprint for national technological policies and their implementation. To a large extent, technological progress and economic performance depend on the organizational and institutional environment in which the industrial sector operates. Besides the macroeconomic policy framework, a country's technological infrastructure is of critical importance, i.e. its education system, private and public research organizations, the network of technological and scientific associations, and its legal institutions such as intellectual

---

[6] With respect to the use of the mentioned policy instruments and institutions and the role of governments in East Asia in overcoming coordination failures, see Section VI.2 in Ahrens (2002a).

[7] To foster this understanding, case studies are required which help explain the success and failure of various types of government intervention. With respect to selective government policies in East Asia, see, e.g., Ahrens (2002a).

property rights as well as contract laws which provide incentives to develop and exchange technologies. The technological infrastructure backs up technological efforts of private firms by providing standards, information, scientific knowledge, and facilities which cannot be established and operated by individual firms.[8] Following this line of reasoning, unconventional though modern approaches identify a strong need for public policies including selective interventions to facilitate, encourage, protect, and induce technological activities in LDCs as well as in transition economies (Lall 1992 and 1997; Pack and Westphal 1986; Ahrens 2002b).

These observations suggest that socially beneficial economic institutions may vary across countries and even over time within a given country. The last point becomes clear if one looks, e.g., at South Korea in the 1990s when close institutional relationships between the *chaebols* and the government, which had a positive overall impact on the economy at earlier stages of development, increasingly became dysfunctional.[9]

Most of the institutional ingredients to a functioning market economy proposed by the German ordo liberals have not been rejected by modern economists but essentially taken for granted. As argued earlier, however, these institutions do not evolve automatically. This fact calls attention to the first qualifier mentioned above: how can these institutions be acquired? This question, in fact, needs to be addressed from two perspectives. First of all, it relates to the political institutions of a country's governance structure and how these deal with problems of implementing and enforcing new economic institutions. In most cases, the politico-institutional component of a country's governance structure has been a major determinant for the success or failure of policy or institutional reform. The more the political and administrative institutions are suitable to realize the fundamental principles that constitute effective governance, the easier is the acquisition, implementation, and enforcement of market-enhancing economic institutions. Sec-

[8] See Ergas (1987), Lall (1992), and Evenson and Westphal (1995).

[9] With respect to the South Korean case, see the more detailed discussion in Ahrens (2002a).

ondly, the above question relates to the problem of strategy choice. What is the most conducive way to establish a distinct set of formal economic institutions? This question, in turn, is similar to the discussion about big-bang approaches versus gradualism in overall policy reform. Basically, two strategies to institution building can be distinguished; the first favoring the adoption of an institutional blueprint from advanced industrial economies, the second emphasizing the need to develop economic institutions locally by using indigenous experiences, experimentation, and local knowledge. While the first strategy suggests advantage be taken of the experiences of successful economies through importing their entire formal institutional framework at one stroke, the second strategy is by nature more gradual and hence time consuming.

At first glance, the big-bang approach to institution building is distinguished by its procedural clarity, conceptual simplicity, and straightforwardness. It represents an attractive option to policy designers because it seems to offer a useful 'how-to manual' that can be as easily articulated as the policy prescriptions inherent in the *Washington Consensus*. This approach appears to be particularly feasible if the development objectives of a given country are clear-cut and sufficiently realistic to be achieved within a certain period of time. This was, e.g., the case with respect to the former German Democratic Republic (GDR) that, in the course of unification with the Federal Republic of Germany (FRG), "simply" adopted the whole institutional framework of the latter.[10] Also, the substantial progress in transition in Poland compared to other less successful PSCs may be (at least partly) attributed to the fact that both the Polish post-socialist governments and broad segments of society have had clearly defined objectives of transition, i.e., that Poland should become a full member of the European Union (EU) as fast as possible. However, most LDCs and PSCs cannot rely on "big brothers" such as the FRG or the EU. In addition, development objectives are usually not so clear-cut and well defined. Even if a developing country seeks to emulate the development trajec-

---

[10] Regarding the economic, institutional, and political transformation of the former GDR, see, e.g., Sinn and Sinn (1993), Willgerodt (1994), Brücker (1995), and Mummert and Wohlgemuth (1998).

tory of more advanced countries and seeks to copy their institutional frameworks, the question arises which country ought to be the role model. The institutional matrices of modern capitalist economies are far from being the same. This becomes obvious if one compares the economic as well as the social and political orders of the United States, the EU, and Japan, or the institutional settings within the EU, e.g., those of Sweden and the United Kingdom. All of these countries display a great variety of stabilizing, legitimizing, and regulatory institutions that guide economic exchange. This implies, as Rodrik (1999) correctly emphasizes, that the institutional foundation of a successful market economy cannot be uniquely determined. Hence, the existence of, and the need for, institutional diversity has to be accepted as well as the fact that even the most advanced economies are constantly under pressure to search for new institutional arrangements that are suitable to better overcome existing problems (i.e., at lower costs or with higher social benefits) and to meet practical challenges in the future (Unger 1998).

Furthermore, the great variety of successful market economies indicates that the economic institutions of capitalism do not represent a "general purpose technology" that promises to sustainably increase total factor productivity and to significantly shift the frontier of production possibilities outwards in any given country just by acquiring it off-the-shelf. The caveat against adopting institutions that have proved to be socially beneficial in other countries, especially if these are at a different stage of development, has been persuasively stressed by Rodrik (2007). Adherents to a more gradual approach to institution building emphasize that the efficacy of the economic institutions of a market economy is contingent on particular local problems, capacities, preferences, and needs.[11] Similar to technology policy, tacitness and circumstantial sensitivity in implementing and operating economic institutions such as social security programs, social partnerships, rules guiding the representation of minorities, currency boards, or labor

---

[11] See, e.g., Qian (1999) as well as Lau, Qian, and Roland (2000) who argue that the institutional peculiarities of the development process in China are solutions to local informational and political problems for the solution of which no blueprint exists.

market regulations make it difficult to rely on best-practice approaches. Imported institutions may fail to meet the specificity requirements of local needs, and institutional blueprints are usually incomplete because the knowledge that is necessary to use these institutions properly can often not be delivered but has to be acquired through local learning and experimenting.

Although these are convincing points made by the adherents to gradualism, this mode of institution building is not without dangers either. A first caveat reminds us again of the importance of a secure political foundation underlying policy reform, namely that gradualism may come in different forms and shapes. For example, the gradual approach to economic transition in most successor states of the USSR is less a reflection of self-conscious and rule-based experimentation with the desire to build more efficient institutions, but an outcome of political instability, pork-barrel politics, rent seeking, and efforts to block market-oriented reforms. In contrast, the gradual approach to institution and capacity building in East Asian countries such as Taiwan, South Korea, as well as China and Vietnam during their recent history followed a more pragmatic approach that sought to enhance local knowledge and meet local needs.[12] A second caveat against gradualism stresses the costs of reinventing the wheel again and again. As Rodrik (1999) argues, gradualism may waste resources and time if policymakers do not take advantage of institutional arbitrage. In some particular (mostly technical or legal) areas, institutional arrangements can be adopted from more advanced countries. This holds, e.g., for the institutions underlying the operation of central banks, anti-trust agencies as well as financial regulations or auditing and accounting standards.

Considering the preceding arguments, one may conclude that the successful acquisition of economic institutions which help establish an appropriate governance structure for a Social Market Economy depends, on the one hand, on a secure political foundation of policy reform that ensures credible commitments and the capacity to imple-

---

[12] See Sections VI.2 and VI.3.1 in Ahrens (2002) for further elaboration on this point.

ment new institutions and, on the other hand, on the strategy of institution building. Important lessons can be learned by LDCs and PSCs from the experiences of more advanced economies. But a simple transplantation of institutions from one country to another is basically associated with severe problems. This makes gradualism the superior way of establishing and maintaining a local economic order, especially if policymakers are not dogmatic so that they use institutional arbitrage where it is appropriate.

3.2 The paradox of the adjusting state[13]

In neoclassical models, the state is exogenous to the economic reform process. It is considered a black box which (usually unsuccessfully) seeks to solve problems arising in market processes. This perspective, however, is largely inappropriate for dealing with the *paradox of the adjusting state* which aggravates the practical problems of economic reform and transformation particularly in transition countries. This paradox concerns the ambivalent role of governments during the transition from a state-led model of economic development toward an open, market-oriented economy. While the state (i.e. the central government, sub-national authorities, the legislature, and the bureaucracy) is required to withdraw from policy interventions into economic processes and to perform a more passive role, economic transition and development usually require nimble and robust political authorities to be in place, ones capable of implementing and enforcing the new market-oriented policy directives. Performing this role is even more complicated if the executive branch of government needs to assume further (market-enhancing) tasks due to existing market imperfections. Making the state more effective so that it can meet new challenges and perform new roles in facilitating private-sector coordination is of utmost importance for feasible and successful economic transformation and policy reform strategies.[14]

---

[13] The following discussion is taken from Ahrens (2007a and b).

[14] This central issue, however, was not explicitly included in either the Washington Consensus or neoclassical approaches to policy reform; see, e.g., Aoki et al. (1997) and Streeten (1996).

In order to conduct effective policy or institutional reforms, governments need to assume roles for which they have typically lacked the capacity and capability. Establishing the institutions which constitute a stable market-oriented economic order, introducing policy instruments to indirectly steer market processes and to effectively provide public goods, crafting effective devices to enforce market laws and regulations and to collect tax revenues, building up a meritocratic independent economic bureaucracy, and generating a transparent system of information exchange between the public and the emerging private sector – all these tasks are to be assumed by state actors. The underlying institutions do not evolve automatically but need to be explicitly crafted and enforced by the government, whereas the government at the same time is required to reduce the scope of its activities, to overcome overstaffing, and to cope with budgetary bottlenecks.

The paradox of the adjusting state precisely reflects this lack of institutional, administrative, technical, and political capacities. Regardless of whether a government decides to follow the policy recommendations of the Washington Consensus or whether it opts for a more activist role to overcome coordination failures and other market imperfections (which occur frequently in a transition process), a complex politico-institutional structure needs to be put in place in order to make government more effective in accomplishing whatever tasks it undertakes. Such institutionalization, however, cannot be taken for granted.

Similarly, this argument also holds for economic transitions taking place within authoritarian settings such as in China, Vietnam, Kazakhstan or Uzbekistan. Even if the problem of simultaneity, which has been a constituent characteristic of systemic transformation in most countries in Central and Eastern Europe (CEE) and much of the Commonwealth of Independent States (CIS), has been largely absent in East Asian and some Central Asian transition settings, the existing non-democratic regimes can only make use of their presumably strong states and become effective ordering powers of economic restructuring if they succeed in adjusting and reforming their political, administrative, and economic institutions in a way that helps authorities to maintain legitimacy and credibility from the standpoint of ordinary people as well as domestic and foreign investors. Thus, even in these authoritarian countries, which may basically allow to effectively conduct bold necessary, though possibly unpopular reforms without facing immediate political resistance, appropriate rules need to be introduced, organizations built up, and technocratic, administrative, and political skills accumulated which help to craft a secure and stable politico-institutional foundation of far-reaching market-oriented reforms.

3.3 Best-practice institutions?

Due to the complexity of systemic transition, policymakers as well as academics are frequently tempted to identify best-practice approaches from successful reformers. This was true at the beginning of the 1990s when the so-called Washington Consensus (originally compiled for debt-ridden countries in Latin America in the 1980s) was sought to be applied to many economies in transition. Several years later, new insights emerged due to the experiences in early transition phases. In fact, the Washington-Consensus type of policies emphasized important policy measures in an era of transition (such as stabilization and liberalization), but they neglected institution building (except for crafting private property rights). Particularly, the failure of IMF-led transition programs in countries such as Russia revealed that liberalization-cum-privatization approaches did not automatically bring about efficient and sustainable market structures. Without consideration of political and societal conditions as well as institutional restrictions, an efficient and politically feasible transition policy could not be implemented.[15]

This was taken into account during the subsequent debate about so-called second-generation reforms, when institutions were considered

---

[15] Of course, some scholars had already taken those difficulties in policy formulation and implementation into consideration in early stages of transition. Some scholars questioned the Washington Consensus approach per se, whereas others postulated an explicit evolutionary-institutional transition concept which focused on microeconomic aspects such as asymmetric information and agency problems among others; see, e.g., Roland (2000) or Murrell (1995). This strand of analysis and policy advice, however, did not gain significant influence in the policymaking circles of CEE.

essential also from the viewpoint of analysts with a more neoclassical background. The next step was to identify best-practice institutions in order to make policy reform effective, market forces work, and eventually overcome government failure. An emerging consensus among scholars of economic development and transition as well as international organizations suggests that a distinct set of core institutions can be identified which spur economic growth and sustained development.[16] According to this view, key institutions, which should be crafted as quickly as possible, include, among others, the rule of law, private property rights, an independent judiciary enforcing private contracts impartially, thorough regulation to safeguard economic competition, sound corporate governance structures and a transparent financial architecture, undistorted markets characterized by low rents, social insurance, democratic accountability and participation rules, checks and balances, and strengthening civil society (Khan 2002, Bardhan 2005).

Basically, these Western-style best-practice institutions may represent a useful reference point for less developed countries and transition economies. However, experts advising governments on institution building have often neglected the *processes* of how these institutions are crafted and enforced. Frequently, a country's initial conditions are ignored and policy advice is driven by the presumed desirable goal of transition (i.e., Western-style best-practice institutions), and not by the search for a politically feasible path towards that goal (Qian 2003). In particular, it is hardly discussed that institution building needs to be driven by political actors in numerous cases and, hence, that is must be in the interest of these actors to craft those institutions.

[16] Note in this context, that policy advisors as well as the international donor community may be also adaptive to new experiences and insights. The World Bank (2000), e.g., explicitly concedes that so-called best-practice models regarding governance and institution building may not be feasible.

Figure 2: Orthodox thinking about the relation between governance and growth

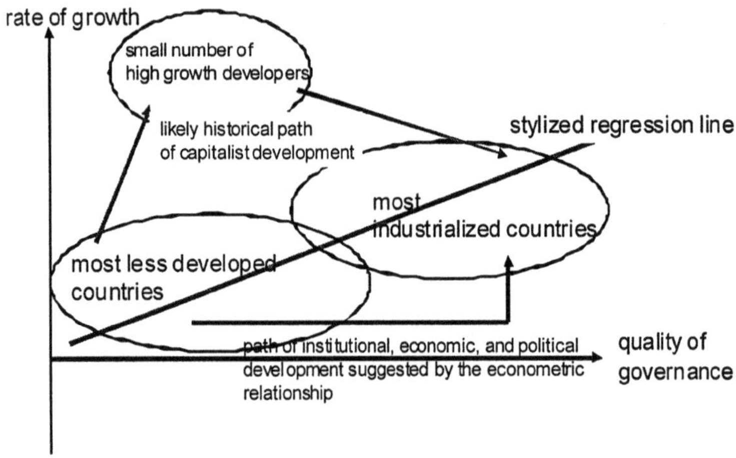

Source: Khan (2002); modified

Figure 3: Non-orthodox thinking about the relation between governance and growth

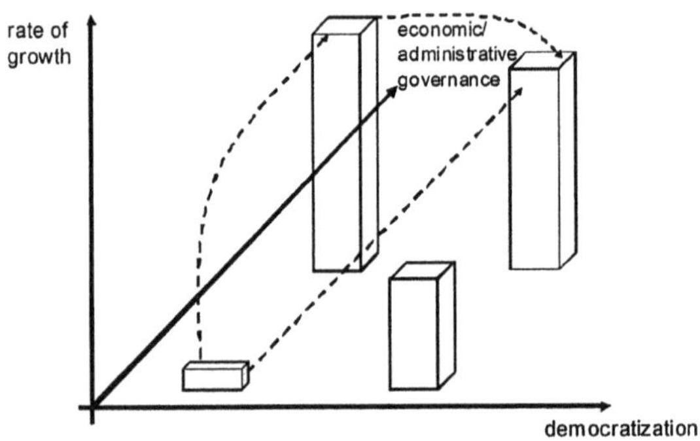

Source: author

The "liberal-market consensus" (Khan 2002) appears to suggest a benchmark for institution building which is to be achieved in a straightforward linear trajectory of institutional reform as quickly as possible (see Figure 2). However, the small number of highly-performing economies especially in Asia (but also in other parts of the world) followed a different path of development (and so did today's industrialized countries at the early stages of their economic development and growth processes). They realized extraordinarily high levels of growth and sustained them over a considerable period of time without fulfilling the criteria of Western-style institution building.[17]

Therefore, yet another consensus began to emerge even more recently which goes beyond institutions. Since it is not single rules but the interplay of economic and political institutions being crucial for economic performance, scholars and practitioners came to agree that governance matters. And again, we observe a new quest – this time for best-practice governance structures. Against the background of the liberal-market consensus, which still dominates numerous policy circles, think tanks, and academia, a governance structure, which is argued to be a precondition to structural change and sustained economic growth, ought to be modelled according to a Western-style governance model. This view is frequently supported by the fact that numerous people see a liberal democracy with particular social, economic, and environmental standards of advanced economies not only as an instrument fostering economic development, but as an end in itself.[18]

However, as history tells us, best-practice governance structures cannot be reasonably defined due to different initial conditions faced by transition countries, different economic structures and stages of economic development, different political interests and different societal preferences (Ahrens 2002a and 2007b). Instead, in the countries of Central and Eastern Europe as well as in China and Vietnam distinct governance structures have been emerging. In these successfully transforming countries, the emerging governance structures have

---

[17] See, e.g., Khan (2002) and Chang (2002).

[18] See, e.g., the arguments in Khan (2002), Feng (2003), and Kaufman et al. (2003).

proved to be market-enhancing and, hence, served as catalysts to economic transition. In all of these cases, country-specific *market-enhancing governance structures* (MEGS) contributed to positively affect the respective government's credibility and improved the attraction of these countries as an investment and production location despite significantly different initial conditions and economic transformation strategies. Although these cases differed from one another, they fit into the analytical comparative concept of a MEGS (Ahrens 2002a). Even if none of the countries was able to bring about a perfect MEGS, governance-related institutions in all countries scored *comparatively* high according to the dimensions credibility, predictability, and transparency – "comparatively" relating to a comparison with other countries at a similar stage of economic development or in a similar phase of transition. Also, the relatively good performance in terms of institutional quality has not necessarily related to all pillars of a MEGS equally. But in sum, the emerging governance structures have been conceived to be growth-enhancing and sustainable over time from the viewpoint of foreign and domestic investors, and the respective governments proved to be able to credibly commit to honor investors' rights and to foster long-term growth.

What is remarkable about these positive developments in LDCs and PSCs is that especially the Asian economies in transition crafted effective institutions of economic and administrative governance which improved the quality of public policymaking, enhanced private sector development and market exchange, but did not undermine the power of incumbent governments. Contrary to most European transition countries, democratization played a minor if any role in this process – similar to the process of long-term development in countries such as South Korea, Taiwan, Singapore, or Malaysia between the early 1960s and today.

On the contrary, in the transition countries which acceeded the European Union in 2004 and 2007, the processes of strengthening governance and fostering democratizaion coincided. This can be attributed *inter alia* to historical factors, cultural values, but also to the fact that the EU as an external anchor to transition forced these transition economies to adopt the so-called *acquis communautaire* before they joined the Union. Thus, while this group of countries pursued a linear path of reform and transition as portrayed in Figure 2, the Asian countries (as well as today's advanced countries such as Germany or Chile) chose a "roundabout way" in order to realize high economic growth rates as well as social achievements such as lower poverty rates. Without engaging immediately in democratization steps, they built strong governments which could rely on effective administrative and economic governance structures. For these countries, this development trajectory proved to be sustainable. And as the example of Germany in the late 19th century or the cases of Chile (since the mid 1970s), Germany (after World War II), South Korea and Taiwan (since the early 1960s) indicate, such a development path can (or will) eventually lead to more democratic structures in the course of time.

Whether or not a country is better suited to follow the linear trajectory or the "roundabout way" as depicted in Figure 3, depends on that country's economic starting position, its historical legacy, its internal power structure and the incentives faced by its leadership. For most of today's transition countries under authoritarian rule including most Central Asian countries, but also China and Vietnam the linear development path is simply not feasible under its current leadership.

3.4 Introducing a Social Market Economy in a non-democratic setting: the case of transitional institutions

In order to make the economic transition succeed, market-enhancing governance structures (MEGS) need to be developed. Today, a common understanding holds that no blueprint exists regarding the design, the evolution, or the components of a MEGS, but that effective governance structures need to be adjusted to country-specific characteristics (Rodrik 2007). However, numerous studies indicate that some general guiding principles do exist: Besides the need for a strong but limited state and market-oriented capacity building in the public administration, key economic institutions should be crafted and enforced which ensure a proper functioning of market processes and private sector coordination.[19]

According to Rodrik (2007), these key economic institutions relate to rules for macroeconomic stabilization and structural adjustment, rules of the legal, regulatory, educational, financial, and social infrastructure as well as institutions for conflict management. Although these areas point into the same direction as Eucken's *constituent principles*, they remain even more general and leave room for interpretation. In Rodrik's (2007: 6) words:

"first-order economic principles (...) do not map into unique policy packages. Reformers have substantial room for creatively packaging these principles into institutional designs that are sensitive to local opportunities and constraints."

In particular, the high-performing countries in East Asia have convincingly demonstrated that pragmatic (not first-best) institutions can foster sustained economic growth in a non-democratic setting. Exemples include the East Asian tigers, South Korea, Taiwan, Singapore, Malaysia, and Indonisia, and more recently Vietnam and China. These cases indicate that unorthodox *transitional institutions* may turn out to be more effective than presumably best-practice institutional arrangements in a period of economic transition. Especially for an authoritarian regime, they could make market-oriented reforms a viable policy choice, because they help political authorities to maintain power and control and, in addition, open up ways to make political elites winners of reform. Finally, specific transitional institutions tailored to the needs, capacities, and capabilities in the respective countries could be much faster developed than best-practice institutions – the latter usually need a long period of time to be crafted and enforced, and in many underdeveloped autocratic transition economies (e.g., in Uzbekistan, Tadschikistan or Turkmenistan), there would be a lack of human capital to operate them (e.g., law drafting and enforcement). Evidence shows that transitional institutions can serve as functional equivalents to first-best institutions, e.g., with respect to creating in-

[19] For an overview of these studies as well as an in-depth introduction into the concept of MEGS, see Ahrens (2002).

centives for doing business, to introduce competition, or to establish control rights over the means of production (Qian 2003).

For example, special economic zones (SEZs) may represent a transitional institution regarding a gradual external opening-up strategy in the sense that a free-trade area or a customs union with third countries would be more efficient from a theoretical viewpoint, but at a given point in time it may not be feasible. Therefore, SEZs could serve as a second-best way to open up the economy and, in addition, signal a government's commitment to market-oriented reform. This would be reinforced, e.g., through public infrastructure investment, low tax rates, and liberal institutions and market rules governing the SEZs (Khan 2002).

With respect to internal economic reforms, transitional institutions may, incrementally but visibly, enhance a government's credibility. The starting point would be to create a strong state, i.e. to enable authorities to credibly pre-commit to market-oriented reforms and to enforce new rules of the game. A key challenge is to shield policymaking entities such as the economic bureaucracy and key government agencies from the influence of reform opponents. Thus, public administration reform and capacity building are essential to strengthen the state apparatus. This requires (i) strengthening economic policy formulation, coordination, and implementation, e.g., through a central economic planning board – possibly staffed with foreign experts; (ii) public financial management reform; and (iii) civil service reform. In addition, meritocratic recruitment and promotion standards could provide bureaucrats with long-term career rewards thereby reducing incentives for corrupt behavior.

In advanced democratic market economies, state strength is usually limited and political credibility enhanced through a subtle system of checks and balances. This option, however, is not available in autocratic transition countries. In such a case, one (far from perfect but) feasible option is to limit the government through an external flanking of the respective country's reform and international integration process. Gradually opening up the economy and increasing its exposure to foreign competition as well as membership in international organizations might help to incrementally and credibly enhance reform commitment. In the longer run, the authoritarian, though possibly reform-minded government can seek to bind its own hands at least regarding specific policy realms (e.g., through establishing an independent central bank).

Since measures such as performance-based employment policies, downsizing surplus staff, and organizational restructuring are central to improving the implementation capacities of weak executing agencies, it is necessary to complement sector-level capacity building with measures that concern the public administration in its entirety.[20] Such an approach to public administration reform would not threaten the political regime per se. To be effective, however, institutional and organizational reforms usually have to be complemented by human resource development, the more so as knowledge of market economics and modern management techniques is often absent in LDCs and PSCs.

Regarding economic reforms, macroeconomic stability is an unalterable precondition. This presupposes a market-oriented price system and a (possibly) independent central bank as well as prudent fiscal management and at least a rudimentary market-oriented tax system. However, in some country-specific contexts, a complete price liberalization would contradict the interests of the political leadership. The same may hold for large-scale privatization. In such cases, it may be more promising to legalize and foster already existing small-scale private transactions, e.g. on farmers markets, in the retail sector as well as in industry and in an emerging service sector. Promoting newly emerging small and medium sized enterprises and gradually creating a labor-intensive private sector in a bottom-up manner could reinforce a partial price liberalization, support supply-side reactions of the economy, and foster job creation.

Chinese reform experiences show that agricultural reform by abolishing agricultural collectives and establishing a household responsibility system can yield substantial and quick productivity gains. This might

[20] See Ahrens (2002a) for further elaboration regarding the following aspects.

increase confidence in market forces and strengthen the support of further reforms at later stages (Lee 1997). Regarding industrial restucturing, China adopted a dual-track approach which allowed to maintain parts of the planned economy for a transition period, until a possibly emerging private sector will have gained sufficient economic strength so that it can absorb surplus labor from heavy industry (Qian 2003). This approach helped to enhance economic efficiency of state-owned enterprises (SOEs), to minimize opposition to economic reforms *ex ante* (due to temporarily protected status-quo rents) and to increase the opposition to reform reversal *ex post* (due to an increasing number of people benefiting from reforms) (Lau et al. 2000). In other countries, such an approach could make industrial reforms compatible with a prevailing, potentially market-skeptical political ideology. Furthermore, it would be consistent with a gradual strategy of opening up vis-à-vis the rest of the world.

Last but not least, as long as no dominant capitalist sector exists in the economy, growth-enhancing reforms need to be in the interest of regime officials at the central and local level. Only if these actors can preserve their power and privileges and become reform winners, economic transition will be politically feasible. Again China offers an example of how to deal with such a challenge: Decentralized public commercialization through the devolution of economic competencies and the creation of township-and-village enterprises (TVEs) with hard budget constraints could help to re-align incentives of local policymakers and bureaucrats and make them residual claimants of market processes. Moreover, the experience of TVEs suggest that control rights may be established and can foster entrepreneurial activities even if property rights are not clearly defined (Qian and Weingast 1997). Thus formal legislation is neither a necessary nor a sufficient condition for ensuring effective control. In practice, Rodrik (1999) concludes, the efficacy of control rights is contingent not only on legislation but also on private enforcement as well as informal norms such as customs and tradition. In order to avoid a capture of local governments by possibly emerging local groups owning immobile factors of production such as land, the introduction of a household responsibility system should be complemented by a possibly egalitarian distribution of land rights at the beginning of an economic reform process.

Thus, through an economic empowerment of local governments (and possibly parts of the military or other powerholders in a particular country), developing local public enterprises can be crucial for an economic take-off process even before large-scale privatization is undertaken. In addition, it would be conceivable to create competition under a dual-track approach; e.g., by fostering the emergence of private businesses in sectors such as agriculture, retail trade, and light manufacturing, and strengthening the corporate-control structures of, and introducing hard budget constraints for, TVEs and SOEs. At a later stage, industrial liberalization and privatization can proceed. Financial liberalization should be deliberately delayed in order to cope with potential fiscal decline during economic transition (Qian 1999).

4 Conclusion

At first glance, it may seem that the concept of the Social Market Economy is applicable only in differentiated, democratic, advanced capitalist countries. The preceding discussions, however, showed that the idea of the Social Market Economy can be, and in fact has been, applied in an incentive-compatible way for policymakers, entrepreneurs, managers, workers, and citizens even in non-democratic countries at lower stages of economic development. This can work if the transition process is not conceived as a quest for first-best, best-practice, or ideal institutions, but as a discovery process of institutional evolution during which diverse sets of institutions may emerge, fulfill various economizing or redistributive functions, and eventually vanish, because other, novel institutional arrangements appear to be superior. This phenomenon of transitional institutions has been hardly studied in academia, but theoretical reasoning as well as the existing evidence suggest that transitional institutions serving as functional equivalents to so-called first-best institutions may turn out to be not only efficient, but also politically feasible and widely accepted in society. The quest for these transitional institutions is not easy and cannot succeed from a private study in the ivory tower of academia. Instead, it is subject to trial-and-error procedures, experimentation, competition, but also political pragmatism. The task of policy advisors and policymakers is to craft an institutional framework which is appropriate to enhance what North (1990) called the adaptive efficiency of an economic system.

Eucken's constituent and regulating principles provide guidance on the direction of institutional change and reform. But as was argued in this paper, the attributes, i.e., the concrete institutional design, of a Social Market Economy are contingent on the stage of socio-economic development, the cultural environment, political constraints, and what Eucken (1990/1952) called the *historical moment*. Singular events and favorable historical moments may serve as trigger or catalyst, but they cannot substitute for good institutions and determined political leadership. The existence of policymakers who seize those opportunities and seek to craft a politico-institutional foundation, which helps to make effective market-oriented reforms a viable policy choice, is an unalterable precondition to successful transition.

References

Ahrens, Joachim (2002a), Governance and Economic Development. A Comparative Institutional Approach. Cheltenham: Edward Elgar.

Ahrens, Joachim (2002b), Fostering Convergence and Cohesion in European Integration: New Modes of Implementing Research and Innovation Policy in EU-Accession Countries. Study for the European Commission, Brussels, April 2002

Ahrens, Joachim (2007a), "North Korea: From Failing towards Reforming State?" North Korean Review, Vol. 3, No. 2.

Ahrens, Joachim (2007b), "Governance in the process of economic transformation." In M. Jovanovic et al. (eds.), System Transformation in Comparative Perspective. Affinity and diversity in institutional, structural and cultural patterns, Münster: LITVerlag, 2007.

Aoki, Masahiko, Hyung-Ki, Kim and Masahiro Okuno-Fujiwara (eds.) (1997), The Role of Government in East Asian Economic Development. Comparative Institutional Analysis, Oxford: Clarendon Press.

Bardhan, P. (2005), "Institutions matter, but which ones?" Economics of Transition, 13(3), pp. 499-532.

Böhm, Franz (1950), Wirtschaftsordnung und Staatsverfassung, Tübingen: Mohr.

Brücker, Herbert (1995), Privatisierung in Ostdeutschland: eine institutionenökonomische Analyse, Frankfurt/Main: Campus Verlag.

Chang, Ha-Joon (2002), Kicking Away the Ladder – Development Strategy in Historical Perspective. London: Anthem Press.

Ergas, Henry (1987), "Does Technology Policy Matter?" in: Bruce R. Guile and Harvey Brooks (eds), Technology and Global Industry. Companies and Nations in the World Economy, Washington, DC: National Academy Press, pp. 191-245.

Evenson, Robert E. and Larry E. Westphal (1995), "Technological Change and Technology Strategy", in Jere Behrman and T.N. Srinivasan (eds), Handbook of Development Economics, Vol. III A, Amsterdam: Elsevier, pp. 2209-2299.

Eucken, Walter (1990/1953), Grundsätze der Wirtschaftspolitik, (6th revised edition). Tübingen: J.C.B.Mohr (Paul Siebeck).

Feng, Yi (2003), Democracy, Governance, and Economic Performance: Theory and Evidence, Cambridge, MA and London: The MIT Press.

Gershenkron, Alexander (1962), Economic Backwardness: Historical Perspective, Cambridge, MA: Harvard University Press.

Hass, Egmont (2007), Globalisierung – das Ende der sozialen Marktwirtschaft? Eine ökonomische Einführung. Schwalbach: Wochenschau Verlag.

Hellmann, Thomas, Kevin Murdock and Joseph E. Stiglitz (1997), "Financial Restraint: Toward a New Paradigm", in: Masahiko Aoki,

Hyung-Ki Kim and Masahiro Okuno-Fujiwara (eds), The Role of Government in East Asian Economic Development. Comparative Institutional Analysis, Oxford: Clarendon Press, pp. 163-207.

Kasper, Wolfgang and Manfred Streit (1998), Institutional Economics. Social Order and Public Policy, Cheltenham, UK and Lyme, US: Edward Elgar.

Kaufmann, Daniel, Kraay, Aart and Mastruzzi, Massimo (2003), "Governance Matters III: Governance Indicators for 1996-2002", World Bank Policy Research Working Paper No. 3106, Washington, DC: The World Bank.

Khan, Mushtaq H. (2002), "State Failure in Developing Countries and Strategies of Institutional Reform", paper presented at the AB-CDE Conference Europe, Oslo 2002.

Körner, Heiko (2007), "Soziale Marktwirtschaft. Versuch einer pragmatischen Begründung", Freiburg Discussion Papers on Constitutional Economics 07/7, Freiburg.

Lall, Sanjaya (1992), "Technological Capabilities and Industrialization", World Development, 20(2), pp. 165-186.

Lall, Sanjaya (1997), "Coping with New Technologies in Emerging Asia" (Centro Studi Luca d'Agliano – Queen Elisabeth House Development Studies Working Paper No. 112), Oxford University.

Lau, Lawrence J. (1997), "The Role of Government in Economic Development: Some Observations from the Experience of China, Hong Kong, and Taiwan", in: Masahiko Aoki, Hyung-Ki Kim and Masahiro Okuno-Fujiwara (eds.), The Role of Government in East Asian Economic Development. Comparative Institutional Analysis, Oxford: Clarendon Press, pp. 41-73.

Lau, Lawrence J., Yingyi Qian and Gérard Roland (2000), "Reform without Losers: An Interpretation of China's Dual-Track Approach to Transition", Journal of Political Economy, 108(1), pp. 120-143.

Lee, D. (1997), "Lessons of Transition Economies' Reform for North Korea", in: Lee, D. (ed.), The System Transformation of the Transition Economies. Europe, Asia and North Korea, Seoul: Yonsei University Press, pp. 183-232.

Leipold, Helmut (1994), „Interdependenz von wirtschaftlicher und politischer Ordnung“, in: Carsten Herrmann-Pillath, Otto Schlecht and Horst Friedrich Wünsche (eds), Marktwirtschaft als Aufgabe. Wirtschaft und Gesellschaft im Übergang vom Plan zum Markt, Stuttgart: Gustav Fischer Verlag, pp. 723-738.

Müller-Armack, Alfred (1956), “Soziale Marktwirtschaft“, Handwörterbuch der Sozialwissenschaften, Bd. 9, Stuttgart 1956.

Mummert, Uwe and Michael Wohlgemuth (1998), „Ordnungsökonomische Aspekte der Transformation und wirtschaftlichen Entwicklung Ostdeutschlands“, Diskussionsbeitrag 03-98, Max-Planck-Institute for Research into Economic Systems, Jena.

Murrell, Peter (1995), “The transition according to Cambridge, Mass.”, Journal of Economic Literature, Vol. 33, No. 1, pp. 164-178.

North, Douglass C. (1990), Institutions, Institutional Change and Economic Performance, Cambridge: Cambridge University Press.

Pack, Howard and Larry E. Westphal (1986), “Industrial Strategy and Technological Change”, Journal of Development Economics, 22, pp. 87-128.

Qian, Yingyi (1999), “The Institutional Foundation of China’s market transition”, Paper prepared for the World Bank’s Annual Conference on Development Economics, Washington, D.C., April 28-30, 1999. Internet: http://www-econ.stanford.edu/faculty/workp/swp99011.pdf.

Qian, Yingyi (2003), “How Reform Worked in China”, in Rodrik, Dani (ed.), In Search of Prosperity. Analytic Narratives on Economic Growth. Princeton and Oxford: Princeton University Press, pp. 297-335.

Qian, Yingyi and Barry R. Weingast (1997), “Institutions, State Activism, and Economic Development: A Comparison of State-Owned and Township-Village Enterprises in China”, in: Masahiko Aoki, Hyung-Ki Kim and Masahiro Okuno-Fujiwara (eds) (1997), The Role of Government in East Asian Economic Development. Comparative Institutional Analysis, Oxford: Clarendon Press, pp. 254-275.

Rodrik, Dani (1995), "Getting interventions right: how South Korea and Taiwan grew rich", Economic Policy. A European Forum, 20, pp. 55-97.

Rodrik, Dani (1999), "Institutions For High-Quality Growth: What They Are and How to Acquire Them", paper presented at the IMF Conference on Second Generation Reforms, Washington, DC, 8–9 November, 1999, Internet Website: http://www.imf.org/external/pubs/ft/seminar/1999/reforms/rodrik.htm

Rodrik, Dani (2007), One Economics, Many Recipes. Globalization, Institutions, and Economic Growth, Princeton and Oxford: Princeton University Press.

Roland, Gérard (2000), Transition and economics: politics, markets, and firms. Cambridge, MA: The MIT Press.

Röpke, Wilhelm (1950), The Social Crisis of Our Time, Chicago: University of Chicago Press.

Schlecht, Otto (2001), Ordnungspolitik für eine zukunftsfähige Marktwirtschaft. Erfahrungen, Orientierungen und Handlungsempfehlungen. Zukunft der Marktwirtschaft Bd. 1. Bonn: Frankfurter Allgemeine Zeitung Buch.

Sinn, Gerlinde and Hans-Werner Sinn (1993), Kaltstart: volkswirtschafltiche Aspekte der deutschen Vereinigung, 3rd edition, München: Deutscher Taschenbuch-Verlag.

Streeten, Paul (1996), "Governance", in: Quibria, M. G. and Dowling, J. Malcolm (eds.), Current Issues in Economic Development. An Asian Perspective. Hong Kong: Oxford University Press, pp. 27-66.

Streit, Manfred (2005), "Die Soziale Marktwirtschaft: zur Erosion einer wirtschaftspolitischen Konzeption", Ordo, Bd. 56, pp. 113-121.

Unger, Roberto Mangabeira (1998), Democracy Realized: The Progressive Alternative, London and New York: Verso.

Vanberg, Viktor J. (2007), "Das Dilemma der Sozialen Marktwirtschaft", in: Jürgen Morlok (ed.), Der Freiheit verpflichtet, Bd. 2, Beiträge zum 80. Geburtstag von Otto Graf Lambsdorff, Stuttgart: Lucius & Lucius, pp. 138-142.

Willgerodt, Hans (1994), „1948 und 1990: Zwei deutsche Wirtschaftsreformen im Vergleich", in: Carsten Herrmann-Pillath, Otto Schlecht and Horst Friedrich Wünsche (eds), Marktwirtschaft als Aufgabe. Wirtschaft und Gesellschaft im Übergang vom Plan zum Markt, Stuttgart: Gustav Fischer Verlag, pp. 65-78.

World Bank (2000), Reforming Public Institutions and Strengthening Governance, Washington, DC: The World Bank.

Wünsche, Horst Friedrich (1994), "Soziale Marktwirtschaft als Politik zur Einführung von Marktwirtschaft," in: Carsten Herrmann-Pillat, Otto Schlecht, Horst Friedrich Wünsche (eds.), Marktwirtschaft als Aufgabe. Wirtschaft und Gesellschaft um Übergang vom Plan zum Markt. Stuttgart et al.: Gustav Fischer Verlag.

Sepp, Jüri

Estland: eine ordnungspolitische Erfolgsgeschichte?

1 Einführung

Estland gilt mit seinen Grundprinzipien der Wirtschaftspolitik (stabiles Geld durch ein *Currency-Board-System* (CB); gesetzlich abgesicherte Ausgeglichenheit des Staatshaushaltes bei einem einfachen Steuersystem; außenwirtschaftliche Offenheit; schnelle und effiziente Privatisierung) immer noch zu den Musterschülern der neoliberalen Ökonomen. Dieses Modell hat sich bisher bewährt. Das Wirtschaftswachstum ist seit 1995 mit Ausnahme 1999 positiv und oberhalb des EU-Durchschnitts gewesen. Insbesondere hoch, über 10%, sind die Wachstumsraten gerade nach dem Beitritt gewesen. Dadurch sind das Bruttoinlandsprodukt pro Kopf und die Arbeitsproduktivität von einem knappen Drittel im Jahre 1995 auf etwa zwei Drittel des EU-Durchschnitts gestiegen (Abb.1) – etwa 30% in zehn Jahren. Leider steigt entsprechend auch das Preisniveau.

Tabelle 1 Wirtschaftliche Konvergenz in Estland (EU27 = 100)

Jahr	1997	1999	2001	2003	2005	2007
BIP pro Kopf (PPS)	41.8	42.3	46.1	54.4	61.1	68
Preisniveau	46.6	51.3	55.5	56.9	59.9	67.3

Quelle: Eurostat

Doch wäre es eine große Vereinfachung anzunehmen, dass Estland nach noch einer Dekade schon sicher den EU-Durchschnitt erreicht hat. Die Konvergenztheorie besagt, dass die Wachstumsraten umso kleiner werden, je höher das Niveau wird.

Glücklicherweise gibt es auch (temporäre) Ausnahmen, denken wir an Irland. So haben auch die estnischen Regierungspolitiker noch ehrgeizigere Ziele aufgestellt – in 15 Jahren unter 5 reichsten Länder in Europa zu zählen.

In diesem Aufsatz wird der Versuch unternommen, die Zukunftschancen und Perspektiven Estlands ausführlicher zu analysieren. Im ersten Teil werden die theoretischen Grundlagen der Wachstumstheorie und deren bisherige empirische Überprüfung betrachtet, um die längerfristige Voraussetzungen für die wirtschaftliche Entwicklung festzustellen. Im zweiten Teil wird die estnische Position im wirtschaftlichen und wirtschaftspolitischen Wettbewerb im internationalen Vergleich untersucht.

2 Langfristige Entwicklungsfaktoren – die Rolle der Produktionsfaktoren und Institutionen in der Wachstumstheorie

Die ökonomische Theorie hat immer nach Erklärungen für das Wirtschaftswachstum gesucht. Nach Holocombe (2001: 623) kann man hier zwei Hauptkonzepte unterscheiden:

1. Konzept der Produktionsfaktoren, die sich wiederum in exogene (neoklassische) und endogene Wachstumstheorien gliedern lässt und
2. die institutionenökonomische Entwicklungstheorie[1]

Die neoklassische Theorie (Solow 1956) reduziert das Wirtschaftswachstum auf die Menge der Produktionsfaktoren (hauptsächlich Arbeit und Kapital), wobei der Bevölkerungszuwachs und der technische Fortschritt exogen bestimmt werden. Kapitalströme sind hier die Gründe, die zur Konvergenz der wirtschaftlichen Entwicklung führen. In dieser Hinsicht erklärt diese Theorie eher die temporären Wachstumsunterschiede und weniger das Wachstum selbst.

Endogene Modell-Alternativen versuchen das Wachstum innerhalb des Modells zu erklären. Es werden Investitionen als Variablen eingeführt, die durch positive externe Effekte gekennzeichnet sind. Für Lucas ist das das Humankapital, für Romer (1986) der F&E-

[1] Siehe die Übersicht Jütting (2003) und Shirley (2005).

Bereich. Das ermöglicht auch die relative Konvergenz zu erklären, wo die Entwicklungsdivergenzen stabil sind oder sogar sich erhöhen. Doch bleibt auch diese Theorie exogen im Sinne, dass die Investitionsunterschiede selbst und deren Effizienz unerklärt bleiben.

Hauptproblem der erwähnten makroökonomischen Theorien ist die Nichtberücksichtigung der Transaktionskosten bzw. X-Ineffizienz, die durch Informations- und Anreizprobleme auf der Mikroebene entstehen. Es genügt hier auf die Misserfolge der Entwicklungshilfe hinzuweisen. Auch hohe Kapitalzuflüsse können ohne jegliche positive Wirkung bleiben, wenn sie nicht von adäquaten formellen und informellen Institutionen unterstützt werden. Institutionen sind nach North „gesellschaftliche Anreizsysteme" und können das Wirtschaftswachstum fördern, aber auch bremsen. So bleibt jede makroökonomische Analyse der Produktionsfunktionen sozusagen in der Luft hängen und „die Wachstumstheorie wäre möglicherweise radikal umzuschreiben" (Voigt 2002: 144). Wie komplex und kompliziert die institutionellen Entwicklungsfaktoren sind, zeigt auch die Transformationsforschung (z.B. Wrobel 2000).

Nach North (2004: 174) beschreibt das Produktionsfaktorenkonzept die potentiellen Möglichkeiten für Wohlstand in einer Welt ohne Transaktionskosten. Diese Theorie ist jedoch wenig praxisbezogen. North schreibt: „Die Anstrengungen, unterschiedliche Entwicklungsgeschichten der Volkswirtschaften ohne Berücksichtigung der institutionellen Anreizstrukturen zu erklären, sind unfruchtbar". Holocombe (2001: 629) fügt sogar hinzu, dass die Konzept der Produktionsfaktoren für die praktische Wirtschaftspolitik irreführend sein kann. In diesem Aufsatz wird jedoch die Ansicht vertreten, dass die makroökonomische Analyse der Produktionsfaktoren und -funktionen keineswegs sinnlos ist. Sie braucht nur die Ergänzung durch die Einführung institutioneller Faktoren.

Es gibt eine Mehrzahl Versuche, zwei Ansätze empirisch zu integrieren. Üblicherweise werden die institutionellen Faktoren in das Solow-Modell eingeführt. Ein typisches Beispiel ist Vijayaraghavan/Ward (2001). Einen guten Überblick bieten hier Ahn/Hemmings (2000) und Aron (2000). Bassanini/Scarpetta/Hemmings (2001) haben gezeigt, dass institutionelle Faktoren sowohl einen direkten Einfluss auf das Wirtschaftswachstum haben als auch Investitionen in Sach- und Humankapital beeinflussen (auch Serres 2003, de Haan/Lundström/Sturm 2005).

Oft wird in den Modellen der institutionelle Rahmen von den direkten wirtschaftspolitischen Entscheidungen unterschieden (Scully 2001, IMF 2003). Tabellini (2004: 18) betont, dass die wichtigste Frage dabei ist nicht die richtige Politik zu definieren, sondern den Weg zu finden, diese Politik zu implementieren. Hier sind die Institutionen und Anreize innerhalb der politischen Ordnung entscheidend. Deswegen ist auch eine differenzierte Analyse der Einwirkung von wirtschaftlichen und politischen Institutionen interessant, wobei allgemein wirtschaftliche Freiheit im Sinne der Sicherheit der Verfügungsrechte die Priorität gegenüber der demokratischen Freiheiten hat (Aron 2000, 128).

Ein interessantes Ergebnis stellen Glaeser/La Porta/Lopez-de-Silanes/Shleifer (2004) vor. Sie sehen in der Förderung des Humankapitals im Rahmen einer totalitären Gesellschaft die besten Erfolgschancen. Erst nach einem wirtschaftlichen Erfolg kommt es zur Demokratisierung. Demokratie wird hier nicht als Faktor, sondern als Ergebnis des Wirtschaftswachstums betrachtet. Rodrick/Wacziarg (2004) wiederum beweisen, dass wenigstens kurzfristig demokratische Reformen die Wachstumsaussichten nicht verbessern. Persson/Tabellini (2006) nehmen eine offene Position ein – die Demokratie hat keine eindeutige Wirkung – der Teufel steckt im Detail, in den konkreten Gegebenheiten der demokratischen Reformen. Einen sehr interessanten und wichtigen Aspekt stellt die Rolle der informellen Institutionen (des Sozialkapitals) dar. Tabellini (2005) untersucht es sogar unter dem Titel „Kultur" und stellt in Europa sehr stabile Unterschiede fest. Das stellt für die Politik sehr schwierige Aufgaben dar.

Sicher ist die Kausalität in der Beziehung zwischen den Institutionen und dem Wirtschaftswachstum und der -leistung insgesamt zweiseitig. Ein theoretisches Modell stammt von Aron (1997: 10-11). Leider ist die empirische Analyse in dieser Hinsicht erst wenig entwickelt (Beck/Laeven 2005). Engerman/Sokoloff 2003 betonen die endogenen

Aspekte der Institutionen, insbesondere die Länderspezifität bzw. die Pfadabhängigjeit („*path dependency*"). Die Institutionen passen sich an die sozio ökonomischen Besonderheiten der jeweiligen Länder an, weshalb es unmöglich ist, allgemeingültige politische Empfehlungen zu geben. Murphy/Pleva/Sprout (2005: 2) kommen speziell für Transformationsländer zu der Schlussfolgerung:

„*(1) economic reforms have a stronger impact on democratic reforms than the reverse; (2) economic reforms favorably affect economic growth; (3) democratic refavorably affect economic growth indirectly (via economic reforms) if not directly; and (4) while the feedback effects from economic growth to reforms are more ambiguous, there is some evidence that economic growth may actually stifle democratic reforms, and/or economic contraction may facilitate democratization.*"

Im nächsten Teil wird auf Basis dieser Überlegungen versucht, die estnische Position im Systemwettbewerb sowohl aufgrund Produktion- als auch institutioneller Faktoren durch frei zugängliche Kennzahlensysteme zu zeigen und mit einigen Ländern zu vergleichen.

3 Estlands Wachstumschancen im internationalen Vergleich

Am häufigsten werden die folgenden drei Kriterien, die auch empirisch operationalisiert worden sind, für den Ländervergleich angewendet:

- menschliche Entwicklung, die durch den Human Development Index (HDI) der UNO gemessen wird;
- wirtschaftliche Wettbewerbsfähigkeit, operationalisiert durch entsprechende Indizes vom Weltwirtschaftsforum (WWF) und IMD (*International Institute for Management Development*);
- wirtschaftliche Freiheit, die von der *Heritage Foundation* und vom *Fraser Institute* gemessen wird.[2]

[2] Einen Spezialfall bietet die Weltbank mit ihrem Doing-Business-Index, wo hauptsächlich die unternehmerische Freiheit auf der Mikroebene gemessen wird.

Die Kriterien unterscheiden sich nach ihrer Rolle im Entwicklungsprozess. Der Index menschlicher Entwicklung zeigt uns vor allem das erreichte Entwicklungsniveau eines Landes im breiteren Sinne. Wirtschaftliche Freiheit wiederum ist ein rein institutionelles Merkmal und versucht das Entwicklungspotential eines Landes zu erfassen. Wettbewerbsfähigkeit ist ein Konstrukt, bei dem üblicherweise beide Seiten - das Erreichte und das Potential - zusammenkommen. Deswegen sagen Gesamtergebnisse der Wettbewerbsfähigkeitsmessung eigentlich nichts aus. Doch kann man auch hier durch Komponentenanalysen die Ergebnisse von den Faktoren trennen. Eigentlich gilt das auch für den Index menschlicher Entwicklung, wo die menschliche Qualität als (Produktions-) Faktor der Wirtschaftsleistung (Einkommensniveau) gegenübersteht.

Vor diesem Hintergrund ist es nicht verwunderlich, dass Estland nach den drei Kriterien sehr unterschiedliche Positionen im weltweiten Vergleich hat. Grob gesagt sieht das Gesamtbild so aus:

- Nach dem erreichten Entwicklungsniveau hält Estland eine bescheidene Position mit Platz 40 in der Welt.
- Die Qualität der Institutionen gewährt dem Land wiederum eine sehr hohe Position mit Platz 10.
- Die Wettbewerbsfähigkeit bleibt dann logischerweise dazwischen bei Platz 25.

Diese Differenzen in den Rankings erlauben für Estland ein hohes Entwicklungspotential festzustellen und die bisher erreichten hohen Wachstums- und Konvergenzraten als nachhaltig zu betrachten. Die ökonometrische Analyse der Beziehung zwischen Wirtschaftsleistung und -wachstum einerseits und Humankapital sowie wirtschaftlicher Freiheit anderseits bestätigen dieses Ergebnis (Sepp 2006, 2007).

3.1 Menschliche Entwicklung

Der von der UNO erarbeitete und jährlich geschätzte HDI beruht auf drei Komponenten, wobei zwei davon die Qualität des Humankapitals – Bildung und Gesundheit – widerspiegeln. Zur Messung der Gesundheit wird die durchschnittliche Lebenserwartung bei der Geburt und für den Bildungsstand eine Kombination aus Alphabetisierungsgrad und Einschulungsquote herangezogen. Als dritte Komponente der menschlichen Entwicklung wird der wirtschaftliche Wohlstand, ausgedrückt als Bruttoinlandsprodukt pro Kopf (in US-Dollar, Kaufkraftparität), berücksichtigt. Aus den Ausgangsdaten werden die Indizes gebildet. Dadurch spielt der HDI nicht nur die Rolle eines Erfolgsindikators sondern auch eines Erfolgsfaktors, entsprechend der endogenen Wachstumstheorie, obwohl das Humankapital hier nur durch Qualität vertreten ist. Estland belegt nach dem integrierten HDI den 40. Platz in der Welt, was um vier Plätze besser ist als nach dem Kriterium BIP pro Kopf. Das können wir als eine relativ kleine Reserve des Humankapitals interpretieren. Noch vor ein paar Jahren war der relative Rückstand in der Wirtschaftsleistung Estlands ebenso hoch wie jetzt in Polen und Bulgarien. Es ist aber zu betonen, dass die Reserve des Humankapitals nur ein Potential der Wirtschaftsleistung bildet.

Von der Theorie wissen wir, dass die effiziente Verwendung der Produktionsfaktoren effiziente Institutionen voraussetzt. Insgesamt gibt es keine automatische Verbindung zwischen der menschlichen Qualität und den wirtschaftliche Wohlstand gibt.

Es gibt Länder, in denen das Einkommensniveau die Humanqualität klar übersteigt. Südafrika und die Vereinigten Arabischen Emirate (VAR) können hier Beispiele sein. Bei diesen Ländern ist es ziemlich klar worauf dies basiert – die natürlichen Ressourcen. Der Fall Südafrika ist sicher etwas komplizierter. Wiederum andere Länder können eine relativ hohe menschliche Qualität nicht in die entsprechende Wirtschaftsleistung umwandeln. Hier sind Cuba und Tadschikistan exemplarisch hervorzuheben. Beide haben eine gemeinsame sozialistische Vergangenheit und dadurch einen relativ hohen Grad in der menschliche Entwicklung erreicht. Doch verursachen die verzögerten bzw. fehlenden Wirtschaftsreformen eine bisher stabile Diskrepanz zum wirtschaftlichen Wohlstand. Hier sind die sog. *bad institutions* verantwortlich und die potentiellen menschlichen Reserven sind nur die theoretische Reserven. Was den Fall Estland betrifft, hat das Land ein Gleichgewicht zwischen der menschlichen und wirtschaftlichen Entwicklung fast hergestellt.

Die Dynamik des HDI bestätigt die Rolle des Humankapitals als Wachstumsfaktors. Z.B. haben viele Transformationsländer Mitte der 90er Jahre einen harten Rückschlag hinnehmen müssen. Gerade dann ist wegen der ordnungs- und strukturpolitischen Wende eine große Differenz zwischen der wirtschaftlichen und menschlichen Entwicklung entstanden – fast alle post-sozialistischen Länder haben eine Wirtschaftskrise durchgelaufen. Weil aber das Humankapital mehr oder weniger erhalten blieb, hat sich in den Folgejahren der Rückstand zu den alten EU-Ländern in der Wirtschaftsleistung umso schneller reduziert. Für die baltischen Länder ist es ziemlich sicher, dass die hohen Wachstumsraten in den letzten Jahren sich auf die Reserven des Humankapitals gestützt haben. Jetzt sind diese Reserven fast ausgeschöpft (die Wirtschaftsleistung entspricht dem Humankapital) und man muss neue Impulse für das Humankapital finden.

3.2 Wettbewerbsfähigkeit

Das Konzept der Wettbewerbsfähigkeit wird in der Fachliteratur viel diskutiert. Obwohl es dabei nicht zu einem wirklichen Konsens gekommen ist, zeichnet sich doch eine Grundlinie ab. Mit dem Begriff Wettbewerbsfähigkeit wird die volkswirtschaftliche Leistung (*ability to earn*) bezeichnet, welche wiederum von zwei Fähigkeiten abhängig ist: einerseits der Fähigkeit, sich auf dem Weltmarkt als Verkäufer durchzusetzen (*ability to sell*), und anderseits der Fähigkeit, die mobilen Produktionsfaktoren anzulocken (*ability to attract*).

Eine andere Dimension der Wettbewerbsfähigkeit bezieht sich auf die Subjekte des Wettbewerbs. Hier treten einerseits die Unternehmen und anderseits die Regierungen als Wettbewerber auf. Man kann auch von unterschiedlichen Ebenen des Wettbewerbs sprechen. Auf der Mikroebene konkurrieren die Unternehmen miteinander, hauptsächlich als Anbieter auf den Gütermärkten. Auf der Makroebene vollzieht sich der Systemwettbewerb zwischen Regierungen bzw. Jurisdiktionen um mobile Produktionsfaktoren, wobei zwei Instrumente eine Hauptrolle spielen: die Institutionen und die Infrastruktur. Man spricht in diesem Zusammenhang auch vom Standortwettbewerb. Diese Grundannahmen liegen auch der empirischen Forschung zugrunde.

Man kann feststellen, dass Estland im internationalen Vergleich der Wettbewerbsfähigkeit deutlich höher eingestuft wird als bei der menschlichen Entwicklung. Wenn Estland beim HDI um Platz 40 in der Welt kämpft, hat es in den Wettbewerbsfähigkeitsrankings lediglich Plätze zwischen 20 und 30 erreicht. Estland hat damit eigentlich die beste Position unter den neuen EU-Ländern, was sicherlich gute Chancen für die Konvergenz und eine Erklärung für die erstaunlich hohen Wachstumsraten bietet. Standort- und Systemwettbewerb wirken auch innerhalb EU und es wäre sicher falsch dieses Triebwerk durch übermäßige Harmonisierung auszuschalten.

Zum Beispiel gliedert das IMD in seinem *World Competitivness Yearbook* (WCY) die Wettbewerbsfähigkeit in vier Teilbereiche (makroökonomische Leistung, Effizienz der Regierung und der Unternehmen, Infrastruktur), wobei jeder Bereich durch viele Einzelindikatoren gekennzeichnet wird. Das IMD hebt insbesondere die gute Wirtschaftspolitik der estnischen Regierung und die makroökonomische Leistung des Landes positiv hervor. Hier hat Estland 2006 entsprechend die Plätze 11 und 12 erhalten. Eine Schwachstelle bildet aber die Infrastruktur (Platz 35), die zweifellos verbesserungsbedürftig ist. Insbesondere kritisch wird das Gesundheitswesen angesehen. Aber auch die Voraussetzungen für die Forschung sind kritisch zu betrachten. Hier ist es glücklicherweise möglich und nötig die nationalen und gesamteuropäischen Anstrengungen zu integrieren, z.B. im Lissabon-Prozess. Das zweite bedeutende Ranking stammt vom Weltwirtschaftsforum und wird jährlich im *Global Competitivness Report* (GCR) veröffentlicht. Hier wird seit 2006 eine stufenspezifische Bewertung der Entwicklungsfaktoren durch den *Global Competitivness Index* (GCI) vorgenommen. Dahinter steht die Vorstellung, dass die Länder normalerweise drei (ressourcen-, effizienz- und innovationsbasierte) Entwicklungsstufen durchlaufen, wobei jede Stufe spezifische Anforderungen für den Erfolg stellt (Tabelle 2). Estland hat im GCR 2007 insgesamt Platz 27 unter 131 Staaten bekommen, wobei die Makroökonomie und die technologische Reife Stärken aber die Marktgröße die (natürliche) Schwäche des Landes bildeten. Wenn wir aber eine detaillierte Liste[3] betrachten, merken wir auch die institutionellen Schwächen, die meistens mit dem Arbeitsmarkt verbunden sind. Nach Lohn-Nebenkosten und Rigidität der Beschäftigung nimmt Estland erst die Plätze 115 und 110 ein.

Tabelle 2: Die Komponenten der Wettbewerbsfähigkeit Estlands nach WEF

Entwicklungsbasis	Faktor	Rank 2006	Punkte 2006	Rank 2007	Punkte 2007
Ressourcen	Grundinstitutionen	31	4.67	34	4.74
	Infrastruktur	36	4.34	36	4.38
	Makroökonomie	15	5.87	14	5.85
	Gesundheit und Bildung	36	6.25	30	6.06
Effizienz	Hochschulen und Ausbildung	26	4.69	23	5.18
	Effizienz der Gütermärkte	25	5.01	27	4.95
	Effizienz der Arbeitsmärkte	23	4.74	26	4.76
	Effizienz der Finanzmärkte	39	4.76	31	5.10
	Technologische Reife	16	5.29	19	5.07
	Marktgrösse	81	3.36	91	2.89
Innovation	Entwicklung der Unternehmen *(Business Sophistication)*	37	4.38	44	4.39
	Innovation	32	3.69	31	3.75

Quelle: GCR 2006, 2007

Das WEF macht regelmäßig auch ein Spezialranking für EU-Länder, wobei das Lissabonziel als Kriterium dient (Lisbon Review 2006). Dort werden auch die einzelnen EU-Länder mit den USA und Ost-

[3] Insgesamt werden 171 Kennzahlen berücksichtigt.

asien verglichen. Für Estland entsteht ein Bild, wonach gerade Innovationen und F&E, aber auch Netzwerkindustrien die estnische Schwachstelle sind. Insgesamt nimmt Estland im EU-25-Vergleich den 12. Platz ein und wird wegen der günstigen Unternehmensumwelt gelobt.[4]

3.3 Wirtschaftliche Freiheit

Wirtschaftliche Freiheit wird in der Fachliteratur als der beste Indikator für die institutionelle Qualität einer Volkswirtschaft eingeschätzt und das ist wiederum neben dem Humankapital die zweite Säule in der modernen (institutionellen) Wachstumstheorie. Den Kern wirtschaftlicher Freiheit bilden (meistens vom Staat) geschützte individuelle Verfügungsrechte. Damit kommen schon die Messprobleme der wirtschaftlichen Freiheit zum Ausdruck. Es ist eine differenzierte Betrachtung des Staates notwendig. Keineswegs ist der Minimalstaat anzustreben. Um die Verfügungsrechte zu gewähren, ist der starke Staat nötig. Wo aber der Staat aus Eigeninitiative in die Wirtschaft eingreift, ist er für die individuelle Freiheit oft eine Behinderung und als solche abzulehnen (siehe auch Voigt, 164-165).

Die Geschichte der empirischen Messung der wirtschaftlichen Freiheit ist erst relativ kurz. In den 1980-en Jahren begann das *Fraser Institute* (FI) in Kanada eine entsprechende Arbeit und publizierte die erste Vergleichsanalysen (retrospektiv bis zum Jahr 1975) im Jahr 1996 (Gwartney/Lawson/Block 1996). Die *Heritage Foundation* (HF) veröffentlicht ihre Jahresberichte seit 1995. Es werden zehn Dimensionen berücksichtigt.[5]

---

[4] "Among the 2004 entrants, Estonia is the strongest performer, ranked 12th, just outside of the top 10. Estonia's information society is assessed as among the top five in Europe, with a government that is among the world's best in terms of providing online government services, and a high Internet penetration rate. Estonia's enterprise environment ranks sixth overall, as it is a comparatively easy place to start a business, with a low regulatory burden."

[5] HF gibt der wirtschaftlichen Freiheit folgende Erklärung:

- Business freedom is the ability to create, operate, and close an enterprise quicklyand easily.

In den FI- und HF-Rankings werden fast ausschließlich die Institutionen und die Politik, jedoch nicht die erreichte objektive Wirtschaftsleistung (*ability to earn*) begutachtet. In dieser Hinsicht spiegeln sie das Entwicklungspotential der Länder besser als die allgemeinen Kennzahlen der Wettbewerbsfähigkeit wider, die meistens eine Mischung des Potentials und des Erreichten anzeigen. Estland ist gemäß beider Kennzahlen wieder das erfolgreichste Transformationsland und hat seine Position in der Rangliste ständig verbessert.

Im HF-Ranking 2005 erreichte Estland sogar den 4. Platz in der Welt. Die Führung haben hier (wie auch beim FI) Hongkong und Singapur.

- Burdensome, redundant regulatory rules are the most harmful barriers to business freedom.
- Trade freedom is a composite measure of the absence of tariff and non-tariff barriers that affect
- imports and exports of goods and services.
- Monetary freedom combines a measure of price stability with an assessment of price controls.
- Both inflation and price controls distort market activity. Price stability without microeconomic
- intervention is the ideal state for the free market. Freedom from government is defined to include all government expenditures-including consumption and transfers-and state-owned enterprises. Ideally, the state will provide only true public goods, with an absolute minimum of expenditure.
- Fiscal freedom is a measure of the burden of government from the revenue side. It includes both the tax burden in terms of the top tax rate on income (individual and corporate separately) and the overall amount of tax revenue as portion of GDP.
- Property rights is an assessment of the ability of individuals to accumulate private property, secured by clear laws that are fully enforced by the state.
- Investment freedom is an assessment of the free flow of capital, especially foreign capital.
- Financial freedom is a measure of banking security as well as independence from government control. State ownership of banks and other financial institutions such as insurer and capital markets is an inefficient burden, and political favoritism has no place in a free capital market.
- Freedom from corruption is based on quantitative data that assess the perception of corruption in the business environment, including levels of governmental legal, judicial, and administrative corruption.
- Labor freedom is a composite measure of the ability of workers and businesses to interact without restriction by the state.

Alle baltischen Länder haben sich in den letzten Jahren um mindestens 20 Plätze im Ranking verbessert. Die älteren Marktwirtschaften weisen mehr Stabilität auf. Im Ranking 2007 steht Estland in Europa auf dem 4. Platz. Die Führung hat Großbritannien und die letzten Plätze nehmen die Ukraine und Weißrussland ein. In der Welt bedeutet das für Estland den Platz 12. Deutschland belegte hier z.B. den Platz 19.

Nicht viel anders sieht es in FI-Ranking aus. Estland hat die Position 8 in der Welt, Deutschland ist auf dem Platz 18.

Im Vergleich mit den alten EU-Ländern weisen die jüngere Marktwirtschaften einen höheren Anteil an Schattenwirtschaft und Korruption auf, obwohl Estland nach Angaben der *Transparency International* in dieser Hinsicht die beste Position unter den Transformationsländern hat. Auch der Finanzsektor ist in Estland vorbildlich. Der Preis dafür ist ausländisches Eigentum und eine hohe Konzentration in diesem Sektor. Gemeinsam für alte EU-Länder ist, dass die Regierungsgröße und die Fiskalpolitik jeweils die schlechteste Bewertung erhalten, haben aber Vorteile in der Rechtssicherheit.

Wenn wir die Marktordnung näher betrachten möchten, dann sollen wir die Weltbankdaten über die unternehmerische Freiheit (*Easy of Doing Business*) ansehen. Nach letzten Angaben steht Estland hier auf Platz 17, 4 Plätze höher als Deutschland. Für Estland ist der einzig richtig kritische Bereich der Arbeitsmarkt, wo das Land erst den 156. Platz belegt (19 Plätze hinter dem Deutschland). Estland bekommt die schlechte Note für die Flexibilität des Arbeitsmarktes in allen Aspekten (Anstellung, Arbeitszeit, Entlassung). Auch die Lohnnebenkosten sind mit 33% hoch. Insgesamt bedeutet das, dass Estland eine gute Wirtschaftsordnung geschaffen hat, aber immer noch in einzelnen Bereichen Reformbedarf hat.

3.4 Einfluss des EU-Beitritts

Zum Schluss untersuchen wir kurz die institutionelle (ordnungspolitische) Einwirkung des EU-Beitritts. Dafür vergleichen wir die Gesamtnote und die Komponenten der wirtschaftlichen Freiheit vor und nach dem Beitritt. Abb. 1 zeigt die Änderung der HF-Gesamtbewertung seit 1996.

Abbildung 1 Die Dynamik der wirtschaftlichen Freiheit in Estland 1996-2007

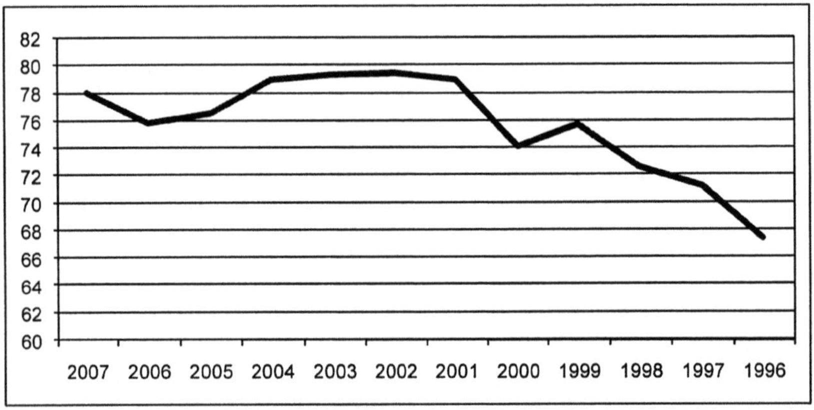

Quelle: Heritage Foundation

Bis zum Jahr 2001 ist eine mehr oder weniger ständige Erhöhung zu sehen. Danach kommt es zu einer Stabilisierung, wobei von 2003 bis 2006 sogar ein Rückgang zustande kommt. Direkt nach dem Beitritt ist die Gesamtnote um 4 Prozentpunkte gefallen – vom 79.5 auf 75.5, danach aber wieder gestiegen. Teilweise ist diese Dynamik kausal mit dem EU-Beitritt verbunden. Das sehen wir auch bei der strukturalen Betrachtung (Tabelle 2).

Tabelle 2 Komponente der wirtschaftlichen Freiheit in Estland 2004 und 2007.

Jahr	Regulierung	Handel	Staatsfinanzen	Regierung	Geldpolitik	Investitionen	Finanzsektor	Property Rights	Korruption	Arbeit
2007	80.0	76.6	89.7	66.8	83.0	90	90	90	64.0	51.2
2004	70	99.2	89.2	64.4	82.1	90	90	70	56.0	

Quelle: Heritage Foundation

Die Gemeinsame Handelspolitik der EU hat in Estland den vollständigen Freihandel ersetzt. Doch sind auch einige Erfolge zu sehen. Es ist zu vermuten, dass gerade die EU-Mitgliedschaft zusätzliche Rechtssicherheit mit sich gebracht hat. Ähnliche Einwirkung zeigt auch die FI-Bewertung. Estland hat durch den Beitritt sowohl gewonnen als auch verloren. Insbesondere positiv ist die Erhöhung von Sicherheit und Transparenz der Eigentumsrechte. Der Preis dafür ist aber der Protektionismus, der die frühere einzigartig liberale Politik ersetzt hat.

4 Ergebnisse

Wie diese Untersuchung zeigt, ist die Position Estlands nach dem erreichten Entwicklungsniveau zwar noch bescheiden, die Qualität der Institutionen jedoch sehr hoch. Nur die Arbeitsmarktregulierung ist dringend reformbedürftig. Durch den EU-Beitritt hat Estland sowohl gewonnen als auch verloren. Insbesondere positiv ist die Erhöhung von Sicherheit und Transparenz der Eigentumsrechte. Der Preis dafür ist aber die Zunahme des Protektsionismus.

Die Wettbewerbsfähigkeit ist auch insgesamt hoch. Doch bilden Innovationen und F&E, aber auch Netzwerkindustrien die estnische Schwachstelle. Erst Erfolge hier erlauben die bisher erreichten hohen Wachstums- und Konvergenzraten als nachhaltig zu betrachten.

Literatur

Ahn, S.; Hemmings, P. Policy Influences on Economic growth in OECD Countries: an Evaluation of the Evidence. OECD. Economics Departement Working Papers. No. 246. Juni 2000.

Aron, J. Political, Economic and Social Institutions: A Review of Growth Evidence. WPS/98-4. Centre for the Study of African Economies. Institute of Economics and Statistics. University of Oxford. August 1997

Aron, J. Growth and Institutions: A Review of the Evidence. The World Bank Research Observer, vol. 15, no. 1. February 2000, pp. 99-135

Bassanini, A.; Scarpetta, S. Hemmings, P. Economic Growth: the Role of Policies and Institutions. Panel Data Evidence. OECD. Economics Departement Working Papers. No 283. January 2001.

Beck, T; Laeven, L. Institution Building and Growth in Transition Economies. World Bank Policy Research Working Paper No. 3657. April 2005

Barbone, L., Zalduendo, J. EU Accession and Economic Growth. The challenge for Central and Eastern Europe countries. The World Bank, Policy Research Working Paper No 1721, 1996.

Engerman, S.; Sokoloff, K. Institutional and Non-Institutional Explanations of Economic Differences. NBER Working Paper Series. No 9989, 2003.

Erlei, M., Leschke, M., Sauerland, D. Neue Institutionenökonomik. Stuttgart: Schäffer-Poeschel, 1999.

de Haan, J.; Lundström, S.; Sturm, J.-E. Market oriented institutions and policies and economic growth: A critical survey. Research Paper Series. No. 5. Thurgauer Wirtschaftsinstitut. March 2005.

Holocombe, R. G. Public choice and economic growth. – The Elgar Companion to Public Choice. Cheltenham, Northampton. Edward Elgar, 2001, pp 628-644.

IMD. World Competitivness Yearbook. 2006, 2007.

Glaeser, E; La Porta, R.; Lopez-de-Silanes, F; Shleifer, A. Do Institutions Cause Growth? NBER Working Papers Series. Working Paper 10568. June 2004.

Gwartney, J., Lawson, R., Block, W. Economic Freedom of The World: 1975-1995. Vancouver et al.: Fraser Institut et al. 1996

Gwartney, J., Lawson, R. Economic Freedom of the World: 2005 Annual Report. Vancouver et al.: Fraser Institut et al. 2007

IMF. Growth and Institutions. - World Economic Outlook. April 2003, pp 95-128.

Heritage Foundation (HF). Index of Economic Freedom. 2007

Human Development Report (HDR). 2006.

Jütting, J. Institutions and Development: A Critical Review. OECD Development Centre Technical Papers No. 210. 2003

Knack, S.; Keefer, P. Institutions and Economic Performance: Cross-Country Tests Using Alternative Measures. Economics and Politics, 1995, 7: 207-227.

Murphy, R.; Pleva, P.; Sprout, R. Economic Reforms, Democracy and Growth in Eastern Europe and Eurasia. USAID/E&E/PO Working Paper Series on the Transition Countries. November 2005.

North, D. Institutions, Institutional Change and Economic Performance. Cambridge:Cambridge University Press, 1990. Tõlge eesti keeled: Institutsioonid, institutsiooniline muutus ja majandusedu. Tartu: Fontese Kirjastus, 2004.

Persson, T.; Tabellini, G. Democracy and Development: the Devil in the Details. CESIFO Working Paper No 1672. February 2006.

Rajasalu, T. Convergence in the European Union and Some Guidelines for Institutional Reforms in Estonia. – Factors of Convergence: a Collection for the Analysis of Estonian Socio-Economic and Institutional Evolution. Tallinn: Ühiselu, 2001, pp 3-37.

Rajasalu, T. Indicators of Economic Freedom and Economic Structure as Determinants of Growth and Convergence in Enlarging EU and Priorities for Estonia. – Essays in Estonian Transformation Economics. Tallinn, pp 7-32.

Rodrick, D.; Wacziarg, R. Do Democratic Transitions Produce Bad Economic Outcomes? American Economic Association Papers and Proceedings. Volume 95, no. 2 (May 2005).

Romer, P. Increasing returns and long run growth. – Journal of Political Economy, 94, 1986, pp 1002-1037.

Scully, W. G. Institutions, policy, and economic growth. – The Elgar Companion to Public Choice. Cheltenham, Northampton: Edward Elgar, 2001, pp 611-627.

Sepp, J. (2006). Effects of Institutional Factors and Human Capital on Countries' Economic Potential and Growth. Business Interaction in a Global Economy. Wilkes, Beijing: COPE International, 2006, (I), pp 69-82.

Sepp, J. (2007). The role of human capital and institutions in achieving economic growth. Estonian Human Development Report 2006. Tallinn: Eesti Ekspressi Kirjastuse AS, lk. 88-94.

Serres, A. Structural Policies and Growth: a Non-Technical Overview. OECD Economics Department Working Papers No. 355, 2003.

Solow, R.M. A Contribution to the Theory of Economic Growth. – Quarterly Journal of Economics, 70, 1956, pp 65-94.

Shirley, M. Institutions and Development. - Handbook of New Institutional Economics. Claude Menard and Mary M. Shirley eds. Norwood, MA: Kluewer Academic Publishers, 2005.

Sunde, U. Wirtschaftliche Entwicklung und Demokratie: Ist Demokratie ein Wohlstandsmotor oder ein Wohlstandsprodukt? IZA DP No. 2244. August 2006.

Tabellini, G. The Role of the State in Economic Development. CESIFO Working Paper No. 1256. August 2004.

Tabellini, G. Culture and Institutions: Economic Development in the Regions of Europe. CESIFO Working Paper No 1492. July 2005

Vijayaraghavan,M.; Ward, W. Institutions and Economic Growth: Empirical Evidence from a Cross-National Analysis. CIT Working Paper 001302, Clemson University Center for International Trade. March 2001.

Voigt, S. Values, Norms, Institutions and the Prospect for Economic Growth in Central and Eastern Europe. – The Economics of Property Rights II. The International-Library of Critical Writings in Economics. Cheltenham: Elgar, 2001, pp 303-337.

Voigt, S. Institutionenökonomik. Neue Ökonomische Bibliothek. München: Wilhelm Fink Verlag, 2002.

World Bank. Doing Business. 2007.

World Economic Forum. The Global Competitiveness Report 2007-2008.

World Economic Forum. Lisbon Review 2006.

Wrobel, R. Estland und Europa: Die Bedeutung des Systemwettbewerbs für die Evolution und Transformation von Wirtschaftssysteme. Tartu Ülikooli Kirjastus, 2000.

Diana Eerma; Jüri Sepp

Competition Policy's Role in Network Industries – Regulation and Deregulation in Estonia

Introduction

Current article analyzes the competition policy's role in network industries (energy, telecommunication and railway sector) from points of view regulation and deregulation and institutional aspects of the competition policy in Estonia taking into account the particular developments in some transition countries and practices, which seem to be relevant for further regulating developments in Estonia.

The main objective of this article is to find out, what type of institutional arrangement is suitable for regulating network industries in Estonia. Under the observation are institutional and organizational aspects of competition in abovementioned sectors. The article has two parts: First part focuses on particular law, which regulates network industries in Estonia; Second part analyzes institutional and organizational aspects of regulation and competition policy.

The connection between competition policy and regulation is not always clear enough and is complex problem. Some kind of rivalry between those two shows up in certain phases during the deregulation of an industry or the transformation of former state monopolies into competitive markets. As it has been pointed out, in practice, the conflict between competition policy and regulation often arises as one between competition authorities and sector-specific regulators (Kirchner, 2004).

From institutional economics approach competition policy is seen as application and enforcement of competition law by competition authorities and courts. Regulation in this context is as sector-specific regulation enforced by regulatory authorities and law courts. Competition policy is public policy instrument to prevent constraints on competition. The goal of competition policy is to keep markets free from restrictive practices in order to safeguard freedom of choice against business practices which have negative welfare effects.

Competition policy itself cannot create competition. It can only prevent or limit the effects of certain activities restricting freedom of competition. Of course there are limits to the effectiveness of competition policy, and there are markets in which competition policy will lead to satisfactory results and other markets which need regulation in order to attain the efficiency goal.

Competition authorities and sector regulators have different core competencies. These core competencies influence the types of tasks best accomplished by each. Sectoral regulation is frequently overseen by sector regulators. Sector regulators typically have extensive, ongoing knowledge of the technical aspects of the products and services that are regulated. Sector regulators are more likely better suited to technical regulation than competition authorities (The relationship between ... 2005).

1 Developments in Law: Regulation and Deregulation in Network Industries in Estonia

In general competition policy and regulation may be competing institutional devices in situations in which regulation is being cut back or abolished (deregulation) or in which former state monopolies will be transformed into competitive markets (transformation). Deregulation in this context can be viewed as a shift of regime, from regulation o competition policy. Transformation of state monopolies is a dynamic process and it is an essential part of economic policy in the European Union and its member countries.

The competition replacement with public regulation is economically reasonable only in exceptional areas and even here, only in essence of natural monopolies, for example, different supplying and distributional networks. Still, there is need to point out, that it concerns only managing the essence of monopoly – the networks, but it does not apply to their operating. Also the technological progress is capable to undermine the essence of natural monopolies as the mobile communication progress shows.

However regulation can reproduce competition policy as pointed out about competition policy's role in regulatory reform process by some authors (Wise 1998). Rules and regulators may have tried to prevent co-ordination or abuse in an industry and then it is just as competition policy does. For example, different regulators may apply different standards and changes in regulatory institutions may reveal that seemingly duplicate policies may have led to different practical outcomes.

In Estonia the corresponding law is in developing phase. The general framework here is designed by Competition Act Chapter IV. The §14 and 15 from the Chapter IV define the owner's essential facility accordingly the exclusive and sole rights, including the owner of the natural monopoly. There are also dopted several exclusive rights as following: Energy Act regulating the fuel and energy sector (1997, reformed as Electricity Market Act in 2003), Railway Act (1999, renewed version from 2003 is in force from 31.03.2004), Cable Communication (1999) and also the general Telecommunication Act (2000) and recently Electronic Communication Act (2004, 2007).

In the Competition Act the natural monopoly is observed as the base for dominant position. The natural monopoly is connected with property rights concerning the particular network or infrastructure, which is impossible or unreasonable to duplicate, but without the access to it there is no opportunity to operate in particular market. In such situation government and local governments have right to price control, it is "because the consumers of particular companies product or sellers to those companies cannot fall into essentially worse situation compare to the situation, when the free competition is in place in the particular sector" (§ 17). In theory the described approach is known 'just-as-conception'. Therefore the invisible hand of market is replaced by visible hand of state. The Act formulates also the main obligations of the monopolists (§ 18):

- Guaranteeing the access to the networks and infrastructure in reasonable and nondiscriminative conditions in order to supply or sell the products;

- Guaranteeing the transparency in accounting. Already the first Estonian Energy Act (RT I 1998, 71, 1201) met the principles of the European Union Internal Electricity Market first Directive (currently is in force the second Directive 2003/54/EU) and envisaged the obligations for network enterprises in terms of technical opportunities;
- Enable the direct connections between the producers and consumers;
- Offer the distribution services;
- Allow the accession with network.

Furthermore, the network enterprises we treated as been in dominant position in terms of the Competition Act, and there was envisaged the opportunity for price control and for that the necessary transparency in accounting. Practically the same principles are stated also by the new Electricity Market Act (RT I 2003, 25,153), but it is done by the regulation which is essentially detailed. Therefore, the Act is less transparent and carries more the sign of lobby work done by Estonian electricity monopoly – "*Eesti Energia*".

For Estonia has given the exception in opening up the electricity market in the EU accession treaty until year 2012, because of the protection oil-shale energy interests. Nevertheless, the technical preparedness for the opening up the electricity market is lacking in the previous EU member states as well. At the same time, it will be clear, does it serve the electricity import or export interests, because the adjustment of oilshale energy prices concerning the strict EU environmental rules is still in process. The current act in force gives the right to choose the electricity deliverer in so-called free consumers (consumption overcomes 40 GWh per year) until year 2009. From 2009, the free-consumer rights for major consumers will be guaranteed in a way, that their total consumption will make up at least 35% of the total amount of the market. Taking account the EU efforts for the opening up the electricity market in general, we may anticipate the pressure to Estonia for the acceleration of its electricity market opening process. The similar parallel has been shown through the hints to possible fines in case of delaying with regulation concerning the Estonian gas market.

In implementing the network charges Estonia follows the requirements of corresponding EU Directive (concerning the reconciliation and disclosure of prices *ex ante*). At the same time, the price regulation in general is stricter. New Estonian Energy Act (§ 75) requires besides the network charges to reconcile also the prices of electricity and its raw material and oil-shale prices with the Energy Market Inspection. It is probably inevitable until the real opening of the electricity market. In special literature, there has been opined, that state *ex ante* regulation of electricity prices will turn inessential even in case of small-scale consumers. This change assumes also progress in measurement technology in addition to opening the markets. Then analogically to telecommunication market, there is not any more in the first place the task of regulating the electricity prices by state, so far as the task of regulating charges of deliverer change.

The main problem still stays in network charges regulation or supervision in the future as well. Currently the EU Energy Act § 70 envisage not only three types of charges (accession charges, charges of using the network connection and charges of forwarding),but also the opportunities for their differentiation (essentially price discriminate on).Taking into account information asymmetry in favor of network enterprise, it stands as an extremely difficult task for Energy Market Inspection.

Herewith the preconditions for privatization of fuel- and energy sector are created – there is regulation mechanism replacing the competition. Unfortunately, the privatization process failed at the beginning of year 2000, because of poor (non-competitive) management of the process and political opposition. Those, who were against the privatization process, ignore opinions of political economy (especially capture theory). According to the theory, the state agencies, which control monopolies tend to represent more the interests of enterprises compare to consumers interests. This hazard is particularly major concerning in state monopolies by nowadays' concept. It is because here the enterprise leaders have more connections with politicians than in case of private enterprises.

Of course, the additional saving motives and advantages for effective action from that are used better in private enterprises. Differently from Energy Act, tries the Competition Act to stress another neutralizing mechanism of natural monopolies: replace the "competition in market" with the "competition for market". For that purpose the monopoly has to give in open offering according to the public procurement law (RT I 1995, 54, 883: 1996, 49, 953). In principle the idea is correct, but can not be the remedy in overall. The investments may give the advantage to those participants, who already are in the market longer time and who do not have to worry about cost-effectiveness of their investments and also get the better price offers in general.

When in energy sector the regulation has been functioning relatively steady (discontent is connected with the privatization), then much more criticized sector is telecommunication. The first object of criticism has been the cable communication law (RT I 1999, 25, 364). Here the local governments were allowed to divide their territories as the market shares for which the Communication Agency gave one or several permissions of cable TV. The one permission was issued in case, if the applicant engaged to offer the telephony service as well. Such opportunity for local monopoly provoked arguments against. There was the situation, where competition in one particular market (cable TV) was contributed because of another competition in telephony service market (even more important market).

The followed Telecommunication Act (RT I 2000, 18, 116) points out rather the supervision over the enterprises which have essential market power in telecommunication market. The attribute of the essential market power is 25% of market share. If the market share is more than 40%, then the corresponding articles of the Competition Act are applied. It is not obvious, why mobile communication market needs such special regulation, especially taking into account the highly concurrent oligopolistic market structure. In authors' opinion, there is enough implementing the regulation of enterprise in dominant position.

Also in the railway sector, the deregulation has been bringing up conflicts between the market participants. Especially concerned is the former monopoly "*Eesti Raudtee*" who is the owner of the infrastructure, because it lost the control over the railway transport service market. The new Railway Act is more radical compare to the first one, which required that "*Eesti Raudtee*" has to give to other enterprises 25% of infrastructure capacity. Because of the vertical integration of "*Eesti Raudtee*" the transport service market is managed by Railway Inspection at current time, whereby the totalamount of transportation is given to the open competition. There the "*Eesti Raudtee*" has to compete with others in the equal conditions.

General conclusion is that corresponding law has made significant developments in terms of observed network industries in Estonia recently, but the organizational structure of regulators is still in developing phase. In order to find suitable solutions for small transition country we focus on practical developments and benchmarks concerning the sector regulators and also competition authority.

2 Institutional Aspects of Regulation and Competition Policy

2.1 Developments in Regulation Practices in Sector-Specific Spheres

Historically, regulators have often been closely related to ministries that manage or managed incumbent firms. Perhaps as result, regulatory agencies are sometimes perceived as taking actions that appear to serve the interests of the firms being regulated. Greater independence both from political power and the regulated sector are crucial for avoiding these perceptions. In many countries, for example OECD countries, regulatory institutions have increased their levels of independence (The relationship between ..., 2005).

As the transition countries began restructuring and privatizing their infrastructure in 1990s, they looked to the countries that first had taken this approach, like Canada, United Kingdom, United States and Australia. But these countries have long traditions in regulating the infrastructure, dealing with monopolies and they also have long traditions of market capitalism supported by strong legal institutions. Complicated matters were caused also because state enterprises in transition economies were often organized to achieve political objectives, not to solve market failures (Guasch *et al* 1999).

It was clear that the transition countries are not able to achieve credible, stable and effective regulation of infrastructure overnight.

The main problems in transition economies concerning the shortcomings of institutional prerequisites for effective regulation were pointed out by World Bank Policy Research Report (Kessides 2004) and included following aspects:

- Separation of powers, especially between the executive and the judiciary.
- Well-functioning, credible political and economic institutions – and an independent judiciary.
- A legal system that safeguards private property from state or regulatory seizure without fair compensation and relies on judicial review to protect against regulatory abuse of basic principles of fairness.
- Norms and laws – supported by institutions – that delegate authority to bureaucracy and enable it to act relatively independently.
- Strong contract laws and mechanisms for resolving contract disputes.
- Sound administrative procedures that provide broad access to the regulatory process and make it transparent.
- Sufficient professional staff trained in relevant economic, accounting, and legal principles.

From best practices of developed countries there is well-known that the structure and process of infrastructure regulation determine how effectively it supports reforms and promotes efficiency and social objectives. For effective regulation of privatized utilities have crucial impact and importance those institutional requirements as coherence, independence, accountability, transparency, predictability and capacity.

By now the process in transition countries has been developed in quite different ways. Let's have a look to the process of regulation in sector-specific spheres in some transition countries in 1990s to 2000.

In Hungary the energy regulator's independence was ranked as limited by a lack of autonomous revenue, fixed-term appointments for the board of directors, and well-defined criteria for appointing and dismissing directors. Also civil service salary caps made difficult to attract qualified staff. In telecommunications the head of the sector's regulatory authority reported to the minister of transport and communications (Kessides 2004).

The Czech Republic was also found to lack independent regulators for energy and telecommunications – the situation occurred according the government's ambivalence toward specialized regulatory agencies in the early years of transition. As a result the Ministry of Finance had the final decision in regulating gas and electricity prices, while the energy regulator was part of the Ministry of Industry and Trade. Similarly, the primary regulator for telecommunications was part of the Ministry of Transport and Communications (*Ibid*).

In Poland energy regulator meets most of the formal requirements for independence. In Romania telecommunications regulation was find to lack any semblance of independence. The minister of industry and trade appoints the chair, vice chair, and three of the gas regulator's board of directors, ensuring ministerial control over the agency. Concerning the electricity sector it is pointed out that Romania and Bulgaria have taken bold steps to create independent regulators. Romania's National Electricity and Heat Regulatory Authority is a United Kingdom style independent entity, while Bulgaria's State Commission for Energy Regulation incorporates elements of United States style independent commissions (*Ibid*).

About Latvia the World Bank Policy Research Report indicates that multi-sector regulator has financial independence from state budget and has shown strong commitment to transparency and accountability.

But its independence is compromised by the close affiliation between its board members and the political parties that nominate them.

As seen from some practices of transition countries the processes of regulating the network industries still have to improve. In order to have more clear understanding about regulatory system practices let's focus on some country's cases more detail before analyzing the developments in Estonia.

2.2 Regulatory Institutions – Relevant Experience from Latvia, Germany and Netherlands

In Latvia the regulation of public utilities was performed by several institutions until October 2001. Energy Regulation Council (ERC) – an institution under supervision of the Ministry of Economy was responsible for regulation of energy sector. Ministry of Transport and its supervised Telecommunication Tariffs Council (TTC) carried out regulation in telecommunications sector. The main tasks of postal sector regulation were performed by the Communication Department of the Ministry of Transport (MoT). Railway Administration (RA) supervised by the Ministry of Transport regulated the railway sector. Practical experience showed that the regulation was rather inefficient due to fragmented institutions and limited resources available. Moreover such regulation system did not ensure an independent decision making process. The European Union reports on Latvia regularly emphasized the need to strengthen the regulatory process. Then, to change the situation and improve the regulatory system an institutional reform was implemented.

Already in January 1997 the Latvian government made the decision to set up a unified regulating institution in energy, telecommunications, post and railway sectors. After a four year period for legislation development a new public utilities regulation institution – Public Utilities Regulation Commission started its operation in October 2001 taking over the responsibilities of ERC, TTC, RA and MoT. The Regulator operates in compliance with the law On Regulators of Public Utilities, Regulator's statutes, sectoral and other normative acts. The Regulator is an institution supervised by the Ministry of Economy which is independent for performing the tasks set in legislation and the Council of the Regulator is appointed by the Seima.

A multi-sector regulatory model selected in Latvia is not typical for European countries. In Europe only some countries have multi-sector regulators, for example Luxembourg and Germany. However, the approach is widely used in the United States and Latin America. For example, multi-industry regulators have been successful in Costa Rica, Jamaica, and Panama and in the states of Brazil (Kessides 2004).

Multi-sector regulation model has several advantages in comparison with a single model, as it is possible to:

- Implement a unified approach in all the regulated sectors, for example, to apply a unified tariff calculation method in energy, telecommunications, post and railway sectors, have a unified procedure for issuing licenses, etc.;
- Take into account the convergence of technologies and services in the regulated sectors. In the world the traditional borders between the different sectors are nowadays disappearing fast. More active co-operation is observed between enterprises working in different sectors, for instance, between railway and telecommunications. Due to technological development, telecommunications take over a considerable part of functions earlier performed by postal offices. Energy utilities, in turn, are providing telecommunication services. Convergence of sectors creates the necessity to develop a unified system of regulation for all the sectors ant to apply equal regulation principles;
- Harmonize expected tariff changes in separate sectors thus preventing simultaneous price increase for public utilities and reduction of the economy's competitiveness;
- Attract and effectively utilize the intellectual potential;
- Make rational use of financial resources.

In Germany the Federal Network Agency for Electricity, Gas, Telecommunications, Post and Railway is a separate higher federal authority within the scope of business of the Federal Ministry of Economics and Labor, and has its headquarters in Bonn. In July 2005 the Regulatory Authority for Telecommunications and Post which superseded the Federal Ministry of Post and Telecommunications (BMPT) and the Federal Office for Post and Telecommunications (BAPT), was renamed Federal Network Agency. It acts as the root certification authority as provided for by the Electronic Signatures Act.

The Federal Network Agency's task is to provide, by liberalization and deregulation, for the further development of the electricity, gas, telecommunications and postal markets and, as from January 2006, also of the railway infrastructure market. For the purpose of implementing the aims of regulation, the Agency has effective procedures and instruments at its disposal including also rights of information and investigation as well as the right to impose graded sanctions.

The Federal Network Agency's decisions in the fields of electricity, gas, telecommunications and post are made by its Ruling Chambers. The undertakings directly concerned may participate in the Ruling Chamber proceedings. The business circles affected by the proceedings may be summoned.

The Federal Network Agency's decisions are based on the Telecommunication Act, the Postal Act and the Energy Act and can be challenged before court. In case of legal dispute neither the Regulatory Authority nor the Federal Ministry of Economics and Labor (BMWA) can quash the decision made by the Ruling Chambers. In contrast to the provisions of the Act Against Restraints of Competition (GWB) a so-called ministerial decision is not foreseen.

The rulings by the Ruling Chambers on telecommunications and postal matters may be challenged directly before the Administrative Courts, and before the Civil Courts if energy matters are concerned. A procedure is not foreseen. Proceedings on the main issue do not have a staying effect.

Conclusion here in general is quite complicated to draw from the experiences of competition creation in sector-specific spheres, because as it has been recognized from the analysis, the competition creation has been developing in different ways. Besides the discussion about regulatory institution type in network industries there has been under observation the relationship between competition authorities and sectoral regulators (Global Forum on Competition). This particular discussion has been started lately (in July, 2007) in Estonia as well. Still one is clear, that sectorspecific regulators and national competition authority have to cooperate in regulation for competition. How to ensure that this cooperation is successful and efficient?

One way to ensure consistency with respect to competition decisions is to unify regulator and competition authority. In this approach towards competition law enforcement of a sector regulator and a competition authority have to merge the regulator with the competition authority. One example of merging a regulator with a competition authority occurs in the Netherlands, where the government has created chambers within competition authority (NMa) for sector regulation. The energy regulator in the Netherlands, the Office of Energy Regulation (DTe) is placed under the oversight of the competition authority, the NMa. DTe is responsible for the implementation and supervision of the Electricity Act of 1998 and the Gas Act of 2000. In 2004, the Office of Transport Regulation was set up as another chamber in the NMa. The chamber model allows highly specialized knowledge related to sectors exist within the structure of a competition authority focused on broad issues of improving competition. (The relationship between …, 2005). This structure helps in ensuring the consistency in application of competition law. If competition authorities are responsible for competition law application in some areas and sector regulators are responsible in other then ensuring such consistency can be complicated task. If there has been decided in favour of independent regulatory agency then still the question stays – what is the best solution for regulatory agency. Should the government create industry-specific regulators or a single agency with a broader mandate. For further suggestions we analyze the present institutional position of the Estonian Competition Board and its activities.

2.3 Competition Authority in Estonia

There is a large variety in terms of competition policy organization in the international practice. At the same time, in theory has been stressed the partial similarity to monetary policy institution – necessity to protect the long-term economic interests from the daily political problems. Therefore has been often recommended that competition policy body should be relatively independent from executive power.

Looking at the experience of small countries we see the endeavor to separate the investigation of competition law violations from corresponding decision making. At that the decision making body (Competition Council in Finland and Denmark, Cartel Court in Austria) is staffed by participation of parliament, king or president of the country. In Switzerland the social cartel commission formed by parliament has important role. The competition policy bodies have an important role also in some transition countries. In Hungary the President of Competition Board, who is appointed by the President of country for six years, is participating in sessions of parliament and government. In Latvia by the law from 1997, the Competition Council from legal person is the supervisory body. The members of the Council are appointed by government for five years, but one government cannot recall the council member appointed by itself. This should help consolidate the independence of decision council. The status of council member is not connected with the parliament membership. Therefore the different methods are used in order to achieve one goal – to protect the independence of competition policy from government daily policy. In Estonia the Competition Board (Figure 1) has unusually weak position in the state structure. It is as usual state board subordinated to the Ministry of Economic Affairs and Communications.[1]

Probably is that fact reflecting most clearly the understanding that competition policy has secondary role in small open economy. In authors' opinion the stressing of foreign economic policy cannot lead to underestimation of processes in internal market.

[1] The last change in the Act enacts also the cooperation with European Commission according to the Act of EU Council 1/2003.

Figure 1 The Organizational Structure of Estonian Competition Board.

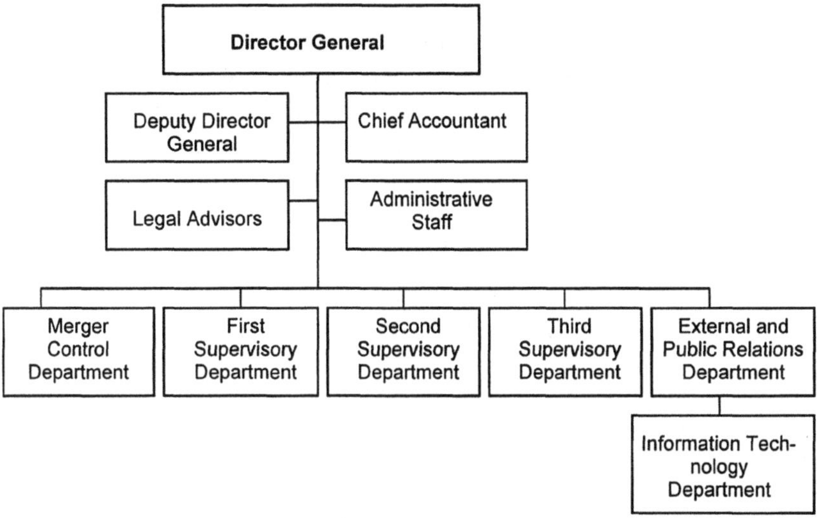

(Source: Estonian Competition Board).

The effectiveness of competition policy also depends on cooperation of executive body and court power. The new Estonian Competition Act foresees new solutions in work allocation between competition board and courts. The Competition Board is responsible for discovery the violation of law.[2] In case of impediment the proceeding the Competition Board may make precepts to natural or legal persons. In the failure to comply with a precept the Competition Board may impose a penalty payment (§ 62).[3] The violations of law in contents are looked by last changed law firstly as misdemeanour for which shall be sanctions: for physical person fine or arrest; for legal person fine up to

[2] In 2003 the Competition Board had enforcement activities concerning enterprises in total number of decisions 71. From which 21 cases were in abuse of dominant position/monopolistic power in the market, 2 cases of cartel agreements, 9 cases on other prohibited (horizontal and vertical) agreements, 39 cases of control of mergers, concentrations and acquisitions.

[3] For natural person up to 50 000 and for legal person 100 000 EEK.

500 000 EEK. This last one is essentially modest compare to relatively usual rate, which was also in the former versions of Estonian law – up to 10% from previous year turnover. At the same time, there is complemented also criminal procedure, which gives first time the possibility to take criminal liability natural person, who are in fault in impairing the competition if there has been applied the punishment for the same misdemeanor before. The sanctions are in form of the fines or up to 3 years imprisonment. Though it is Estonian peculiarity at the first place and there is no hurry to cancel it as the competition board pursues, because the discussion continues at European level.

In Table 1 there are given activities of the Estonian Competition Board. This indicates the range of activities done by competition authority.

Tabelle 1 Activities by the Competition Board in 2005

Cases	*Initiated proceedings*	*Decisions made*
Prohibited agreements and concerted practices	7	8
Abuse of dominant position	22	20
Merger control	37	40
Total cases	66	68

In the context of competition authority position in the state structure in Estonia, there is need to point out the issue concerning the relationship of the Estonian Competition Board with state regulators of independent branches of economy. As seen from international practices there is discussion about the expediency to combine them. Here we can find the arguments from both sides as in favor and as against. Nevertheless, in small country (especially in transition period) the combining should strengthen the general status of competition policy and administrative capacity. Because all the regulators have at least one common task – control over the dominant enterprise, no matter *ex ante* or *ex post*. The Supervisory Inspection at Bank of Estonia (*Eesti Pank*) could be set an example.

In terms of developments concerning the institutional structure for competition policy implementation is also useful to consider experience and practices from countries which have had success in particular spheres.

From former experience of other countries is known that establishing separate agencies for regulating gives possibilities to recognize the unique economic and technological characteristics of each infrastructure industry and enables regulators to develop more detailed industry-specific expertise. It also reduces the risk of institutional failure and encourages innovative responses to regulatory challenges.

Implementing the model of one regulator for several industries makes possible to share fixed costs, scarce human and other resources. Also consolidation builds expertise in cross-cutting regulatory issues: administering tariff adjustment rules, introducing competition in monopolistic industries, and managing relationships with stakeholders (Kessides 2004). In addition, the broader responsibilities of a multiindustry agency reduce its dependence on any one industry and so help protect against capture and may be better able to resist political interference because its broader constituency gives to it greater independence from sector ministries.

Authors recommend for Estonia primarily the regulatory institution model implemented in Latvia, where different sector regulators are aggregated into one institution – the Public Utilities Regulation Commission. This example of combined regulatory institution allows to ensure regulatory consistency, technological convergence and also make better use of human and financial resources. Because small economies have limited human and financial resources the particular model of regulatory institution gives an opportunity for merging regulatory responsibilities. Under the consideration should be the model of regulator and competition authority unified institution, which has been implemented in Netherlands, as next step in developments of regulating network industries. This solution of unified institution will ensure internal consistency with respect to competition decisions and increase the authority of competition policy.

In addition, there are some other arguments for one regulatory institution as market substitution aspect between the output of regulated industries – especially between electricity and gas, and also between modes of transportation and telecommunications. One has also take into consideration reasons arising from scarcity of expertise and vulnerability to political and industry capture in small transition economies.

Conclusion

There are markets in which competition policy will lead to satisfactory results and other markets which need regulation in order to attain the efficient goal. Competition authorities and sector regulations have different core competencies. In the process of applying competition laws in regulated sectors, competition authorities can benefit from the technical expertise of sector regulators and should seek to co-operate with sector regulators to benefit from this expertise.

Nevertheless the competition replacement with public regulation is economically reasonable only in essence of natural monopolies, for example different supplying and distributional networks. There it concerns only managing the essence of monopoly – the networks.

In Estonia the corresponding laws which regulate network industries have been developed significantly in recent years, but the institutional structure is still in developing phase. For finding the suitable solution of regulating arrangement in network industries the experience of regulatory institutions in Latvia, Germany and Netherlands has been under the observation by authors. One possibly suitable model of regulatory institution for Estonia seems to be a multi-sector institution where different sector regulators are aggregated. This type of combined regulatory institution reduces its dependency on any one industry, protects against capture, ensures the regulatory consistency and also makes better use of human and financial resources, which are limited especially in small economies. The next step further from the multi-sector regulatory institution is merging sector regulators with a competition authority.

Literature

Guasch, J.; Hahn, R. (1999). The Costs and Benefits of Regulation: Implications for Developing Countries. The World Bank Research Observer 14 (1): pp. 137-158.

Kessides, I. N. (2004). Reforming Infrastructure: Privatization, Regulation, and Competition. A copublication of the World Bank and Oxford University Press. 306 p.

Kirchner, C. (2004). Competition policy vs. regulation: administration vs. judiciary. In: International Handbook of Competition. Edited by Neumann, M. and Weigand, J., Cheltenham, Northampton, Edward Elgar, pp. 306-320.

Regulatory authorities for electricity, gas, telecommunication, post and railway in Europe. http://www.bundesnetzagentur.de.

The Relationship between Competition Authorities and Sectoral Regulators. (2005). Global Forum on Competition. Directorate for Financial and Enterprise Affairs Competition Committee, 14 p.

Wise, M. (1998) The Role of Competition Policy in Regulatory Reform. Background Report, 47 p.

Internet Resources:

http://www.konkurentsiamet.ee

http://www.minez.nl

http://www.sprk.gov.lv

Alexander Libman

Big Business and Quality of Institutions in the Post-Soviet Space: Spatial Aspects

1 Introduction

The main challenge of the economic transformation in the post-Soviet space[1] – for both theoretical and practical issues – is the complexity of relations between different aspects of what is called "triple transition" (Offe, 1991): transformation of economic order, of political order and development of new independent states. In fact, the latter aspect could be even placed in a broader context. The problem is not only the development of new institutions on the state level; it also comprises the changes in the international political and economic relations (in fact, the very existence of this level is a result of the transformation process and the collapse of the Soviet Union) and the relations between national and subnational authorities (in particular, within the framework of federalism, like in Russia; however, the issue seems to be relevant for other countries like Ukraine as well): in what follows I am going to refer to this complex network of relations as "spatial order of authority". So, it is likely that in order to understand the driving forces behind the development of the economic order it is necessary to study how to changes in political and spatial order influence the quality of economic institutions.

From the point of view of the spatial organization of authority two aspects should be considered. First, the allocation of power between different levels of governance and the structure of international re-lations are important factors influencing the governmental reform policies through both changes of constraints and of economic in-centives (Oleinik, 2006). Second, the existence of barriers between jurisdictions can both limit the interregional and international exchange and therefore have an impact on economic development or facilitate the trade and investment relations. In the last case it does not only influ-

[1] This paper defines the post-Soviet space as twelve former Soviet republics, which are currently members of the Commonwealth of Independent States (CIS).

ence the economic performance directly; it is also a factor of strengthening the institutional competition between jurisdictions, which also has an impact on the behavior of the governments. How-ever, the development of the spatial order of authority also depends on multiple non-governmental actors, in particular private business, which partly appears as a result of economic reforms.

This paper aims to study the interrelations between the spatial order of authority in the post-Soviet space and the development of big business. It focuses on two particular cases: the development of the Russian Federalism and the international economic integration within the frameworks of the CIS and two related projects: Eurasian Economic Community and Common Economic Space. In fact, al-though this is rarely recognized, these two processes (the development of the Russian federalism as a process of permanent re-designing the power relations between regions (for the theoretical framework of process-oriented analysis of federalism see Feld, 2007) and the post-Soviet integration) seem to be an interesting case of comparison. First, both systems of institutions developed in a similar economic frame-work and faced similar problems. Second, they appeared simultaneously as two different attempts to cope with the dissolution of the Soviet Union. In fact, in the early 1990s both independence of new states and stability of Russian Federation with its secessionist republics were questionable: put it differently, it was not obvious, that Belarus will remain a separate state while Tatarstan will be part of the Russian Federation. Third, at least in Russia until recently (probably 2004-2005) the policy towards the CIS countries and the regions of the Russian Federation was developed according to the common framework; the situation seems to have changed only after the "orange revolution in Ukraine".

Both Russian federalism and the post-Soviet space experienced similar development in the early 1990s: the weakening of the central authority in Russia led to the fragmentation and disintegration of internal market, and failure of the integration project resulted in increasing barriers for trade and investments in the CIS. At the latter stage the situation from the point of view of the interaction of local markets changed: Russian market evolved towards higher integration, and in the CIS investments of Russian enterprises and business networks supported the active process of "regionalization from bellow". However, the results of development of the spatial orders of authority in these two systems are completely different: while Russia, after a period of decentralization evolved to a highly centralized federation, the CIS and further regions, in spite of several re-integration attempts and active Russian policy, developed to vague and weak unions without any impact. So, this difference is also an interesting puzzle, which is worth studying.

The paper is organized as follows. The next section discusses the fragmentation of the markets in the post-Soviet space and in Russia and the impact of private businesses on this process. The third section deals with the integration of markets through activities of large corporations. The fourth section deals with the indirect impact of market integration on the governmental policy and also discusses the potential differences between the development paths of two institutional systems. The fifth section focuses on institutional com-petition as result of market integration and on its ambiguous effects. The last section concludes.

2 Disintegration of markets and the big business

The first half of the 1990s was marked by the strong process of disorganization (Blanchard and Cremer, 1997) in the post-Soviet countries: the dissolution of economic ties existing in the Soviet Union alongside with absence of market institutions in the society supported the fragmentation of economic activity and contributed to the recession. Although the organization of "old" ties resulted not from evolutionary process of market competition, but from centralized planning in an autarky and therefore was obviously inefficient, the emergence of new network of business relations required time and effort; the "institutional interregnum" therefore became a period of economic decline. A crucial element of disintegration was the deficit of law (multiple loopholes in the existing legislation and poor enforcement of property rights and contracts) and the deficit of trust (preventing the development of informal institutions as alternatives to the absent formal legal framework). Finally, the demonetization and economy of arrears also supported the fragmentation of economic activity.

A significant part of the overall fragmentation process was the geographical fragmentation of the internal market of the Russian Federation. There is a large literature on integration of the Russian market based mostly on analysis of the "law of single price", which should hold in an integrated market.[2] The empirical results show that in 1994-2000 only 36% of Russian regions were integrated with the national market, and 44% moved towards integration. Until 1994 the disintegration trend dominated; although it was replaced by a certain integration trend later on, the degree of integration still remained extremely low. The disintegration was strongly influenced by the geographical distance, the dominance of organized crime in individual regions and economic development before the reforms. The internal policies of regional governors were important: the so-called "red bellow" region with Communist governors was significantly less integrated in the Russian market than the rest of the country. Surprisingly, the international and internal integration of Russian regions were negatively correlated.

An important factor for the geographical fragmentation was the "provincial protectionism" practiced by the majority of Russian regions. On the one hand, Russian Federation after 1994 had formally a highly centralized structure with relatively limited authorities allocated to regions according to the constitutions. However, regional governments were actively involved in both bilateral bargaining with the federal center resulting in the system of power sharing treaties and in unilateral devolution activity. Many influential regions were quite successful in developing their own "loyal" business groups under control of local governors. From this point of view, interests of these business groups often contributed to the development of regional protectionism. First, regional governments practiced direct controls for the interregional

---

[2] The evolution of internal market (dis)integration in Russia is well documented in Gluschenko (2002; 2002a; 2004; 2004a; 2004b; 2004c; 2006; 2007); Berkowitz and DeLong (1999; 2001; 2005); Gluschenko and Koneva (2004); Gluschenko and Kulighina (2006); Gluschenko and Klimich (2007) and Kopsidis (2000).

trade and factor movement to maintain local monopolies (Kolomak, 2005). Second, the "regional protectionism" also included the "protection" of local "loyal" business groups from federal legislation. For example, regional enterprises were able to accumulate significant tax arrears and to avoid federal taxation due to support of the regional governors (Cai and Treisman, 2004; Ponomareva and Zhuravskaya, 2004; Plekhanov, 2006). In fact, regions were able to capture local tax authorities and seem to be much more active in collecting regional taxes than the federal ones (Libman and Feld, 2007). In several cases regions also protected their enterprises from hostile takeovers and bankruptcies (which have an important disciplining function in a market economy).

Besides the fragmentation of the markets, there were further negative implications of the regional protectionism for the institutional development. Because of the limited formal authorities of the regional governments, in many cases the protection took form of the in-volvement of regional business of semi-legal activity running against federal legislation, but informally "supported" by the regions. Therefore the regional protectionism often increased the share of shadow economy activities in the Russian Federation, supporting the development and the broadening of respective practices in the business community.

What was the impact of the federal big business on the fragmentation of economic space? In Russia the first wave of development of large business groups on the federal level started in 1994-1995 through the process of privatization. Private banks were able to establish significant industrial holdings with Russian-wide presence. However, this "first wave" or "regional expansion" did not really support the market integration. First, most business groups developed as relatively vague conglomerates without internal ties between businesses; a clear strategy of development was absent. Hence, the interest towards reducing the barriers for the interregional trade was limited. Moreover, the bargaining power of business groups was still relatively weak, and their ability to use federal center as an instrument of protection against local governors was also limited because of extreme weakness of the federation. In fact, several business groups, although formally with an interregional presence, focused on establishment and support of regional monopolies, e.g. in petroleum sphere (Eskindarov, 1999). The crisis of 1998 ruined the majority of banking groups and was used by regional authorities to initiate a wave of bankruptcies of assets controlled by large business groups and to re-integrate them into regional holdings. Therefore the federal business groups were not successful (and, actually, not willing) to support the re-integration of the economic space (Zubarevich, 2005). The state-owned business groups, although present in all regions, were weakly governed and hardly controlled by the federal government, therefore also unable to prevent the fragmentation of markets.

The fragmentation of the trade and economic relations within the FSU seems to be an obvious outcome of the dissolution of the Soviet Union. The empirical evidence shows that the development of new borders indeed had a significant impact on the trade patterns (Djankov and Freud, 2002) and that the problems for cross-border trade within the CIS contributed to the economic decline (Bevan et al., 2001; Linn, 2004). The integration attempts within the framework of the CIS and later of individual regional integration groups turned to the "ink on paper" integration quite fast. The majority of legal acts of the integration groups were not implemented. Countries ignored regional trade agreements and introduced unilateral protectionist measures (actually, it is true also for Russia, in spite of its attempts to support the regional integration). Even the most "loyal" partner of Russia, Belarus, introduced significant barriers for Russian goods (e.g. restrictions on share of foreign production in retail trade). The formal attempts to support the integration "on the enterprise level" like the establishment of "transnational financial-industrial groups" – com-munities of enterprises organized through the top-down approach – were also unsuccessful.

The reasons for the failure of the formal post–Soviet integration include a variety of factors (Libman, 2007). However, a significant element influencing the problems of regional integration in the 1990s was the position of Russian business. The trade between post-Soviet countries was mostly organized through two main channels: the informal semi-legal and illegal trade, mostly carried out through small and medium-size businesses and vast intermediation networks, and trade of large business groups, usually maintaining a quasimonopoly position due to the technological specifics of their counterparts. The intermediaries obviously have a vested interest in the existence of trade barriers, since they gain exactly from being able to find loopholes in protectionist borders; but also the large technological quasimonopolists seem to have benefited from the specific structure of trade between post-Soviet countries (Yevstigneev, 1997). Finally, most post-Soviet countries in the 1990s experienced the development of powerful business groups based on privileged relations to national governments (with only view exceptions where no large-scale privatization and liberalization was implemented). Even a delay in economic reforms was effectively used by business groups to gain from "informal" privatization with its intransparent channels and high corruption (Ukraine is the a good example of this process). Obviously, the attempts to gain control for assets and markets required the protection from abroad, and therefore made the full-scale economic integration impossible.

To conclude, fragmentation of both Russian internal market and economic relations between the CIS countries resulted to an important extend from the protectionist measures of governments, which were influenced by the interests of emerging regional business groups. Therefore business interests contributed to degradation of economic institutions in the post-Soviet space.

3 Integration of markets and the big business

The statistical evidence presented above suggests, that the fragmentation of the Russian market went down towards the end of the 1990s. After a period of disorganization the spatial integration of local markets became more important. At the same time, position of large business groups changed dramatically after 1998. Since the cheap income opportunities through acquiring federal bonds dis-appeared, business groups had to seek new opportunities of growth and expansion, which were connected with regional presence. Economic growth increased relative power of business groups vis-à-vis regional governments. The internal logic of development of business groups changed: many of them moved from conglomerates to vertically integrated production networks (Galukhina and Pappe, 2006), therefore receiving a vested interest in the reintegration of markets. Moreover, private business was able to gain support of the federal government, which became increasingly important after 2000. The public corporations in the field of infrastructure already present in most Russian regions became more active and therefore also influenced significantly the regional policy. These changes also influenced both bargaining position of business groups vis-à-vis local governments and their desire to support economic integration of the Russian regions. In the early 2000s many regional administrations in Russia were directly or indirectly controlled by the interregional business groups (Orttung, 2004). In fact, after 2000 businesses tried to "compensate" the loss of power on the federal level by increasing their impact on the regional level. It is possible to argue, that large business became a driving force of re-integration of Russian internal market.

The impact of business was important in two aspects. First, the business activity of regional groups was important for the development of interregional trade networks and therefore to the increasing interdependence of markets. The supply chains between different regions were created or re-established. Second, however, the impact of businesses on regional governments was important. New interregional business structures supported the lowering of pro-tectionist borders between Russian regions. The empirical evidence (Guriev et al., 2007) suggests that regions where interregional corporations were the main lobbyists exhibited a lower degree of protectionism. The reasons are straightforward: integrated production of business groups was often located in different regions, and therefore regional protectionism on the markets increased the costs. Moreover, regions with strong business influence became less prone to enter the conflicts with the federal center (Speckhardt, 2004). On the one hand, business groups were interested in relative stability of their position, which could be challenged in case of conflict of elites: the property rights in Russia still remain a function of political support rather than of the law. On the other hand, business often used federal center as instrument to oppose local elites and the associated business groups. The result was a significantly lower degree of regional protectionism and of conflicts between regions and the federal center as a consequence of expansion of large business.

The regional expansion of Russian business and the exhaustion of available assets in Russian regions also supported a new trend in the development of the post-Soviet space – the international expansion of Russian corporations. In particular, Russian business was especially active in the post-Soviet space. Although the top-down integration initiatives remained as inefficient as in the 1990s, the post-Soviet space therefore experienced an active process of bottom-up in-tegration, or regionalization. This combination has already been observed in other regions of the world. For example, in South East Asia the regional integration was driven by the investments of Japanese corporations and transnational Chinese business networks. Similar forces were at work in the post-Soviet space: since they are by far less known than the problem of integration of internal Russian market, some empirical facts should be probably presented.

On the one hand, the permanent migration from the post-Soviet states to Russia caused by conflicts and wars (typical for the 1990s) was replaced by the regular work migration. The business networks organized by migrants resemble similar processes in East Asia. On the other hand, the investment activity skyrocketed. While in 2000 the overall Russian investments in the CIS (according to the date of the Russian official statistical authority) accounted for about US$ 130 mln., in 2006 it made out US$ 4,128 mln. One should be aware of the fact, that in 2006 the structure of Russian investments in the CIS changed significantly as compared to the previous years due to large investment inflow in Ukraine. In 2006 this country was also the main recipient of Russian investments worldwide. CIS accounts for about 26.6% of the total Russian foreign investment stock. There are, however, good reasons to believe, that even these optimistic figures systematically underestimate the Russian investment activity in the CIS. The origin of investments can often be hardly identified correctly; moreover, the statistical authorities often not properly record investment flows because of use of offshore companies and intermediaries, shadow schemes (which did not play an important role for Russia's investment activity in industrialized countries) and differences in statistical procedures of different countries. According to a study by Crane, Peterson and Oliker (2005), foreign investments from the offshore jurisdictions, which could be "suspect" of having Russian origin, exceeded formally registered Russian investments in Ukraine by more than 200%. In 2000-2004 Kazakhstan's estimate of Russian investments in this republic exceeded the Russian data by more than three times. Hence, alternative estimates of investment activity could be helpful. According to the UNCTAD databank on M&A and MMBA International Business Association, mergers and acquisitions in the CIS made out about one half of the total number of the M&A deals of Russian businesses in 2000s.

The main industries where Russian FDI is concentrated are telecom and oil and gas sector. The latter seems to be an evident goal of Russian businesses, since oil and gas corporations play the dominant role in Russia's economic structure and, hence, have potential needed to be actively involved in investment activity abroad. Moreover, this field remains heavily influenced by political factors. On the contrary, Russian Big Three telecom companies' involvement in the CIS seems to be mostly driven by purely economic considerations, while Russian investors currently control the dominant share of the mobile service providers market in the CIS. It is worth noticing, that Russian big business constitutes only one segment of the overall Russia's investment activity in the CIS (moreover, it is only the most "visible" part of the overall investment activity). Other main actors include wealthy individuals and small companies without significant presence in Russia, but with important role in the CIS, as well as ethnic networks.[3]

To conclude, after 1998 Russia and after 2000 the post-Soviet space became a field of active expansion of Russian business groups. In Russia they were able to re-integrate the national market by both establishing commercial links between local markets and lobbying lower regional protection. In the CIS, however, the situation was different: the regionalization was not followed by formal regional economic in-

---

[3] Crane, Peterson and Oliker (2005), Vahtra (2005) and Libman (2007) provide a detailed account of the main actors of the Russian FDI activity in the CIS.

tegration. Two questions remain unanswered: first, how does this re-integration process influence the quality of institutions? And second, what are the reasons for differences between the CIS and Russia? The next section examines these two issues in greater detail.

4 Political centralization, power relations and integration of markets

The development of the market integration represents only one side of the transformation of the Russian economy and politics since the late 1990s. Another aspect was the increasing political centralization and strengthening the federal center vis-à-vis regions. One of the first acts of the new president was to regain control over the federal political structures in regions (what was called "strengthening the vertical of power"): in 2000 seven new federal districts were established, where presidential representatives (mostly with a background in the military or security service) obtained the right to oversee the selection and placement of personnel in local branches of federal authorities (Ross, 2003). Furthermore, regional governors lost a significant part of their influence because of institutional changes (like the reform of the upper chamber of the Russian parliament, the Federal Council, or the right of the president to remove a governor from his office; see Hyde, 2001) accompanied by a strong public support for the new president. Whether this process was able to change completely the informal power relations of the Russian federalism is questionable (Chebankova, 2005; 2007); however, the fact of increasing centra-lization in Russia after 2000 is beyond any doubts.

The activity of business groups fighting regional protectionism and opposing conflicts in the federation-region relations seem to have been instrumental for this re-centralization. To a certain extend, they limited the readiness of regional governments to oppose the centralization trends and created incentives for supporting the new policy of the federal government. However, while the market integration seems to be a process associated with increasing quality of institutions, the political centralization is much more ambiguous. In fact, whether the regions or the center are more prone to rent-seeking is an old debate in public economics: one could trace it back to Madison with his idea of "dilution" of influence of powerful local interest groups on the local level and Montesquieu, who considered the centralization a process of loosing public control over governments. The current empirical literature on Russia is also: Desai et al. (2005) show, that there is a positive relation between some specific indicators of economic performance of the regions and the retention of taxes in Russia; but Haaparanta and Juurikkala (2007) claim that in municipalities with higher local fiscal autonomy firms pay higher bribes. In Russia, as the experience of the late 2000s shows, the recentralization was instrumental for the overall con-centration of political power in the country, which finally resulted into re-nationalization trend and reform blockade.

While in Russia market integration and re-centralization seem to be interconnected, in the CIS the process was different: although Russian corporations significantly increased their presence in the post-Soviet economies in the 2000s, the attempts of Russia to increase its political influence in the region were completely unsuccessful. The experience of Russia's interventions into the political process in the post-Soviet countries is usually dismal for Russia, and the formal institutions of the post-Soviet integration remain as inefficient, as they were. What is the driving force behind this difference? One possible explanation is related to the structure of market access property rights. The idea of market access rights (MAR) was developed by Herrmann-Pillath (2005) and can be used to describe the process of regional economic integration as exchange in MAR, which individual countries posses. An MAR defines the right of an enterprise to sell goods or make investments in a respective country. This right is granted by the government, which therefore possesses property rights on MAR. However, usually MAR are granted not to specific enterprises, but to a group of businesses – often all businesses of a particular foreign country. Therefore the MARs can be exchanged and traded between countries "possessing" them. The development of this market is crucial for the success of the integration process. A similar exchange takes place if the internal centralization is considered: individual regions through the regional protectionism measures obtained the right to allow some enterprises to make business in their jurisdiction, and could exchange the MAR against other benefits or MARs from other regions, but quite often also from the central government.

However, the nature of the property rights on MAR of new independent states and of local governments in Russia was completely different: while the members of the CIS received formally recognized property rights on MAR based on their internationally recognized sovereignty, Russian regions could "capture" informal property rights on MAR, based on the power relations with different central agencies. As noted above, the formal structure of the Russian federalism has been highly centralized since 1994. The advantages of regions were based on informal controls like tax auditing and tax collection or use of money surrogates in order to organize payments to the regional budget. Obviously, the informal property rights were much more sensitive to the changes of the power structure in the political system and therefore vanished when power constellation changed. On the contrary, formal property rights on MAR, based on international law, happened to be more stable much more stable. In fact, one of view issues the authoritarian and semi-authoritarian regimes are able to agree is the protection of their "property rights" on control of their countries. In Africa the "stability of the borders" was the main point of consensus of the organization of the international relations, protecting local authoritarian regimes. Similar processes could have been present in the community of semi-authoritarian states of the post-Soviet world.

5 Institutional competition in the post-Soviet space

The integration of markets is an important factor not only facilitating exchange and business relations, but also strengthening institutional competition. This problem seems to be especially interesting from the point of view of the post-Soviet space, where vivid regionalization from bellow is combined with absent integration from above. In the theory of institutional competition it is normally assumed, that the preferences of individuals are given and that private actors prefer institutions with lower transaction costs, which are defined as "efficient" institutions. The theoretical literature on the government-business relations in the post-Soviet space is to a certain extend ambiguous, whether this demand really exists.

A widespread point of view is that the problems of economic reforms in the 1990s were caused by low demand for efficient institutions by emerging private business. Generally speaking, three explanations apply. The first argument proceeds from the fact, that the post-Soviet economic systems were characterized by extreme concentration of property. Sonin (2003) and Polishchuk and Savvateev (2004) demonstrate that the demand for weak protection of property rights may result from inequality in the society. More rich and powerful agents can invest in a private protection system. Under a deficit of public protection, rich agents can gain from redistribution due to improper protection of property rights, because they have a significant advantage over the weaker agents. That's why they become natural opponents in improvement in public protection of property rights. Guriev and Sonin (2007) place this discussion in a political economic setting and show that weaker protection of property rights also results from bargaining between the non-democratic government and the "oligarchs".

If formal property rights are absent, the economy turns in the endless redistribution cycle and permanent power conflicts between different groups of interest (which exists in the most CIS countries either in a "hidden form" of in states with higher concentration of state power like Russia or Central Asia or more open in countries like Ukraine (Valasek, 2007), where elements of political competition are more pronounced). Economic effects of presence of multiple power groups in society competing for dominance can be disastrous, as the literature on the "voracity effect" shows (Lane and Tornell, 1996; Tornell and Lane, 1999). Even if inequality is ignored, Hellman (1998) and Polterovich (1999) describe a situation of partial reforms in transition economies, when incumbent actors, receiving special rents from non-completion of reform process, support the stability of inefficient institutions. Braguinsky and Myerson (2007, 2007a) discuss the problems of stable asset stripping equilibrium in an economy with oligarchic property rights and high risk.

The scond argument focuses on the issue of learning costs. Any individual compares his sunk costs in learning the structure and the functioning of the old institutions and the adaptation to the old "rules of the game" (e.g. bribes, licenses etc) with the advantages of the new rules. It is possible, that the sunk cost will be higher, than the gains, and individuals decide not to change the status quo, or, at least, not to invest in political activity to improve the situation. In that way the path dependence strengthens the effects of other factors inducing demand for "bad" institutions. For an entrepreneur preference for old institutions could be connected with competitiveness. In a bureaucratic environment with high market entry barriers, the first mover has important advantages, because he has already passed the bureaucratic environments. He prefers any worsening of institutional environment (e.g. higher entry barriers), because they prevent him from newcomers in the market.

The third explanation is related to the deficit of trust in the post-Soviet world. Individuals have always suspected their government, any change of institutional environment is considered to be worse than the existing equilibrium. In this situation individuals support existing, and not better institutions. In case of institutional competition environment "exit" is a reaction on any institutional changes, and not on worsening institutional environment in terms of transaction costs. The ability of the government to attract mobile factors of production by changing institutional environment is reduced; a better way to prevent "exit" is to maintain the existing institutional balance, even if it is not optimal (and is perceived as not optimal by people). Other point is, that in case of low trust investments and labor migration are consciously organized via informal channels (to avoid government's attention) and thus lead to support of less efficient institutions of the shadow economy as an untended result. The governmental attempts to limit the expansion of shadow economy with softening the restrictive regulations do not improve the situation because people do not believe in reforms; coercive measures against the informal sector make the formal institutions even less appropriate for the private actors and only support the expansion of the shadow economy (i.e. formal outcomes of institutional competition support illicit economic activities).

One could probably claim, that the existence of demand for bad institutions is currently mostly accepted by the studies of the post-Soviet world. A more difficult problem is whether the situation changed after the initial stage of transition, and, after initial accumulation of wealth, corporations are more interested in protection of property rights and reduction of transaction costs. Following Greif and Latin (2004), the question is whether the mechanisms described above were not only self-enforcing (i.e. constituted an equilibrium), but also self-reinforcing (increased the range of parameters for their stability). On the one hand, accumulation of wealth, even if it follows from redistribution, increases the demand for property rights, thus making this mechanism not self-reinforcing. But on the other hand, the redistributive networks can include broad groups of population and become intransparent, hence increasing demand for redistribution. The same is true for the learning costs: the longer an institution exists, the higher the costs of its transformation are. Different post-Soviet countries were characterized by different constellations of costs and advantages of different institutional environments.

As institutional competition replaces supply-side monopoly on market for institutions by competitive order, the demand-side factors become more important. Therefore institutional competition shifts the market power to the demand side on the market for institutions. Hence, the "shift of demand" from "bad institutions" to "good institutions" is crucial for the evaluation of the effects of institutional competition. The situation is, however, more difficult. Institutional competition is associated with internationalisation of business activity, which has several distinct effects. On the one hand, the "exit" of efficient companies can strengthen the "voice" of inefficient companies. After most efficient companies leave the country, the remaining inefficient ones become the main income source for politicians and bureaucrats (legally and illegally) and get a larger impact on the politic decisions. A crucial issue is of course how rents for the government are generated. If "exit" reduces rents, the governments are likely to change their attitude towards institutional reforms. If, however, rents are relatively independent of "exit" (what is especially true for resource-abundant economies, like those of the CIS, see Gandhi and Przeworski (2006) for a similar analysis), the "exit" is ignored and effects of institutional competition are insignificant. Finally, the costs of "exit" can be correlated differently with preferences for institutions (for example, at an early stage more mobile companies can be exactly intermediaries enjoying the main benefits of "transition rents"). Moreover, an inefficient equilibrium resulting from the open economy includes asset striping, large capital flight (or "exit") and low quality of institutions. The same individuals, who use the "exit" option to secure their wealth gained from assets in the jurisdictional with law quality of institutions, support with their "voice" option the "bad" institutions (see Mummert, Mummert, 2000). Given the asymmetry of the post-Soviet institutional competition, where Russian companies (more or less directly depending upon resource rents) dominate, one can hardly expect positive effects from this direction.

The second argument implies that the corporations use their investments as an instrument to transfer knowledge and better practices. It is an often point mentioned that the multinationals export their national models of regulation to the new locations of their industries and stores. For example, the business strategies of multinationals in respect to different national standards in their host countries can represent the original "national" model derived from "varieties of capitalism" reproduced abroad via corporate culture, management appointment system, incentives etc. (Pauly and Reich, 1997) Once again, asymmetric structure of the CIS is of central importance. The major "promising" factor from the post-Soviet in-vestments is that the Russian economy mostly demonstrates better institutional performance, than the rest of the CIS.[4] Hence, asymmetric structure of institutional competition is likely to ensure higher quality of institutions. There are only few exceptions. Kazakhstan has formally implemented many "second-generation" reforms, which still fail in Russia (power utilities liberalization, amnesty of capital, reforms of communal sphere, banking, pensions system etc.). However, exactly Kazakhstan is the second important source of FDI in the CIS (following Russia). Armenia is also a

[4] By the way, similar problems of demand for bad institutions occur in the Russian investments in Baltic states, where this "benefit of institutional advantage" of Russia is, of course, not present. See Zashev, 2004, 2007

certain exception with extraordinary good institutional performance. Kyrgyz Republic used to be the leader of institutional reforms in the early 1990s, but later demonstrated a worse performance. However, in many cases Russia is more advanced, than the rest of the CIS, and therefore Russian corporations act as an instrument of import of more efficient institutions. There is evidence (mostly based on discussion with CIS and Russian managers) that Russian assets often prove to be more efficient, than owned by local or even international corporations (cf. Crane, Peterson and Oliker, 2005). The simple correlation approach suggests that Russian businesses invest in countries with lower "institutional distance" from Russia and with higher institutional quality (Libman, 2007). A large problem is, however, that the relative institutional advancements of Russia are not given: assuming low success of catching up reforms, other countries of the CIS can achieve higher institutional quality. In this case the asymmetry is going to make a negative influence on the link between institutional competition and quality of institutions.

Anecdotal evidence suggests, that demand for bad institutions can exist in the post-Soviet institutional competition. First of all, as Russian corporations have significant experience in working with "shadow" schemes, it continues using this experience abroad and thus "export" inefficient institutions or applies their experience of intransparent institutional systems as a competitive advantage. Russian businesses ability to act in a very instable legal environment is often pointed out by the observers. Obviously, they use this opportunity, thus "switching on" the self-enforcement mechanism of an institutional trap. There are many cases of intransparent "shadow" investment schemes used by the Russian corporations in the post-Soviet world. May be the most notorious is the case of two Gazprom subsidiaries in Ukraine Eural TransGas and (since 2004) RosUkrEnergo established to resell the gas of Turkmenistan. It is officially incorporated in Switzerland with 50% of the shares under the control of Gazprom and 50% represented by a nominal share-holder Raiffeisen Investment without any clear information as to who could own the shares (the assessment vary from organized crime to different political groups in Ukrainian and Russian elite and Gaz-prom or Naftogaz Ukraine officials). After the gas war in Ukraine, RosUkrEnergo received privileged rights of gas supply to Ukraine and partly to Europe.

The Ukrainian case is the most notorious, but not unique example of demand for bad institutions. It looks like these inefficient schemes are often even preferred by the Russian investors. For example, the second public tender on the large Ukrainian metallurgical plant Kryvorozhstal in 2005 is often considered as one of the seldom examples of completely transparent privatisation in the CIS. Russian investors, although very interested in the plants and active during the former tenders, rejected to participate. On the other hand, the business activity of Russian corporations in "unrecognised republics" Transdniestria and Abkhasia also shows that the Russian corporations do not hesitate working in semi-legal environment. Replacement of Russian business practices in the CIS discussed above also has a double effect. On the one hand, they may be superior to what exists in the post-Soviet world, as discussed above. On the other hand, how-ever, the model exported is also an example of the "institutional trap". For example, in their fight over Kyrgyz telecom asset BiTel Russian and Kazakh investors (and later Russian companies VympelCom and MTS) resulted into seizure of the company's headquarters by an armed group in police uniform, which rejected to follow the orders of the minister of internal affairs (in the post-Soviet world directly in charge for the police).

Most arguments for the interjurisdictional competition in the CIS apply also for the interjurisdictional competition between Russian regions. However, the market integration in Russia also supports a very specific form of institutional competition. As demonstrated above, unlike the CIS, the market integration in Russia is strongly interrelated with the development of political centralization. Therefore the institutional competition usually takes place at informal level, i.e. is related to "hidden" policies and rules established by the regional governments. Most post-Soviet countries face the problem of permanently increasing corruption. Corruption has a double effect on institutional competition. On the one hand, it is likely to increase the benefits for the governments from attracting capital and economic growth (Allen et al., 2006). From this point of view corruption is just an additional tax (price of institutions), which reduces to the marginal benefits of institutions in turn of the competition process. This effect seems to be present e.g. in the competition between Indian states. But, given the fact, that the actors of institutional competition are mostly not abstract "governments", but individual agencies and admin-istrations, it is likely, that the competition takes form of "protection" of privileged enterprises from rivalry agencies, which leads to overall decline in taxation and underproduction of public goods (Yakovlev, 2006). From this point of view the market integration creates an additional incentive for regional protectionism, which is in fact disturbing the functioning of the market integration, i.e. market integration is not self-reinforcing in terms of Greif and Latin! The question how the system is going to evolve in the future remains open.

6 Conclusion

The aim of the paper was to understand the impact of big business on the development of the spatial order of authority in the two institutional systems in the post-Soviet space: Russian federalism and the post-Soviet integration – and their impact on the quality of institutions. From the point of view of impact of big business on spatial organization of authority, there are also clear similarities between the Russian federalism and the post-Soviet space in the beginning of reforms and differences at the later stage. Although in the 1990s the business interests contributed to the segmentation of both Russian internal market (in form of the provincial protectionism) and the post-Soviet economic space (in form of "quasiintegration"), since 1998 the situation changed for the Russian Federation and since 2000 for the CIS. The development of interregional business groups was instrumental for the reintegration of the Russian economic space; currently the expansion of Russian corporations in the CIS is important for the regionalization in this area.

While the institutional impact of business interests supporting fragmentation of the economic space is obviously negative (and indeed contributes to the disorganization as an important source of economic problems for the post-Soviet countries), the re-integration is ambiguous: in Russia, removing the inefficiencies of the early stage of transition it also indirectly supports the political centralization and increasing rent-seeking. In the CIS the situation is different, reflecting different structure of market accession property rights: the informal property rights in Russia were much more instable from the point of view of changes of power relations than formal MARs set in the CIS. Another aspect of market integration is intensified institutional competition. Although the theory considers this process an efficient instrument of increasing the quality of institutions by controlling Leviathans, in the post-Soviet space the relation seems to be more complex because of the demand for bad institutions and "hidden" forms of competition in a centralized federation. Table 1 summarized the main features of development of both institutional systems and their impact on quality of institutions.

Table 1 Developement of the Russian internal market and post–Soviet economic space compared

	Russia internal market	**Post-Soviet economic space**
Role of the business groups in the 1990s	Support of fragmentation through regional protectionism	Support of fragmentation by technological quasi- monopolies
Market accession property rights	Informal (by the regional authorities)	Formal (by the new independent states)
Role of business groups in the 2000s	Start of regional expansion in 1998; support of re-integration through economic activity and lobbying against regional protectionism	Start of international expansion in 2000; regionalization from bellow
Outcomes for the spatial order of authority	Re-centralization of the Russian Federation	Failure of attempts of economic integration from above
Outcomes for the quality of institutions	Advantages of re-integration vs. disadvantages of re-centralization and possible disadvantages of institutional competition in presence of corruption	Advantages of re-integration vs. possible disadvantages of institutional competition in presence of demand for bad institutions

To conclude, the impact of big business on the quality of institutions through the channel of changes of spatial order of authority was ambiguous, however, there are good reasons to believe that there have been many problems associated with this aspect of institutional development of the post-Soviet countries. It is worth questioning, whether an institutional system of the Russian federalism and of the post–Soviet integration limiting negative effects and supporting positive effects through market integration could be designed and implemented – yet the latter issue crucially depends on the overall political development and economic reforms in the post-Soviet world.

Literature

Allen, F., Chakrabarti, R., De, S., Qian, J., and M. Quian (2006): Financing Firms in India. Mimeo

Berkowitz, D., and D. N. DeLong (1999): Russia's Internal Borders. Regional Science and Urban Economics 29: 633-649

Berkowitz, D., and D.N. DeLong (2001): The Evolving Pattern of Internal Market Integration in Russia. Economics of Transition 9: 87-104

Berkowitz, D., and D. N. DeLong (2005): Economic Fragmentation in Russia: The Influence of International Trade and Initial Conditions. Economics of Governance 6: 253-268

Bevan, A. A., Estrin, S., Hare, P. G. and J. Stern (2001): Extending the Economics of Disorganization. Economics of Transition 9: 105-114

Blanchard, O., and M. Cremer (1997): Disorganization. Quarterly Journal of Economics 112: 1096-1126

Braguinsky S., and R. B. Myerson (2007a): A Macroeconomic Model of Russian Transition: The Role of Oligarchic Property Rights. Economics of Transition 15: 77-107

Braguinsky, S., and R. B. Myerson (2007): Capital and Growth with Oligarchic Property Rights. Mimeo

Cai, H., and D. Treisman (2004): State Corroding Federalism. Journal of Public Economics 88: 819-843

Chebankova, E. (2005): The Limitations of Central Authority in the Regions and the Implications for the Evolution of Russia's Federal System. Europe-Asia Studies 57: 933-949

Chebankova, E. (2007): Putin's Struggle for Federalism: Structures, Organizations, and the Commitment Problem. Europe-Asia Studies 59: 279-302

Crane, K. W., Peterson, D. J., and O. Oliker (2005): Russian Investments in the Commonwealth of Independent States. Eurasian Geography and Economics 46: 404-444

Desai, R. M., Freinkman, L., and I. Goldberg (2005): Fiscal Federalism in Rentier Regions: Evidence from Russia. Journal of Comparative Economics 33: 814-834

Djankov, S., and C. Freud C. Trade Flows in the Former Soviet Union. Journal of Comparative Economics 30: 76-90

Eskindarov, M.A. (1999): Razvitie Korporativnykh Ontnoshenii v Sovremennoi Rossiiskoi Ekonomike. Moscow: Respublika

Feld, L. P. (2007): Zur ökonomischen Theorie des Föderalismus: Eine prozessorientierte Sicht. In: Heine, K. and W. Kerber (eds.): Zentralität und Dezentralität von Regulierung in Europa. Stuttgart: Lucius & Lucius

Galukhina, Y. S., and Y. S. Pappe (2006): Rossiiskii Krupnyi Biznes v 2000-2005 gg.: Nekotorye Kliuchevye Aspekty Razvitiya. Problemy Prognozirovaniya 4: 64-80

Gandhi, J., and A. Przeworski (2006): Cooperation, Cooptation, and Rebellion under Dictatorships. Economics and Politics 18: 1-26

Gluschenko, K. (2002): Common Russian Market: Myth Rather Than Reality. EERC Working Paper No. 01/11

Gluschenko, K. (2002a): Modelirovanie i Otsenka Dinamiki Integrirovannosti Rossiiskogo Rynka. In: Informatsia i Ekonomika. Barnaul

Gluschenko, K. (2002b): Ekonometricheskii Analiz Integrirovannosti Rossiiskogo Vnutrennego Rynka. Region (3): 67-86

Gluschenko, K. (2004): Analyzing Changes in Market Intgeration through a Cross–Sectional Test for the Law of One Price. International Journal of Finance and Economics 9: 135-149

Gluschenko, K. (2004b): The Evolution of Cross-Section Price Distribution in Russia. William Davidson Working Paper 716

Gluschenko, K. (2004c): The Law of One Price in the Russian Economy. LICOS Discussion Paper No. 152/2004

Gluschenko, K. (2006): Russia's common market takes shape: Price convergence and market integration among Russian regions. BOFIT Discussion Papers 7/2006

Gluschenko, K. (2007): Tsenovye Vsaimodeistvia Rossiiskikh Regionalnykh Rynkov. Prostranstvennaya Ekonomika 1: 48-60

Gluschenko, K. and A. Koneva (2004): Integratciya Rossiiskogo Prodovolstvennogo Ruynka. Region (2): 47-62

Gluschenko, K. and D. Kulighina (2006): Assessing a feasible degree of product market integration (A pilot analysis). BOFIT Discussion Papers 3/2006

Gluschenko, K., and A. Klimich (2007): Dinamika Integratsii Rynkov Prodovolstvennykh Tovarov v Rossii. Mimeo

Glushenko, K. (2004a): Integration of the Russian market: Empirical analysis. EERC Working Paper No. 04/06

Greif, A., and D. D. Latin (2004): A Theory of Endogenous Institutional Change. American Political Science Review 98: 633-652

Guriev, S. M., and K. Sonin (2007): Dictators and Oligarchs. Mimeo

Guriev, S. M., Yakovlev, E., and E. Zhuravskaya (2007): Inter-Regional Trade and Lobbying. CEFIR Working Paper 100

Haaparanta, P., and T. Yuurikkala (2007): Bribes and Local Fiscal Autonomy in Russia. BOFIT Discussion Paper 12/2007

Hellman, J. (1998): Winners Take All: The Politics of Partial Reform in Postcommunist Transitions. World Politics 50: 203-234

Herrmann-Pillath, C. (2005): International Market Access Rights: Emergence, Evolution and Economic Significance. University of Witten/Herdecke Discussion Paper No. 142

Hyde, M. (2001): Putin's Federal Reforms and their Implications for Presidential Power in Russia. Europe-Asia Studies 53: 719-743

Kolomak, Y. (2005): Regional Protection in Russia: Positive Analysis. EERC Working Paper No. 04/11

Kopsidis, M. (2000): Disintegration of Russian Grain Markets in Transition: Political and Economic Dimensions. Post–Communist Economies 12: 47-60

Lane, P. R., and A: Tornell (1996): Power, Growth, and the Voracity Effect. Journal of Economic Growth 1: 213-241

Libman, A. (2007): Regionalisation and Regionalism in the Post-Soviet Space: Current Status and Implications for Institutional Development. Europe-Asia Studies 59: 401-430

Libman, A., and L.P. Feld (2007): Strategic Tax Collection and Fiscal Decentralization: The Case of Russia. Mimeo

Linn, J. F. (2003): Economic (Dis) Integration Matters: The Soviet Collapse Revised. Paper presented at conference on "Transition in the CIS: Achievements and Challenges" at the Academy for National Economy, Moscow, 13-14 September.

Mummert, A., and U. Mummert (2000): Institutioneller Wettbewerb in Entwicklungsländern im institutionellen Wettbewerb. Max-Planck-Institut zur Erforschung von Wirtschaftssystemen Diskussionsbeitrag No. 032000

Offe, K. (1991): Capitalism by Democratic Design? Democratic Theory Facing the Triple Transition in East Central Europe. Social Research 58: 865-892

Oleinik, A. (2006): The More Things Change, The More Stay the Same: Institutional Transfers Seen through the Lense of Reform in Russia. Journal of Economic Issues 41: 547-556

Orttung, R. W. (2004): Business and Politics in the Russian Regions. Problems of Post-Communism 51: 48-60

Pauly, L. W., and S. Reich (1997): National Structures and Multinational Corporate Behavior: Enduring Differences in the Age of Globalization. International Organization 51: 1-30

Plekhanov, A. (2006): Can Federalism Be Both State Corroding and Market Preserving? Empirical Evidence from Russia. Mimeo

Polishchuk, L., and A. Savvateev (2004): Spontaneous (Non) emergence of Property Rights. Economics of Transition 12: 103-127

Polterovich, V. (1999): Na Puti k Novoi Teorii Reform. Ekonomicheskaia Nauka Sovremennoi Rossii (3): 32-48

Ponomareva, M., and E. Zhuravskaya (2004): Federal Tax Arrears in Russia: Liquidity Problems, Federal Redistribution or Regional Resistance. Economics of Transition 12: 373-398

Ross, C. (2003): Putin's Federal Reforms and the Consolidation of Federalism in Russia: One Step Forward, Two Steps Back! Communist and Post-Communist Studies 36: 29-47

Sonin, K. (2003): Why the Rich May Favour Poor Protection of Property Rights. Journal of Comparative Economics 31: 715-731

Speckhard, C.T. (2004): The Ties that Bind: Big Business and Center-Periphery Relations in the Russian Federation. PhD Thesis at University Texas at Ausin

Tornell, A., and Ph. R. Lane (1999): The Voracity Effect. American Economic Review 89: 22-46

Vahtra, P. (2005): Russian Investments in the CIS – Scope, Motivation and Leverage. Pan European Institute Working Paper, 9/2005

Valasek, T. (2007): On Oligodemocracy and People Power in Ukraine. Center for European Reform Working Paper

Yakovlev, A. (2006): Agenty Modernisatsii. Moscow: HSE Press

Yevstigneev, V. (1997): Valyutno-finansovaya integratsiya v ES i SNG: Sravnitel'nyi semanticheskii analiz. Moscow: Nauka

Zashev, P. (2004): Russian Investments in Lithuania – Politics, Business, Corporate Culture. Electronic Publications of Pan-European Institute No. 10

Zashev, P. (2007): Thank You For Your Culture! Should Policy Makers Consider the Cultural Spillovers of Inward FDI? In: Vahtra, P., and E. Pelto (eds.): The Future Competitiveness of the EU and Its Eastern Neighbors. Turku

Zubarevich, N. (2005): Krupnyi Biznes v Regionakh Rossii: Territorial'nye Strategii Razvitia i Social'nye Interesy. Moscow: NISP

Isa Mulaj

Forgotten Status of Many: Kosovo's Economy under the UN and the EU Administration

Introduction

Kosovo is a landlocked country in the Western Balkans with an estimated population of 2.1 million inhabitants in an area of 10,887 km2. Over 60% of the population lives in rural areas and around 1/3 is younger than 15 years old (Statistical Office of Kosovo, 2006). On 10 June, 1999 the UN Security Council (UNSC) passed the Resolution 1244 authorizing the establishment of the UnitedNations Mission in Kosovo (UNMIK).[1] The deployment of UNMIK marked the beginning of transition to democracy and market economy that was delayed for a decade. While most countries in transition reformed their institutions, Kosovo needed to build them from scratches. This task was taken in charge by UNMIK which, in its first regulation On the Authority of the Interim Administration in Kosovo (Regulation No. 1999/1, amended by Regulation No. 1999/25 and Regulation No. 2000/54) declared itself the administrator in almost all major governance positions.[2]

Provisional Institutions of Self-Government (PISGs) are democratically elected institutions in charge of managing Kosovo's affairs under the supervision of UNMIK. They include institutions such as the Assembly of 120 members that elects the President of Kosovo. The President then nominates the PM that has to be endorsed by the Assembly. Following the approval of the Constitutional Framework for Provisional Self-government in Kosovo marked the beginning of gradual transfer of powers from UNMIK to the PISGs. The transfer of power is not full and a number of key decision-making areas are ear-

---

[1] The full text of this resolution is available at: http://daccessdds.un.org/doc/UNDOC/GEN/N99/172/89/PDF/N9917289.pdf?OpenElement

[2] Official Gazette of UNMIK and all its regulations can be accessed at: http://www.unmikonline.org/regulations/unmikgazette/02english/Econtents.htm

marked as the "reserved power" for SRSG, whose authority is derived from the UN Resolution 1244. Beside unlimited power to overrule every political decision of the PISGs, a long list of competencies falling in the reserved power for SRSG as laid down in section 8 of the Framework includes the following economic areas: approval of the Kosovo budget; monetary policy; controlling the UNMIK's customs service; administration of social, state, and public property; appointing of members in economic and fiscal council; appointing of tax inspectors, etc.[3]

UNMIK and the PISGs are a set of institutions whose behavior is very similar to the one observed in early capitalist development in Western Europe centuries ago. Group and individual interests within the PISGs do not differ from illegal, what Marxists would call, accumulation of capital at the expense of others. The only difference is that accumulation of capital does not occur through violent means but instruments such as power and position. History and the experience from transition in CEE suggests that the road to enrichment of a social class to the extent that they feel fed enough then began to share their wealth with the rest of the population, maybe costly and with problems.

The PISGs repeatedly maintain that pending political status was and is still the main barrier to economic development, assuming that once that is sorted out, the economy will prosper. This paper shows that an overemphasis by politicians on externalities such as the unresolved political status (which certainly is a roadblock) while underestimating their management inefficiency associated with corruption, is a pettifogger explanation that impoverished population has started (with a delay) to get rid of its consumption. Now that rotation in power has included all main political parties, the general public doubts if current political establishment will ever run Kosovo honestly and efficiently. To this vicious circle it has come as a result of clientelism between Kosovo's politicians and some UN bureaucrats with the loyalty of the first towards the latter, both pursuing own interests that were and are not necessarily part of their work or mission. By not having an exit strategy, the mission of UNMIK is only formally drawing at an end.

[3] Provisions of UNMIK Regulation No. 2001/9, amended by Regulation 2002/9.

Having realized that Kosovo's Provisional Institutions of Self-Government (PISG) that have a designated scope of operation, are not sufficiently capable of ruling independently, it is expected that an EU mission will support an outspoken "supervised independence". The EU was principally in charge of managing Kosovo's reconstruction and economic development under UNMIK, and now is drawing plans for a greater role in what is expected to be the EU's largest mission so far.

The interplay between UNMIK and the PISGs in economic development is an interesting case for research as an alternative in transition economics. To find this out, in section one of this paper I first consider a theory of the role of institutions in economic performance. It starts with a brief discussion on limited role of institutions from classical economics point of view, and then it expands to their greater importance in transition economies. Since major decisions in the economy are still made by UNMIK, section two will explore the magnitude of this power exercise and the mission of its EU Pillar IV is discussed in subsequent sub-section. The impact and constraints of pending political status in economic development is discussed in section three. Rhetoric towards political status has distracted the attention from miserable economic status – the indicators of which are presented in section four. Unemployment and poverty are not the only statuses that did not receive serious attention. There are other areas not related to political status at all and where performance is disappointing, especially in education and health. These are named and described in a sub-section as Kosovo's other forgotten statuses. Section five tries to answer the question if the UN's interim mission is turning permanent, or explaining the proposed resolution of political status. The last section draws conclusions and offers some lessons to be learned.

1 Theoretical background on the role of institutions in economic performance

Classical economics, its main architect Adam Smith respectively, advocated for a role of the government outside the economy. Smith's arguments on laissez-faire or liberal economic policies that the government is better placed to collect taxes, provide peace and security, and protect private property rights rather than interfere in the markets that should be left to operate freely, dominated the economic thought in the 19th century. It was not until the Great Depression 1929-1923 in the apitalist world, the rise of the Soviet Union as a socialist country and foundation of Keynesian economics where, free market economics would fall out of popularity and superseded by the government control of economy in the former socialist countries and significant state intervention in capitalist countries after World War II. During the 1980s, a neoliberal doctrine that emerged in the U.S.A. and the U.K. as Reaganomics and Thatcherism witnessed a declining state intervention in economic affairs. It preceded by tax cuts to lower government expenditures at the benefits of businesses.

Under the influence of neo-liberalism the so-called the Washington Consensus has been built as a package of reforms to be transplanted in the former socialist countries upon transition from government controlled to market economy in the early 1990s. The implication of this reform package was that deteriorated performance of companies in former socialist economies exposed to competition of more experienced and technologically advanced Western companies.

Economic liberalization alongside institutional disorganization and reorganization process in Central and Eastern Europe (CEE) has led to the strengthening of individual and/or group interests and their opportunist behavior vis-à-vis weaker role of state in the economy. When individuals advance their interests, Adam Smith was convinced that they serve the interests of society, too. A coincidence of then individual behavior has been observed in the early transition in CEE with the rise of tycoons, though the difference is that tycoons mostly made themselves better off at the expense of society and aggregate economy in the short run.

In early transition and emerging democracies, patron-client relationships or clientelism between the rich and political establishment are often personalized. The rich first influence and then support those economic policies that help them further advance their private interests. Such a political reliance of the government and institutions on the few rich leads to underperformance of public goods supplied by the government to the rest of population (Keefer, 2005). The extent of clientelism is the factor contributing to the rise of sharp differences in economic welfare among the population in transition economies. In Russia, a group of powerful tycoons known as oligarchs came out with a large stake of resources to exercise sufficient control over politics and run institutions by proxy for their interests (Guriev and Rachinsky, 2005). Oligarchs who by definition mean the rule of few should be distinguished from tycoons. The tycoons may be very rich but may not necessarily exercise active and direct influence in politics.

It would be wrong to assume equality in economic terms between the people in similar as well as different circumstances; there were and always will be differences. But the gap that arose during transition from communism to a market economy through dishonest and controversial ways has become subject to much research and criticism. In the course of resource redeployment, profitable opportunities of the few taking the largesse from existing wealth along with increase in poverty for the majority, were later assessed when democratic elections of majority of the votes corrected "their failures" by putting into power the parties with social democracy orientation, and in some cases "reformed" Communists (Stiglitz, 2002).

The very diverse economic performance in transition economies encouraged thescholars to incorporate in their economic analyses non-economic factors such as cultural differences and institutions, by which it is aimed to explain economic growth or decline. In this respect, Roland (2004) refers to fast-moving institutionsthat are characterized by political changes, typical what happened after immediate collapse of the communist system and the multiparty political transition period in CEE, and slow-moving institutions related to the changes that are more gradual. An interaction between these two types of institutions affects economic performance and development differently. When institutional transplantation or exporting the stock of knowledge and system of rules elsewhere failed to bring about economic prosperity (like in India under the British rule) Roland explained that as a cause of incompatible interaction between fast-moving and slow-moving institutions. The alternative to institutional transplantation that the economic reforms should be endogenously based or designed on local specific features in a globalizing world also cannot be supported. To some extent, the success of economic reforms depends on the evel of accumulated knowledge, cultural factors and the peoples' mentality in shaping institutions.

Relative economic performance in transition has mostly been addressed to institutions that have managed it. A study by Brunetti, Kisunko and Weder (1997) that included twenty transition countries found that political stability was of primary importance for the performance of other institutions such as property rights security, reliable judicial system, and a lack of corruption, were all important for economic growth. A later study by Redek and Sušjan (2005) for twenty-four transition economies over the period 1995-2002, confirm that longterm growth was more stable in the countries with better legal system, protection of property rights, plus stable financial system. The variation in overall economic performance is explained by institutional transformations and aggregate uncertainty during which there was a decline of output (Roland, 2002). Another explanation was that institutional building and development for economic growth, which also varied across countries, depended on several factors, e.g. years under socialism, civil wars, availability of natural resources, EU accession, speed of liberalization, and privatization. According to Beck and Leaven (2005), civil wars in Armenia, Azerbaijan, Tajikistan, Georgia, Moldova, Croatia and FYR Macedonia were found to have had negatively affected economic performance (as measured by economic growth and GDP per capita) only in the short run, after which sustainable development followed. Bosnia and Herzegovina that Kosovo is often compared with, has reached a sort of economic consolidation and nearly half of her imports are covered by exports (European Commission, 2006). In Kosovo the oposite happened; the first two years after the 1999 war marked a significant rate of economic growth that was explained by foreign aid and the very low economic base. Now when the economy should have entered the phase of sustainabe development, it went to a slump. Instead of political economy and sound economic policies, politicization of the economy prevailed and is still at stake.

Kosovo had a low level of accumulated knowledge and experience for democracy and transition to a market economy. What had been achieved during self-management socialism was reversed in the '90s under Serbia's repressive rule by dismissing majority of Albanians from public administration and social sector. A decade lost in management of public administration would later result in inexperience and deficiencies of managing the transition. There was no longer any interest in self-management even from theoretical point of view and Kosovo Albanians perhaps wrongly associated that system with Serb domination.[4] The knowledge needed for democracy and economic transition was missing. Having this disadvantage into consideration, one would come to a conclusion that institutional transplantation would be more than welcomed to catch up with what was lost. It actually happened.

UNMIK and the PISGs are an example of fast-moving institutions. Their interaction between themselves and slow-moving institutions, i.e. Kosovo's historical, social and cultural factors, help to explain many outcomes that can be classified as moderate successes and in largest part as failures, especially in economic front. Aside from ineffective criticism by various stakeholders outside fast-moving institutions or any subjective assessment to undermine the mission, only now we are finding the books like "How the World Failed Kosovo", written by those who worked for UNMIK.[5] The authors of this book tried to partially show their honesty by reporting some of the failures in the mission they worked for. And they did so only after walking

---

[4] The Serbs in turn have not shown any sympathy for self-management system on the eve of its collapse. When the Serb nationalism rose in the early 1990s, it used a propaganda to blackmail Slovenia for inventing self-management for the purpose of allegedly exploiting Serbia (Bennet, 1995: 107).

[5] The full title of this account is: King, Ian and Whit Mason, *Peace at Any Price: How the World Failed Kosovo*? *Crisis in World Politics 2* (Ithaca: Cornell University Press, 2006). The first author has worked for UNMIK from April 2000 to December 2003 as head of planning. The second worked as public affairs officer for UNMIK from May 2002 to January 2004.

away with the sums of money that they would have not gotten in their home country for the entire working career.

2 Kosovo's economy as a property of the UN

When UNMIK moved in, Kosovo's economy was almost in ruins. The first challenging task for UNMIK was institution building in order to coordinate the postwar reconstruction through a massive international assistance. Legally, the UN is an organization that does not own anything in the countries in which it is deployed, except the facilities it rents for a certain time. As Kosovo in mid-June 1999 was in chaos, it was necessary to establish a control over major remaining assets of the economy. It is worth referring to Article 6 of the Regulation No. 1999/1 mentioned in previous section according to which UNMIK becomes a direct administrator of social and public property in Kosovo. UNMIK proceeded with the legal framework to establish the department of reconstruction, customs duties, central fiscal authority to collect taxes, banking and payment authority of Kosovo – BPK (a sort of central bank without the right to print money and regulate monetary policy), and department of trade and industry, or the basic institutions for functioning of the economy. Many of those institutions underwent significant changes and the powers were gradually transferred to the PISGs. For instance, department of reconstruction disappeared, central fiscal authority was transformed into the ministry of economy and finance, department of trade and industry was split into a ministry with the same name and the Kosovo Trust Agency (KTA).[6] Customs duties and BPK (recently this has been renamed as Central Banking Authority of Kosovo – CBAK) remained. Kosovo became the first country outside the EU zone to use Euro (€) as official currency.

The final say on economic issues still rests with UNMIK. In some institutions such as the KTA, UNMIK excludes any possible important decisions by the PISG's representatives. Having major assets in strategic sectors under control through the KTA that is established with a mandate to privatize socially-owned enterprises (SOEs) and restruc-

[6] For more details about the KTA visit http://kta-kosovo.org/html/.

ture public companies, it can be argued that Kosovo's economy is still like a property of the UN, irrespective of its interim mission. But that is not the magnitude of control to call the UN as (provisional) owner. The following sub-section provides additional details that makes it more like the economy of an EU mission.

2.1 Pillar IV and its mission in emerging transition

UNMIK is still the administrator of Kosovo, which the Resolution 1244 recognizes as technically province of Serbia. The head of UMMIK is the Special Representative of the Secretary General (SRSG), who is appointed by the UN's Secretary General. In a simpler language, SRSG means the Governor of Kosovo. UNMIK exercises its administration through 4 Pillars in the following areas: Pillar I – police and justice (led by the UN); Pillar II – civil administration (also led by the UN); Pillar III – democratization and institution building (under the direction of the Organization for Security and Cooperation in Europe – OSCE); and Pillar IV – in charge of reconstruction and economic development (directed by the European Union).[7] The last pillar is of special importance not only for this paper but also for the future of Kosovo's economy.

After some two years of the UNMIK's administration, the Constitutional Framework for Provisional Self-government in Kosovo outlining the beginning of gradual transfer of powers from UNMIK to the PISGs was approved. The transfer of power in economic affairs does not include key decision-making areas that are earmarked as the "reserved power" for SRSG, whose authority is derived from the UN Resolution 1244. A list of areas falling under the reserved power for SRSG that is provided in section 8 of the Framework includes: approval of the Kosovo budget; monetary policy; controlling the UNMIK's customs service; administration of social, state, and public

---

[7] UNMIK's website is available at: http://www.unmikonline.org

property; appointing of members ineconomic and fiscal council; appointing of tax inspectors, etc.[8]

The mission of Pillar IV to support the reconstruction of key infrastructure is still underway. Major reconstruction has taken place ranging from impressive results at the Prishtina international airport which is made the busiest one in the Western Balkans, to electricity shortages in spite of huge investments through the European Agency for Reconstruction (EAR) worth hundreds of millions of Euros in the monopoly based Kosovo Electricity Company. Economic development is being supported through various programs financed by the EAR in the newly stablished private enterprises and privatization of SOEs. The process of privatization as one of the aspects of transition begun in mid-2003 and was expected to be formally completed by mid-2005 when the mandate of the KTA should have been terminated.[9] As of nearly three years after that deadline, the rocess is miles away from meeting that target, the KTA is still alive and has got much work to do in the coming years.

3 How Kosovo's unresolved political status impeded economic development?

Pending political status in many ways has restricted Kosovo's economic development. By not being politically independent and a recognized state, Kosovo still cannot access loans from international organizations such as the World Bank, International Monetary Fund (IMF), International Finance Corporation and many more, to finance large projects in infrastructure and facilitate economic evelopment. Furthermore, it was constrained to reach and sign certain agreements with other countries until recently when UNMIK signed free trade agreements with Albania, Macedonia, Bosnia and Herzegovina, and Croatia.

---

[8] Provisions of UNMIK Regulation No. 2001/9, amended by Regulation 2002/9, available at: http://www.unmikonline.org/regulations/unmikgazette/02english/E2002regs/RE2002_09.pdf

[9] On how the KTA underestimated the challenge of privatization, difficulties and uncertainties it faced in the process, see Mulaj (2005).

Although Kosovo is technically still part of Serbia and trade is supposed to be free, Kosovo's exports (and also imports) are charged with transit charges of 3% in Serbia and 5% in Montenegro, whereas Kosovo's infrastructure is freely used by everyone (EU Pillar IV, 2004). These asymmetric trade relations are impeding greater economic cooperation and integration, which obviously is coming at Kosovo's expense. Trade is also restricted because foreign countries, except FYR Macedonia, Albania, and Montenegro do not recognize Kosovo's number plates.

Kosovo's economic underdevelopment in terms of unresolved political statusmay be attributed to three major constraints: i) initiatives of the European Stability Pact sidestep Kosovo in many projects of regional development; ii) the PISGs do not have the power to make major decisions regarding economic development; and iii) related to and within the previous constraint, there is a lack of transparency in the functioning of the PISGs (Perrit, 2004).[10]

Losses due to prolonged political status settlement are enormous. Entering into more details to explain them would beyond the scope of this paper. However, when the Government was constantly confronted with poor economic conditions, it blamed the unresolved political status with generalized statements; that this political status quo is impeding us to do this and that, once independence is recognized many doors will be opened, and alike. As political status begun to be dealt with, frustrations about poor economic conditions were caressed a little, and when it entered a more dynamic phase that resulted in the Proposal of Martti Ahtisaari, the attention to the economy again lost its importance. At the time when the Proposal became public and the media were massively focusing on it, Sweden's foreign minister, Carld Bild, paid a visit to Kosovo. To my surprise, as he said in a

[10] Perrit also argued that the U.S.A. should push for Kosovo's independence not only to facilitate Kosovo's economic development, but given that Kosovo's majority population is Muslim and secular with great sympathy towards the U.S.A., then it would help the U.S.A. to have more friendly relations with less friendly Muslim countries. He further added in favor of Kosovo's independence that Yugoslavia (now disintegrated) means the land of southern Slavs and Albanians are not Slavs.

short interview with Radio and Television of Kosovo (RTK) on 1 February, 2007 "the politicians here are underestimating the poor state of the economy. They are thinking that the economy will do fine after the political status is settled. It is not that easy as they are thinking. Tough challenges for the economy lie ahead".

3.1 Economic policies and management: too much blame on politics

According to international methodology, Kosovo has got one of the most business friendly environments in South Eastern Europe (SEE). A study conducted by USAID (2005) on Business Conditions Index that uses the methodology of the World Bank's Doing Business,[11] found that an average period to settle up a business in Kosovo is 23 days after 5 procedures being completed. This is much faster than in any other SEE country. The costs of starting a business are very low (5.5% of income per capita), even by international standards. The procedure of hiring and firing workers are very flexible, costs to register property are the second lowest in the region and the average time to close the business is the lowest comparing to other countries in SEE region. Areas where business environment lagged behind the region are related to property rights and underdevelopment of the banking system to act as a creditor to a business community. The study on business environment concluded that Kosovo has the necessary regulations in place, therefore recommended to the Government to focus on their implementation rather than passing additional regulations or amendments. Despite appropriate legal and regulatory framework to do business, development continues to be undermined by insufficient law enforcement and unreliable courts to resolve disputes.

Trade regime consists of: i) 0% Value Added Tax (VAT) on exported goods (no customs duties); ii) a tariff rate of 10% charged at the bor-

---

[11] There are seven components that are part of Business Conditions Index: 1) Starting a Business; 2) Hire/Fire of Workers; 3) Registering Property; 4) Access to Credit; 5) Protecting investors; 6) Enforcement of Contracts; 7) Closing a Business. More details about the survey can be found at: http://www.doingbusiness.org/MethodologySurveys

der on imported goods (agriculture inputs are exempt; goods subject to excise taxes which have different higher rates or per value); iii) VAT of 15% as a border tax for imported goods. These tax rates do not apply to all countries that Kosovo has trade exchange with. Goods coming from Macedonia are not subject to customs dutiesat the border (only VAT is collected) except a charge of 1% of goods' value collected in the name of customs' fees. Border taxes in 2005 accounted for 68% of Kosovo's budget revenues (Ministry of Economy and Finance, 2006), or much higher than in any transition country. The implication of such a budget composition in the medium term will be the rising trend of liberalization such as the entry into force of the Central European Free Trade Agreement (CEFTA) that will inevitably force Kosovo to rely more on taxes collected within the country to maintain budget sustainability.

Agriculture is referred to as one the sectors that is in a more disadvantaged position than others and with potentials to development at the same time. The development of this sector is facing strong competition from countries in the region, where producers enjoy support from their government subsidies. Kosovo producers cannot afford this competition in an entirely open market. The price of local products is higher than of imported ones, often with dumping prices. The budget of the Ministry of Agriculture Forestry and Rural Development is very small. In fact there is no budget for anything about agriculture – that is a budget for salaries and costs of the Ministry and not for any support or investment in agriculture. Limited and difficult access to finance features all businesses, but agribusinesses got only 2% of total loan portfolio from by the banks. Access to finance by agribusinesses could be improved through the loans from a commercial bank where the Government would subsidise the interest rate.

An undesirable impact on the economy has been frequent changes in the Government and the split between political parties. Just one month after the death of former Kosovo president Ibrahim Rugova who was also the chairman of the largest political party – the Democratic League of Kosovo (LDK), the Assembly Speaker Nexhat Daci (LDK), the Prime Minister (PM) Bajram Kosumi (from the Alliance for the Future of Kosovo – AAK) and his deputy Adem Salihaj (LDK) were dismissed overnight in the beginning of March 2006. The Assembly Speaker was dismissed by majority of votes in the Assembly of LDK-AAK coalition charges of misusing public funds, the PM who had inherited his position from the AAK leader Ramush Haradinaj was accused of being too inefficient and was forced to resign. Agim Ceku, who was the commander of Kosovo Protection Corps and politically unaffiliated, became PM as the member of AAK (UNDP, 2006a). In all this political turmoil that continues, economic issues are being neglected, whereas non-professionalism, inefficient and corrupted governance have associated the PISGs and local administration. The Office of the Auditor General found enormous irregularities in managing public finances, mismanagement of procurement policies, non-compliance with tender procedures, and use of money for other purpose than allocated.[12] The destination of some funds was found as money laundering and their use later discovered.[13]

The PISGs and UNMIK are an example of joint and dualist administration at the same time as there is no a clear cut line who is in charge to do what. The PISGs often complained that they do not have sufficient competencies to do more in certain economic areas. Their vociferous critique against UNMIK, Pillar IV respectively, is that the funds of privatization, Kosovo Pension and Savings Trust are frozen, then a part of Post and Telecommunication profit and banks' deposits is being used abroad, which the PISGs rightly complain against it as a cause of economic recession by withdrawing the money from circula-

[12] All reports of the Auditor General are available at: www.oag-ks.org

[13] For example, the KTA in 2006 was forced to abolish the tender winner for an SOE (Jugoterm) in Gjilan city after it found that the deputy PM Lutfi Haziri and his political associates are behind the bid. Before becoming deputy PM, Mr. Haziri was mayor of Gjilan. The Auditor General found the Government had pledged € 5.0 million of which € 3.7 million were actually delivered to repair the damaged caused by an earthquake that struck the region in 2002. Only € 1.25 million were spent for intended purpose whereas the destination of € 2.45 million was unknown. See full report at: Haziri in the privatization of Jugoterm and scanned documents of financial transactions through Kasabank, see Një privatizim që korruptoi gjysmën e kabinetit Çeku (A privatization that corrupted half of [Agim] Ceku's cabinet) available at: http://www.cohu.org/jugoterm.html.

tion. The main problem in this governance system between UNMIK and the PISGs is perhaps that some foreign countries have interests in strategic sectors, therefore are selective towards some clientelist local politicians (Domadenik, Mulaj, and Redek, 2006). After all, some local and international stakeholders are interested to keep this system in operation for their benefits.

4 Economic conditions and indicators

Kosovo's economy today is one of the poorest in Europe (more on poverty in forthcoming sub-section). With an estimated GDP per capita of € 1,120 in 2005 (International Monetary Fund – IMF, 2007) Kosovo ranked second lowest in Europe after Moldova where the related figure was $ 862 (European Bank for Reconstruction and Development – EBRD, 2006). GDP per capita fell to € 1,117 in 2006 and is estimated to fall to € 1,114 in 2007 as a result of expected population growth from 2.033 million in 2006 to 2.067 million in 2007. GDP per capita is slightly more than 1/3 of that in the neighboring countries (Albania, FYR Macedonia, Montenegro, and Serbia).

As indicators in Appendix to this paper show, Kosovo'a economy suffers from a considerable number of structural distortions and macroeconomic imbalances. Interesting enough, consumption as one of four components of GDP since 2001 to the present day is higher than the GDP itself. Imports are several times higher than exports causing a very large trade deficit which currently is running at around 55% of GDP. In principle, consumption generates production and production investment, which is not so much the case in Kosovo. Most consumption goods are largely imported, thus making Kosovo's population as a consumption society, the money of which largely ends up abroad. The main source of financing this economic paradox is foreign assistance and remittances of Kosovar emigrants that encourage production and investment in the countries that export consumption goods to Kosovo (Mulaj, 2007). Workers' remittances in 2006 accounted for around 15% and donor assistance for over 17% of GDP. This implies that around 1/3 of Kosovo's economy directly depends on abroad.

The donor support, including UNMIK's expenditures, has been declining year by year having a significant impact in the economy. The EU Pillar IV estimated that UNMIK has spent around € 2.6 billion since it was established in mid-1999 to 2006 (EU Pillar IV, 2006). The IMF (2007) assessed that UNMIK spent € 280 million in 2006 should have and is spending € 224 million in 2007. That makes a cumulative of well over € 3 billion that would have be sufficient to establish sustainable and efficient institutions of a small market economy like Kosovo. Beside this direct amount within UNMIK only, Zaremba (2007) notes that after eight years, a total € 22 billion euros have been spent in Kosovo by the UN and international organizations in all aspects. The fact that this enormous amount has not resulted in economic consolidation and sustainability but produced fragile conditions presented earlier, in the view of Zaremba has one core explanation; Kosovo became the UN's biggest money laundering mission in history where the UN's bureaucrats and some local political mafia filled up their pockets.[14]

A large business activity is going on in informal sector. Private small and medium enterprises (SMEs) which played an important role in economic growth and employment generation in other transition countries still cannot make any significant change in the economy of Kosovo. Their development is being disadvantaged by a number of barriers. It is worth referring to unfavorable loans from commercial banks involving an average yearly interest rate between 12% and 15%, small volume of loans, and short repayment period. Unemployment has been, is and will be the most pressing economic problem for Kosovo. Unemployment rate in 2006 stood at over 45% or up from around 35% in 2005. It is the highest one in Europe. The Government does

[14] The journalist Maciej Zaremba of Sweden's largest newspaper Dagens Nyheter (30 June, 2007) who has referred to the UN administration as "UNMIKISTAN" and "a bizarre form of government", addresses much of this phenomenon to the European countries in the following way: "ONCE UPON A time the world was easier to understand. Italians were corrupt while Scandinavians stood for honesty. But in Kosovo, *the Viking mafia* is a concept that stands for Danish, Norwegian and Icelandic profiteers. And local Kosovans pray to Allah that some day the incorruptible Italians will catch them".

not have any employment strategy for the large umber of unemployed, mostly unskilled for the labor market demands. The legal framework on social policies such as health care and insurance created just in February 2007 is not yet implemented due to budget constraints (Commission of the European Communities, 2007).

4.1 Widespread poverty, dissatisfaction and frustration are on the rise

As a result of massive unemployment, poverty in Kosovo is widespread and deepening every year. Economic growth which in 2007 is expected to be very small or unobservable, cannot stop the poverty from rising. The World Bank (2005) study that uses the data of 2002/2003 showed that around 37% of the population was living in poverty line consuming less than € 1.42 and over 15% living in extreme (food) poverty of € 0.93 consumption per adult per day.[15] In later estimates up to 2006, the World Bank (2007a) maintains that poverty in Kosovo has not risen and the explanation provided in another report (World Bank, 2007b) was because of a problem in data comparability between different samples and large margins of error. The study on the other hand indicates that there were no any real changes in household welfares except a slight rise in income inequality. Certainly, the rise in food prices in 2007 has increased poverty. Group age over 65 enjoy old aged pensions of only € 40 per month (see Appendix), which when measured by € 1.42 consumption per day, all of them fall in the category of poverty line if they do not have any other incomes. Perhaps the biggest poverty in Kosovo is the lack of human and economic reliable data that would enable better research and decision makings. There has been no population census for over a quarter of the century, the last one being carried out in 1981. For more than two years, the Ministry of Public Services has been making preparations to register Kosovo's population.

---

[15] The Living Standards Measurement Study (LSMS) household survey as a standard measure of poverty is usually expressed in USD, but at that time there was no any significant difference in exchange between USD and Euro, therefore the World Bank preferred to use Euro

UNDP's quarterly Early Warning Reports, a measure of risk indicators, show that Kosovo's general public is becoming more and more dissatisfied with the economic conditions. Over 76% of the respondents were "very dissatisfied" or "dissatisfied" with current economic trends compared to 73.3% sharing the same opinion in 2005. Confidence on UNMIK has dramatically dropped from over 60% in November 2002 to 31% in June 2007. Similarly, confidence for the PISGs dropped from over 75% to 36% over the same comparative period. More respondents are able to protest due to economic than political reasons (55% versus 31%).[16] All these indicators have alerted, if not alarmed, UNMIK, the PISGs and international players that a major unrest with far reaching consequences is just around the corner, especially after ambiguities that the political status may not be resolved by the end of 2007. A Berlin based think tank European Stability Initiative – ESI (2006), identified the hopes for better economic future of Kosovo through emigration. It recommended that the resolution of Kosovo's political status should be seen through enabling the unemployed youth to go to Western Europe and find temporary job like Romanians, Bulgarians and Poles. Bringing additional police from the EU to deal with frustrated and unemployed people will not improve anything; "migration may help", ESI maintained. The population does not have alternatives of political reaction like other transition countries had, i.e. to bring into power social democrats, "reformed" Communists or any other political party which in Kosovo ideologically are not so diversified. In practice, political parties are more of lees the same that can be mostly addressed to the ideology of diversified opportunism. Democratic elections got an alternative choice anyway. The population largely boycotted the elections both at central and local level held on 17 November 2007, where the turnaround recorded the lowest level at only 41%. The Government is established from the results of these minority votes.

[16] Findings of the UNDP (2007) report are drawn from opinion poll of over 1,200 respondents over time.

4.2 Kosovo's other forgotten statuses

The media and their diversified profile play a very important role in a transition economy. Kosovo is not short of them but short of diversification. There are 10 daily newspapers, half of which mostly report political news, the other half (also news agencies) containing between 6-10 pages called VIP to report what Paris Hilton, Nicole Kidman and other famous celebrities are doing. Public TV – RTK regularly broadcasts matches of the English Premier League. Much of the unemployed youth and students have become so addicted that it would not be a surprise for someone to find that Kosovo has more fans per capita of the English Premier League than does England. It certainly shows that the youth is able to adapt to modern trends but the trend offered to them is not the one from which they can benefit anything. Poor Kosovar football also does not benefit much either. The UN's largest development agency and assistance provider – United Nations Development Programme (UNDP) – is playing football in Kosovo. It has appointed a Kosovo born footballer Lorik Cana who plays as midfielder for Olimpique de Marseille and Albania's national team, as UNDP's ambassador to promote the battle against poverty in Kosovo.) UNDP and the U.S. Agency for International Development (USAID) which often fund projects jointly, apply discrimination against development and never deal with respective complaints.[17] Many funds of international organizations have gone through incompetent and bad research as a consequence of favoritism, clientelism, nepotism, outright discrimination, jalousie, and hostility against professionalism applied by local personnel. Neither UNDP's hotline nor USAID's Of-

[17] The author of this paper has submitted a complaint against UNDP's mission in Kosovo to the UNDP's headquarters in New York in December 2006 for discrimination in the selection process of a joint project of UNDP and USAID on Kosovo Early Warning System. The author was informed in advance by local employees of UNDP that your (i.e. my) application will not be taken into consideration at all, for the reasons as they stated, that I was trying to build a monopoly in this sector of research (Koha Ditore, 13 November, 2006). The UNDP's hotline stated that there was no any intention to discriminate me except the desire to bring in new analysts, a desire that had no legal basis and was against the terms of reference. The investigation specialist of UNDP's hotline said that the report is ready, but was never made neither public nor available to me.

fice of the Ombudsman and Inspector General have been committed to investigate complaints from Kosovo.[18]

If one is to ask a citizen of the former Yugoslavia and Kosovo to remember something nostalgic about the system of self-management socialism, the most likely answer they will provide is: that was the system of education and health. These are the two sectors where UNMIK has fully transferred the power to the PISGs. The situation in the health sector has deteriorated so much that emergency centre in the hospital of Pristina often does not have basic medicines for the patients and sutures to hold the skin of open wounds.

Education that is seen as a way out of poverty has become a poverty in itself. There are currently not less than 30 private universities in Kosovo in Kosovo. They are to provide higher education in a country of over 2 million inhabitants, where about 50% of the population is under 25 years old, and where illiteracy rate is 6% (UNDP, 2006b). Now, compare it with the U.K. that has a population of 60 million and 120 universities, excluding the availability of hundreds of million students across the world. Slovenia with approximately the same number of inhabitants like Kosovo has got four universities, all of them public.

[18] After my first complaint, I only got an answer from UNDP's investigation specialist in New York stating that my complaint does not affect my future applications. I submitted two more applications for the same project, one as individual analyst and the other as project coordinator. Unlike in the first one where I was accused of trying to build a monopoly, local personnel at UNDP in Kosovo told me that I was not even short listed in the second application. I received no answer for the third application and submitted complaints for investigation to UNDP's and USAID's HQ in New York and Washington D.C. USAID's Office of the Ombudsman once told me that I should submit complaints for this project (that USAID finances the largest part) to UNDP. The U.S. is very much interested to investigate who finances whom in Middle East and elsewhere in the world, but constantly turns a blind eye and deaf ear to the misuse of its funds and discrimination in Kosovo. Moreover, USAID's Ombudsman and Inspector General have left USAID's employees in Kosovo to pursue the practice of misconduct which, apart from discrimination in their projects, influence discrimination elsewhere. That may fit into what Stiglitz (2004) would describe as "the ideas America pushes abroad are markedly different from what it practices at home."

Most private universities in Kosovo have got some education for business, which in reality is the business of education, i.e. to collect higher fees from poor students than in public university. Internet cafes that spread like mushrooms in a forest after rainfall throughout Kosovo, manage to make profits largely by hosting the youth who play a violent game called "counter strike." These and other examples of youth degeneration refute any claim of deeply corrupted institutions and academics that Kosovo's best resource is her people, in particular the youth, which under present governance system it is not.

5 From the UN to an EU mission: is interim mission turning permanent?

Perhaps the first mistake with Kosovo was made in the UN Resolution 1244 not only in the text it contained, but also because it did specify a timeframe of the mission and what will happen to Kosovo, or was the UN administration interim as it was said, or is likely to become permanent as it appears? One way out or an exit strategy could be understood by the functions and the powers that UNMIK was exercising to be transferred to the Government of Kosovo. After status talks in Vienna and presenting of Ahtisaari's Proposal, the UN wants to end that interim administration by transferring it to the EU. A question here arises: if Kosovo does not need an outside administration such as the UN or the EU, then can it go to independence on its own if it wants? The answer from what we observed in Kosovo's politics and economy is, No.

Ahtisaari was appointed as the UN's Special Envoy for Kosovo, to mediate the talks between Kosovo and Serbia over the future of Kosovo. The talks started in early 2006 in Vienna and coordinated through the UN Office of the Special Envoy for Kosovo (UNOSEK), that includes the staff from NATO, the EU, and the U.S.A. Serbia is represented by her government, Kosovo by the Unity Team involving all government and opposition high ranking officials. A total of seven rounds of talks were held in 2006 before Ahtisaari prepared the Proposal and made it public in February 2007.[19]

The Proposal came as a surprise with huge favors to the Kosovo Serbs and no mentioning of independence so much promised by Kosovo's government, except giving Kosovo a new political identity and independence from Serbia, but monitored by the EU. It appears that the core objective of this Proposal is to get rid of major roadblock – the UN's Resolution 1244 at any cost, by building other impediments. Even in its current content that offends the rights of the majority of population, is being opposed by Serbia and her traditional ally Russia, which threatened to use the veto in the UN's Security Council against the Proposal. The EU, however, is on the way to send its mission and replace UNMIK.

For the relevance of this article, the discussion will mainly consider the Proposal's economic implications. It offers Kosovo the chance to have access and become member of international financial institutions. The International Civilian Representative (which is like SRSG but as a representative of the EU) will play a role in appointments in key economic positions. SOEs and public companies remain under the jurisdiction of the KTA and foreigners again will have major say. In the section on external debt, the Proposal says that Kosovo will assume its share of the external debt of the Republic of Serbia, but is silent about huge damages that Serbia caused Kosovo and the property stolen by Serbia's during the violent rule. These provisions of Ahtisaari's proposal dot not guarantee any economic perspective, and in general is a continuation of existing mission with a different name and similar role.

An issue which in the Proposal is not directly related to the economy is decentralization on ethnic basis to create Serb municipalities and enclaves with direc ties to Belgrade. This may have serious implications in limiting the movement of goods and services. From political perspective, it may very easy lead to partition of Kosovo. The Unity Team has not explained this risk to the population and was largely not

---

[19] The Proposal is available at: http://www.unosek.org/unosek/en/statusproposal.html

transparent during the entire process of negotiations. What the Unity Appears to have been interested was fat salaries in the negotiation process paid by Kosovo's poor budget. The only Kosovo group opposing Ahtisaari's Proposal is the movement Vetvendosje (Albanian for Selfdetermination), an organization gathering mainly the youth. Vetevendosje's opposition to UNMIK rule, the PISGs and Ahtisaari's Proposal is only through peaceful protests, for which the Unity Team does not care. The rest of the population is passive, short-sighted, does neither know what went and is going on, nor what may happen in a distant future.

Conclusions and lessons learned

Managing political and economic transition in Kosovo through the UN and institutional transplantation was obviously a better alternative than go it alone with enormous constraints, inexperience and limited resources. Arguments that what has already been accomplished in the economy is a bed of roses and must be never compared to what might have happened without UNMIK presence, can be found days and nights. However, the alternatives within the existing mission for the resources spent would have had resulted in remarkably better socio-economic conditions. Since we are not in a position to rerun the experiment elsewhere due to specificity of slow-moving institutions and the impact of cultural factors, it is useful to learn some useful lessons from the experience that involved trial and error.

The UN mission in Kosovo did not have any carefully planned exit strategy in sight. That is why its mission is trapped. Transferring it to the EU does not mean that the mission is accomplished. Having into consideration the resources it involved, the mission failed to provide better and sustainable economic perspective for majority of the population. The drawbacks were and still are related to non-coordination, lack of transparency and accountability. Many UN and development agencies personnel would face punishment if they were to act in their home countries as they did in Kosovo. Such a behavior is not their born habit; it is generated in Kosovo. The UN and EU in future should ensure that their envoys are more accountable to the headquarters. Imposing modern legal framework and rules in the countries where the mission is deployed, is fine. Better enforcement of them is what future UN and the EU mission should consider seriously.

It should be reminded that UNMIK and the PISGs belong to different slow-moving institutions, therefore their work together was not easy, nor it will be easy under forthcoming EU mission. As fast-moving institutions, UNMIK and the PISGs are partially responsible for underdevelopment, unemployment, and poverty in Kosovo. The rest of responsibility may be addressed to certain segments of the population for not pushing the changes when they are necessary, in particular the change in peoples' mentality towards modern fast-moving institutions and their "excessive love and respect" for some countries that would be the first to recognize Kosovo's formal political independence. The population is missing a strategic thinking to gradually build the true independence at base in cooperation with international partners, after which it would have less foreign presence and better relation with them. A collective transformation in the way of thinking should happen, regardless that it may take time. It is true that Kosovo Albanianslearn from the past but do not learn lessons for the future. There is a growing consensus at home and among some foreign countries that political independence should have been declared and recognized immediately after the deployment of the UN for the purpose of having a better status today, and not delayed to become more uncertain for the future. By the same token, someone today may think that raising a loud voice against development agencies for the projects' mismanagement and discrimination even in individual recruitments, is of less importance and urgency compared to other major issues, therefore let it go and resolve later. After some time, when the problem evolves into a system of operation, it is very easy to find out the consequences in economic development for not reacting earlier, like in the case of political status. And this is what features many areas in Kosovo – non-reaction until the consequences are seriously felt.

In current conditions of widespread unemployment, deep poverty, the youth without perspective, many fear that tensions that may have far reaching consequences are just around the corner. Although the NATO-lead peacekeeping force (KFOR) is not allowing this to happen for a moment, social problems, disappointment, and Serb enclaves blessed by Ahtisaari's humiliating Proposal, will keep the situation fragile. The status that is not yet forgotten is the final political status, though this too, has become uncertain. Other statuses explored in this paper are not receiving due attention. If the EU is planning to commit more resources than it has so far, then it should spend them differently, and that is, invest in changing the behavior of Kosovo's slow-moving institutions. Only this approach can make Kosovo more economically viable and sustainable in the long run. Continuing current attempts with similar management methodology may result in some economic development, but at the end of the day high costs are very hard to justify suboptimal results. The EU should remember that in Kosovo's economic development far more than economics is involved.

Literature

Back, Thorsten and Luc Leaven. Institution Building and Growth in Transition Economies, Policy Research Working Paper no. 3657. Washington D.C.: World Bank, 2005.

Bennet, Christopher. Yugoslavia's Bloody Collapse: Causes, Course and Consequences. London: Hurst and Company, 1995.

Brunetti, Aymo., Gregory Kisunko and Beatrice Weder. Institutions in Transition: Reliability of Rules and Economic Performance in Former Socialist Countries, Policy Research Working Paper No. 1809. Washington D.C.: World Bank , 1997.

Domadenik, Polona,, Isa Mulaj and Redek Tjaša. "Kosovo na Poti v Tržno Gospodarstvo (Kosovo On The Route To Market Economy)" in Priložnosti Finančnega Sektorija v Tranzicijskih Državah (The Development of the Financial and Real Sectors in Transitional Countries), Janez Prašnikar and Andreja Cirman eds., Ljubljana: Časnik Finance, 2006, 363-378.

Commission of the European Communities. Kosovo under UNSCR 1224, 2007 Progress Report: Enlargement Strategy and Main Challenges 2007-2008, Communication from the Commission to the European Parliament and the Council, Brussels, 6.11.2007.

European Commission. Western Balkans in Transition, Directorate General for Economic and Financial Affairs, Report no. 30 (December), Brussels. 2006.

EU Pillar IV. Trade Policy for Kosovo, a Joint Paper by Ministry of Trade and Industry and UNMIK European Union Pillar, Pristina: EU Pillar IV, 2004.

EU Pillar IV. UNMIK's Impact on the Kosovo Economy: Spending Effects 1999-2006 and Possible Consequences of Downsizing, Pristina: EU Pillar IV, 2006.

European Bank for Reconstruction and Development – EBRD. Transition Report 2006: Finance in Transition, London: EBRD, 2006.

European Stability Initiative – ESI. Cutting the Lifeline Migration, Families and the Future of Kosovo, Berlin – Istanbul: ESI, 18 September 2006.

Guriev, Sergei and Andrei Rachinsky. "The Role of Oligarchs in Russian Capitalism," Journal of Economic perspectives 19 (1:2005): 131-150.

International Monetary Fund – IMF. Aide Memories of the IMF Staff Mission to Kosovo, April 20 to May 4, 2005, Washington D.C.: IMF, 2005.

International Monetary Fund – IMF. Aide Memories of the IMF Staff Mission to Kosovo, February 19–27, 2007, Washington D.C.: IMF, 2007.

Keefer, Philip. Clientelism, Credibility and the Policy Choices of Young Democracies,the World Bank Development Research Group, mimeo, 2005.

King, Ian and Whit Mason. Peace at Any Price: How the World Failed Kosovo?, Crisis in World Politics 2, Cornell University Press: Ithaca, 2006.

Koha Ditore. USAID Reports Contested: The Analyst Against UNDP, Pristina, 13 November 2006, 4.

Kosovo Trust Agency. Available at: http://www.kta-kosovo.org/html.

Ministry of Economy and Finance – MEF. Kosovo Economy in 2004 and its Prospects for 2005, MEF, Pristina: PISG, 2006.

Ministry of Labor and Social Welfare – MLSW. 2006. Information on labor market in Kosovo - May 2006, MLSW, Pristina: PISG, 2006.

Ministry of Labor and Social Welfare – MLSW. 2007. Information on labor market in Kosovo - May 2007, MLSW: Pristina, PISG, 2007.

Mulaj, Isa. "Delayed Privatization in Kosovo: Causes, Consequences and Implications in the Ongoing Process," in Path-dependent Development in the Western Balkans: The Impact of Privatization, Siniša Kušić, ed., Frankfurt: Peter Lang, 2005, 123-163.

Mulaj, Isa. "Trade Performance and Foreign Direct Investment in Kosovo during the United Nations Administration and the Determinants of a Distinctive Path of Transition towards the European Union", in The Western Balkans on Their Way to the EU?, Siniša Kušič and Claudia Grupe, eds., Frankfurt: Peter Lang, 2007, 85-120.

Office of the Auditor General in Kosovo, various reports, available at: http://www.oag-ks.org.

Official Gazette of UNMIK, various issues, available at: http://www.unmikonline.org/regulations/unmikgazette/02english/Econtents.htm.

Organization for Democracy, Anticorruption and Dignity "Çohu". Një privatizim që korruptoi gjysmën e kabinetit Çeku (A Privatization that Corrupted half of [Agim] Ceku's Cabinet), 2007. Available at: http://www.cohu.org/jugoterm.html.

Perrit, Henry H., Economic Sustainability and Final Status for Kosovo, Journal of International Economic Law 259, University of Pennsylvania, 2004. Available at: http://www.kentlaw.edu/perritt/courses/seminar/kdev-jiel-published-wl.htm.

Radio Television of Kosovo – RTK, Interview with Carl Bild, Pristina, broadcasted on 1 February, 2007.

Redek, Tjaša and Andrej Sušjan. "The Impact of Institutions on Economic Growth: The Case of Transition Economies," Journal of Economic Issues 39, (4: 2005): 995-1027.

Roland, Gérard. "The Political Economy of Transition", Journal of Economic Perspectives 16 (1:2002): 29-50.

Roland, Gérard. "Understanding Large Institutional Change: Fast-Moving and Slow-Moving Institutions," Studies in Comparative International Development 38 (4: 2004): 109-131.

Statistical Office of Kosovo – SOK, Kosovo in Figures, Series 1 – General Statistics, Ministry of Public Services, PISG, Prishtina: SOK, 2006.

Stiglitz, J. E. Globalization and Its Discontents, London: Penguin Books, 2002.

Stiglitz, J. E. The Roaring Nineties: Why We're Paying the Price for the Greediest Decade in History, London: Penguin Books, 2004.

UNDP. Early Warning Report – Kosovo, Report No. 14, January – June 2006, Prishtina: UNDP, 2006a.

UNDP. Youth: A New Generation for a New Kosovo, Human Development Report, Pristina: UNDP, 2006b.

UNDP. Early Warning Report – Kosovo, Report No. 17, April – June 2007, Prishtina: UNDP, 2007.

UNMIK official website, available at: http://www.unmikonline.org.

UNOSEK. The Comprehensive Proposal for Kosovo Status Settlement, 2007. Available at: http://www.unosek.org/unosek/en/statusproposal.html

UN Security Council Resolution 1244, available at: http://daccessdds.un.org/doc/UNDOC/GEN/N99/172/89/PDF/N9917289.pdf?OpenElement. USAID. Business Conditions Index Kosovo 2005, prepared by USAID Kosovo Cluster and Business Support, Prishtina: USAID, 2005. Available at: http://www.euinkosovo.org/

upload/USAID%20Report%20%20Business%20Conditions%20Index %20in%20Kosovo%202005.pdf.

World Bank. Kosovo Poverty Assessment: Promoting Opportunity, Security, and Participation for All, Report No. 32378-XK, Poverty Reduction and Economic Management Unit of the World Bank, Washington D.C.: World, Bank, 2005 (June).

World Bank. Kosovo Poverty Assessment: Accelerating Inclusive Growth to Reduce Widespread Poverty, Vol. I, Report No. 39737, Poverty Reduction and Economic Management Unit of the World Bank, Washington D.C.: World Bank, 2007a.

World Bank. Kosovo Poverty Assessment: Estimating Trends from Non-comparable Data, Vol. II, Report No. 39737-XK, Poverty Reduction and Economic Management Unit of the World Bank, Washington D.C.: World Bank, 2007b.

World Bank. Methodology of Doing Business, available at: http://www.doingbusiness.org/MethodologySurveys.

Zaremba, Maciej. Colony Kosovo, translated by Oliver Grassman, 30 June, 2007. Available at: http://seeuropeonline.blogspot.com/ 2007/06/colony-kosovo-by-maciejzaremba.html.

Appendix: Kosovo's main economic indicator
(in mil. Of Euros unless otherwise indicated)

	2001 a)*	2002 a)*	2003 a)*	2004 a)*	2005 b)*	2006 b)*	2007 b)**
Population (in `000)	1,868	1,900	1,932	1,965	1,999	2,033	2,067
GDP	2,439	2,447	2,426	2,516	2,238	2,270	2,303
Consumption	2,680	2,623	2,600	2,699	2,792	2,862	2,772
Investment	661	603	572	591	583	666	793
Government expenditures	240	402	543	749	698	723	724
Net Export (Exports–Imports)	–901	–779	–746	–744	–1,136	–1,259	–1,262
– Exports	372	321	300	298	204	249	284
– Imports	1,273	1,100	1,046	1,072	1,340	1,508	1,546
GDP per capita (in €)	1,305	1,235	1,256	1,301	1,120	1,117	1,114
Worker's remittances	317	341	341	341	281	318	410
Total budget	232	500	590	601	628	713	693
Foreign assistance	1,170	887	688	573	491	465	376
Employment rate (%) c)	19,6	23,8	25,3	27,7	28,5	n.a.	n.a.
Unemployment rate (%) c)	57,1	55,0	49,7	39,7	41,4	n.a.	n.a.
Population in poverty line (%) c)	50,3	37,7	38,1	43,5	34,8	45,1	–
Population in extreme poverty (%) c)	11,9	15,4	13,9	12,4	12,7	16,7	–
Number of registered jobseekers	n/a	257,505 d)	280,923 d)	300,697 d)	319,72 e)	326,026 f)	332,013 g)
Basic pensions (in €, month)	–	–	–	40	40	40	40

* Estimated

** Projected

n.a. data not available or could not be obtained.

Note: GDP variables C+I+G+(NX–I) do not add up the numbers of aggregate GDP due to methodology used by the IMF. Amounts in the variable Government expenditures (G) are spread in Cosumption and Investment. Following this, C+I+(NX–I) adds total GDP as presented by the IMF and shown in the table.

Sources:

a) IMF, Aide Memories of the IMF Staff Mission to Kosovo, April 20 to May 4, 2005, Washington D.C.; IMF, 2005

b) IMF, Aide Memories of the IMF Staff Mission to Kosovo, February 19–27, 2007, Washington D.C.: IMF, 2007

c) World Bank, Kosovo Poverty Assessment: Accelerating Inclusive Growth to Reduce Widespread Poverty, Vol. 1, Report No. 39737, Poverty Reduction and Economic Management Unit of the World Bank, Washington D.C.: World Bank, 2007a

d) World Bank, Kosovo Poverty Assessment: Promoting Opportunity, Sevurity, and Participation for All, Report No. 32378–XK, Poverty Reducion and Economic Management Unit of the World Bank, Washington D.C.
World Bank, 2005

e) Ministry of Labor and Social Welfare – MLSW, Information on labor market in Kosovo – May 2006, Prishtina: MLSW–PISG, 2006

f) MLSW, Information on labor market in Kosovo – May 2007, Prishtina: MLSW – PISG, 2007

Uwe Dathe

Wettbewerb ohne Wettbewerb? Über die Bedeutung von Reformen im Bildungswesen für die Akzeptanz der Wettbewerbsidee

In seinem Beitrag „The concept of the Social Market Economy for transition countries"[1] formuliert Joachim Ahrens Bedingungen für eine erfolgreiche Transformation des Wirtschafts- und Sozialsystems in den osteuropäischen Staaten. Der Prozess der ökonomischen und sozialen Transformation müsse idealiter fünf Voraussetzungen haben: einen starken Staat, der Regeln durchsetzen kann, gleichzeitig aber die Grenzen seiner Wirksamkeit akzeptiert, eine effiziente öffentliche Administration, Schlüsselinstitutionen, die einen Markt konstituieren, einen freien Wettbewerb und Privateigentum. Für den Transformationsprozess setzt Ahrens die Bedeutung des Wettbewerbs höher an als die des Privateigentums. Das ist insofern verständlich, als durch einen fairen und freien Wettbewerb aus staatlichem oder halbstaatlichem Eigentum ja erst Privateigentum entstehen bzw. das in der Frühphase der Transformation mit oft krimineller Energie zusammengeraffte Eigentum der großen Oligarchen einem Bewährungs- und Neuverteilungsdruck ausgesetzt werden kann. Ohne es zu zitieren, knüpft Ahrens mit seiner These an Franz Böhms Diktum an: „Der Wettbewerb ist das großartigste und genialste Entmachtungsinstrument der Geschichte."[2] Denn eine Transformation, die zumindest punktuell an das Konzept der Sozialen Marktwirtschaft anknüpfen will, muss bestehende Machtstrukturen, die jenseits des Wettbewerbs und allgemeingültiger formeller Regeln existieren, auflösen.

Die Umsetzung des Konzepts der Sozialen Marktwirtschaft bzw. einer freien und fairen Wettbewerbswirtschaft in den Transformationsstaaten Mittel- und Osteuropas hängt nun nicht nur von der Durch-

---

[1] Ahrens 2009.

[2] Böhm 1961: 22.

setzung und Akzeptanz der von Ahrens diskutierten formelle Regeln ab, sondern ist auch entscheidend davon beeinflusst, welche informellen Regeln das politische und wirtschaftliche Leben eines Transformationslandes bestimmen. Es hat sich eingebürgert, einen engen Zusammenhang zwischen diesen informellen Regeln und der spezifischen Kultur eines Transformationslandes zu sehen.[3]

Bevor ich mich auf eine der von Ahrens angeführten Voraussetzungen konzentriere und an einem Problem aus dem Schnittfeld zwischen Wirtschaftspolitik und Bildungspolitik zeigen werde, warum in der Ukraine der wirtschaftliche Transformationsprozess trotz erfolgreicher Einführung formeller Regeln noch längst nicht so gradlinig verläuft wie von vielen Bürgern gewünscht, den meisten Politikern versprochen und westlichen Partnern erwartet, soll kurz dargelegt werden, weshalb es in Bezug auf die Ukraine angebracht wäre, das Ziel der ökonomischen Transformation als Wettbewerbswirtschaft und nicht als Soziale Marktwirtschaft zu bezeichnen. Betrachtet man die wirtschafts- und sozialpolitischen Aussagen führender Politiker der Parteien, die in den beiden letzten Parlamentswahlen, den regulären im März 2006 und den vorgezogenen im September 2007, die meisten Stimmen erhalten haben, so fällt bei allen Unterschieden in der Bewertung einzelner Reformaufgaben auf, dass sowohl die *Partija rehionov* (Partei der Regionen, PdR) als auch der *Blok Julija Tymošenko* (BJUT) auf sozialpolitischen Interventionismus und Verstaatlichung des Sozialen setzen. Weite Bereiche der Sozialpolitik aber auch der Wirtschaftspolitik werden als relativ autonome Instrumente neben dem Wettbewerb angesehen und eben nicht so gedeutet, dass ein funktionierender, geregelter Wettbewerb per se zur Wohlfahrtssteigerung

---

[3] Zur Bedeutung kultureller Faktoren in wirtschaftlichen Transformationsprozessen vgl. außer den Arbeiten von Stephan Panther vor allem Goldschmidt/ Zweynert 2006 und Pleines 2006. Diese Beiträge verweisen auf weiterführende Literatur zum Thema Wirtschaftstransformation und Kultur. Ich werde mich im vorliegenden Beitrag allerdings nicht allgemein auf die Kultur als Erklärungsfaktor für Verzögerungen in der Transformation des Wirtschaftssystems beziehen. Fruchtbarer erscheint es mir, aus dem Konglomerat der Ideen, die die Kultur eines Raumes und einer Zeit ausmachen, inhaltlich bestimmte Ideen (informelle Regeln/Institutionen) zu isolieren und deren Sozialwirksamkeit zu bestimmen. Vgl. dazu Lepsius 1990: 32 f.

führt. Die dieser Grundhaltung entspringenden wirtschafts- und sozialpolitischen Versprechungen sind extrem populistisch und werden ohne jeden Blick auf die finanziellen Möglichkeiten des Staates vorgetragen.[4] Dieser extreme Sozialpopulismus passt gut zur ukrainischen Verfassung, in der zahlreiche soziale Grundrechte formuliert werden, die in der Realität weder einklagbar noch finanzierbar sind. Zusammengenommen entwerten der konstitutionelle und aktuellpolitische Sozialpopulismus nicht nur die Verfassung, sie verfestigen auch das wirtschafts- und gesellschaftspolitische Leitbild einer Transformation ohne Wettbewerb. Unter diesen Verhältnissen kann auch die Rede von der Sozialen Marktwirtschaft die Umsetzung und breite Akzeptanz der Wettbewerbsidee bremsen, scheint sie doch das Soziale als etwas zu fassen, dass von Institutionen jenseits des Wettbewerbs hervorgebracht wird.

Obwohl es inzwischen ein dichtes Netz von Gesetzen gibt, das einen freien Wettbewerb in Wirtschaft und Politik ermöglichen soll, existieren äußerst wirksame informelle Regeln, die den ökonomischen Wettbewerb um Marktchancen und den politischen um Einfluss in Legislative und Exekutive behindern. Diese Regeln sind nicht nur exogen, d.h. sie haben ihre Wurzeln nicht nur in der Geschichte vor der Erlangung der staatlichen Souveränität im August 1991. Einige der wirksamsten informellen Regeln sind endogen, d.h. sie haben sich erst nach 1991 herausgebildet und ausgebreitet. Viele dieser endogenen informellen Regeln werden bis heute durch das Bildungswesen weitergegeben, und zwar inhaltlich und formal.[5] In ihrem Zusammenspiel führen sie zur Verfestigung von Handlungsmustern, die dem „Steuerungsideal des Leistungswettbewerbs (...), in dem alle

[4] Die im Dezember 2007 vom Parlament gewählte Ministerpräsidentin Julija Tymošenko bekleidete diesen Posten bereits 2005. Ihre Wirtschaftspolitik war damals interventionistisch, dirigistisch und konzeptionslos.

[5] Obwohl über die neueren Entwicklungen in der Ukraine inzwischen sehr viele Arbeiten erschienen sind und dabei auch die Bereiche Wirtschaft und Bildung ausführlich behandelt wurden, ist zum Einfluss der Bildungspolitik und der alltäglichen Praxis im Bildungsbereich auf Wirtschaftskultur und Wirtschaftsgesinnung, einem Schnittfeld zwischen Wirtschaft und Bildung, nichts zu finden. Zur ukrainischen Bildungssystem vgl. Penter 2000, Noack/Penter 2001, Klüsener/Bredies 2007.

gleichermaßen denselben Spielregeln unterworfen sind und in dem bestimmte Gruppen keine Sonderrechte oder Privilegien genießen"[6], widerstehen und entgegenwirken, es letztlich sogar bekämpfen. Die von uns[7] ausgewählten Faktoren aus dem Bildungsbereich, die die Ausprägung einer Wettbewerbsgesinnung nachhaltig behindern, werden wir anhand von Beispielen diskutieren, die nicht zur Illustration allgemein erfasster Erkenntnisse dienen, sondern selbst erkenntniserweiternd wirken, indem sie kulturelle Phänomene ins Blickfeld von Ökonomen rücken, die bisher kaum beleuchtet wurden. Wie kamen wir zu unseren Beispielen? Friedrich L. Sell fordert, dass Ökonomen als Vertreter einer Verhaltenswissenschaft sich intensiver auf die Beobachtung und das Zuhören verstehen sollten.[8] Wir haben zugehört und beobachtet. Unsere Tätigkeit brachte es mit sich, dass wir von September 2000 bis Juli 2005 als Lektoren des Deutschen Akademischen Austauschdienstes (DAAD) in Kiew eng in die ukrainische Gesellschaft einbezogen waren. Im Rahmen unserer Arbeit und auf dienstlichen und privaten Reisen in alle Regionen des Landes kamen wir mit mehr als 1000 Studenten aller Fachrichtungen, Wissenschaftlern aller Disziplinen, mit Schriftstellern, Künstlern, Journalisten, Unternehmern und Managern, aber auch mit Taxifahrern, Marktfrauen, Handwerkern ins Gespräch. Und auch nach unserer Rückkehr nach Deutschland sind wir häufig in der Ukraine, treffen Studenten und Hochschuldozenten und lassen uns von den DAAD-Lektoren berichten.[9]

---

[6] Vanberg 2005, 14 f. und 21 f.

[7] Ich verwende an vielen Stellen dieses Aufsatzes den Plural, um meiner Frau und Kiewer DAAD-Kollegin Claudia Dathe zu danken. Mit ihr zusammen habe ich beobachtet und zugehört und alle Befunde diskutiert.

[8] Sell 2004: 401.

[9] Wir knüpfen mit unserem Vorgehen einer teilnehmenden Beobachtung an das Konzept einer historischen Anthropologie an, das unter Bezug auf die angloamerikanische Cultural Anthropology Mitte der 1980er Jahre von Alf Lüdtke, Hans Medick und David Sabean am Göttinger Max-Planck-Institut für Geschichte begründet wurde. Diese Autoren plädieren für einen mikrogeschichtlichen Zugang, also die Analyse von kleinen, aber umso aussagekräftigeren Begebenheiten und Lebensbereichen, in denen sich die paradigmatischen Brüche und Inkon-

Der inhaltliche Faktor der der Herausbildung einer Wettbewerbsgesinnung massiv gegensteuert, besteht darin, dass in den für alle Schüler und Studenten obligatorischen und sehr umfangreich gelehrten Fächern, die der Herausbildung eines Nationalbewusstseins dienen sollen (ukrainische Geschichte, Verfassungskunde, ukrainische Literatur) der Schwerpunkt auf der Erziehung zur Gemeinschaftsbildung liegt. Das Einfügen in die Gemeinschaft und nicht die Orientierung in der Gesellschaft ist das Ziel dieser Fächer. Wenn man die einzelnen Bildungsinhalte in den genannten Fächern[10] auf ihren Kern hin analysiert, lässt sich in der heutigen Ukraine ein Deutungsschema ausmachen das bereits von Klassikern sozial-wissenschaftlicher Forschung zu Gemeinschaft und Gesellschaft wie Ferdinand Tönnies (*Gemeinschaft und Gesellschaft* 1887) und Helmuth Plessner (*Grenzen der Gemeinschaft* 1924) skizziert wurde. Die Gesellschaft wird als mechanisches Nebeneinander von Individuen, die sich nur im Tausch begegnen und im Wettbewerb gegeneinander kämpfen, interpretiert, während die Gemeinschaft als organisches Zusammenwirken von Menschen, die durch gemeinsame Abstammung und Tradition miteinander verbunden sind, gedacht wird. Wirkungsmächtig sind heute in der Ukraine die an „Gemeinschaft" und „Gesellschaft" je konträr geknüpften Assoziationen.[11] Gemeinschaft ist lebendiger Organismus, Gesellschaft mechanisches Aggregat; Gemeinschaft beruht auf Vertrautheit und Intimität, Gesellschaft auf Fremdheit und Öffentlichkeit; in der Gemeinschaft wird der Mensch als Mensch geschätzt, in der Gesellschaft zählt nur seine Leistung; die Gemeinschaft strebt nach dem Glück des Ganzen, in der Gesellschaft sucht jeder sein eigenes Glück. Mit der Verklärung der Gemeinschaft und der Zurücksetzung des Gesellschaftsgedankens rücken auch die Ideen der funktionalen Ausdifferenzierung des Sozialen und des geregelten Wettbewerbs als

---

gruenzen der großen Geschichte sowie die Deutungs- und Handlungsweisen der Akteure bündeln; vgl. Vogel 2000.

[10] Zur Darstellung und Analyse der Bildungsinhalte in den historischen und sozialwissenschaftlichen Fächern und der Art und Weise ihrer Vermittlung vgl. Jilge/Telus 1998, Telus 2001, Hilkes 2002, Rodgers 2007, Stetsevych 2007.

[11] Zur Analyse dieser Assoziationen vgl. Bialas 1999.

Organisationsprinzip von Wirtschaft und Politik in den Hintergrund.[12] Über einige Ursachen für den nationalen Gemeinschaftsdiskurs und seine Vorherrschaft an den Schulen, Fachschulen und Universitäten haben wir an anderer Stelle nachgedacht[13], hier wollen wir an Beispielen, die mittelbar dem Diskurs über wirtschaftspolitische Ordnungsvorstellungen berühren, unmittelbar jedoch den nationalen Identitätsdebatten und den politischen Vorgaben für die gewünschte kollektive Identität entspringen, zeigen, wie die fachlich und publizistisch eingeschliffene Präferenz der Gemeinschaft zur Ausblendung konkreter liberaler Ansätze führt. Anders als am gehobenen politischen Stammtisch, in den meisten Fernsehsendungen über Russland und die Ukraine und im Feuilleton angenommen, gab es im ostslawischen Kulturraum auch liberale Denker und nicht nur Rauner von der Tiefe der russischen bzw. slawischen Seele. Der Ideenhistoriker Isaiah Berlin hat in einem wunderbaren Buch Grundzüge der liberalen Tradition russischen Denkens vorgestellt.[14] Ein Ort, an dem sich gegen Ende des 19. und zu Beginn des 20. Jahrhunderts im Zarenreich liberale Denkansätze entfaltet haben, war Kiew.[15] In unseren vielen Gesprächen mit ukrainischen Studenten über die historischen Persönlichkeiten, die für die Konzeption des ukrainischen Geschichts- und Gesellschaftsbildes von Bedeutung wären, fielen nie die Namen der liberalen Kiewer

---

[12] Dass die Gemeinschaftsideologie in der Ukraine auf fruchtbaren Boden fällt, hat nicht nur historische sowie außen- und bildungspolitische Gründe. Sie dient zur ideellen Abfederung einer Transformation, die noch längst nicht mehr Lebenschancen für immer mehr Menschen eröffnet. Kleinen Inseln beeindruckenden sozialen und ökonomischen Fortschritts stehen weite Flächen mit katastrophalen sozialen und ökonomischen Zuständen gegenüber. Als Ideologie der vom Fortschritt Ausgeschlossenen ist der Traum von einer wärmenden Gemeinschaft verständlich. Dieser Traum und die weit verbreitete Ablehnung des Wettbewerbs als Organisationsprinzip der Wirtschaft sind umso mehr verständlich, wenn man berücksichtigt, dass das, was von vielen Menschen in der Ukraine als politischer und wirtschaftlicher Wettbewerb täglich erlebt wird, eben kein Leistungswettbewerb, sondern ein „Behinderungs- oder Schädigungswettbewerb" (Eucken 1952: 247) ist.

[13] Dathe/Dathe 2007.

[14] Berlin 1978.

[15] Vgl. Emmons 1977.

Denker, die um 1900 Reformprogramme für Politik, Justiz und Wirtschaft entwarfen. Ewgenij Trubezkoij, Bogdan Kistjakowskij sowie die Ökonomen der Kiewer Schule um Nikolaj Bunge und Dmitrij Pichno[16] sind zwar einigen wenigen Spezialisten bekannt, haben aber bis heute anders als die Vertreter sozialromantischer, gemeinschaftszentrierter und anti-liberaler Vorstellungen keine identitätsstiftende allgemeine Bekanntheit erlangt.

Ordoliberale und verwandte Positionen sind in der Ukraine nahezu unbekannt. Es gibt keine Übersetzungen von Walter Eucken, Franz Böhm, Alexander Rüstow, Wilhelm Roepke und Alfred Müller-Armack, ihre wirtschafts- und gesellschaftspolitischen Ansätze sind kein Lehrgegenstand an den wirtschafts- und sozialwissenschaftlichen Fakultäten ukrainischer Hochschulen. Wir haben fünf Jahre in verschiedenen Auswahlkommissionen für DAAD-Stipendiaten mitgewirkt und dabei nicht einen Antrag in die Hände bekommen, der ein ordnungspolitisches Interesse erkennen ließ. Da die Lehrinhalte an den Universitäten zentral vorgegeben werden, lässt sich die Nichtberücksichtigung ordoliberaler Traditionen auch als negative Einstellung der Bildungspolitiker zu liberalen Grundsätzen interpretieren. Der Wunsch, andere als die vorgegebenen Ordnungsansätze kennen zu lernen, ist trotz der antiliberalen Bildungspolitik wach. Sobald meine Studenten mit einzelnen Texten aus der ordoliberalen Tradition in Berührung kamen, erwachte ihr Interesse. Mit Studenten des Studiengangs „Internationale Wirtschaftsbeziehungen/Internationale Wirtschaftspolitik" der Kiewer Taras-Ševčenko-Universität diskutierte ich im Seminar Euckens konstituierende und regulierende Prinzipien und Rüstows „Der dritte Weg" – mit großer Begeisterung bewerteten sie die aktuelle Wirtschaftspolitik der Ukraine vor dem ordoliberalen Hintergrund.

Ordoliberale Auffassungen von der Ordnung von Wirtschaft und Gesellschaft spielen aber auch in den öffentlichen Debatten über den weiteren Weg des Landes keine Rolle. In der Ukraine wird über die politische und kulturelle Lage ebenso engagiert gestritten wie über die

[16] Zur Kiewer Schule in der russischen Nationalökonomie vgl. Zweynert 2002: 281-305.

Frage der nationalen Identität. Während westliche Forscher durchaus einen Zusammenhang zwischen Wirtschaftsverfassung und nationaler Identität sehen[17], blenden selbst liberale ukrainische Intellektuelle die Frage nach der Wirtschaftsverfassung fast völlig aus[18] – Probleme der Kultur, Sprache, Politik und Justiz sowie des Verhältnisses zu Russland werden mit Blick auf das Identitätsproblem dagegen vehement diskutiert.[19]

Die Beispiele zeigen, dass in der Ukraine die inhaltlichen Impulse für die Durchsetzung und Akzeptanz der Wettbewerbsidee aus zwei wichtigen gesellschaftlichen Milieus, den Hochschulen und der liberalen Publizistik, fehlen, aus denen sie aber kommen müssten, wenn diese Idee nicht nur als ein vom Westen aufgezwungenes Konzept betrachtet werden soll.

Der Durchbruch des Wettbewerbsgedankens und seine Akzeptanz unter den nachrückenden Eliten werden nicht nur durch die gemeinschaftsorientierten Bildungsinhalte verhindert, sondern auch durch die informellen Rahmenbedingungen des Bildungssystems. Verhaltensweisen, die den Wettbewerb als zentrales Steuerungselement einer Gesellschaft fördern oder hemmen, werden nicht nur durch Bildungsinhalte geformt. Sie werden auch in der alltäglichen Praxis erlernt. Die entscheidende Lernphase fällt in die Studienzeit. Hier machen die Nachwuchseliten ihre ersten prägenden Erfahrungen mit dem Wettbewerbsprinzip. Studienplätze in den Fächern, die nach der Ausbildung die größten Karrierechancen eröffnen, oder an guten Universitäten sind sehr begehrt. Die Nachfrage nach ihnen ist deutlich größer als das Angebot. In einer Gesellschaft, in der ein reiner Leistungswettbewerb akzeptiert ist, und in der Einhelligkeit darüber besteht, dass ein fairer Wettbewerb das beste Instrument ist, um das Humankapital op-

---

[17] Vgl. den Überblick in Shulman 2003.

[18] Andrij Mokrousow, Verleger wichtiger Bücher zur politischen und kulturellen Transformation und Redakteur der Zeitschrift *Krytyka*, dem wichtigsten Forum der liberalen Intelligenz, beklagt immer wieder, dass er keine ukrainischen Autoren finde, die über Wettbewerbskonzepte schreiben könnten.

[19] Eine ausgezeichnete Übersicht über die Identitätsdebatten ukrainischer Intellektueller liefert Hnatjuk 2004. Auch hier werden die Fragen nach der Wirtschaftsverfassung, der Wettbewerbsordnung nicht gestreift.

timal zu verteilen, wird das knappe Gut ausgezeichneter Studienplätze durch einen Wettbewerb verteilt, in dem jeder Versuch, sich mit anderen Mitteln als durch entsprechende Leistung einen Wettbewerbsvorteil zu verschaffen, mit juristischen und moralischen Sanktionen rechnen muss. Alexander Rüstow hat wie wohl kein anderer die Startgerechtigkeit auf dem Gebiet der Ausbildung als Wesenselement einer liberalen Gesellschaft erfasst und sehr klar beschrieben: „Je mehr man die soziale Einkommensverteilung, unter Sicherung einer unteren Mindestgrenze, dem Walten eines streng überwachten fairen Leistungswettbewerbs und seiner Marktgesetzlichkeit überläßt, desto mehr muß sich natürlich die Forderung sozialer Gerechtigkeit auf den individuellen Start in diesem Wettlauf konzentrieren. Offenbar entspricht es nicht den Grundsätzen eines fairen, allein auf die Leistung abgestellten Wettbewerbs, wenn in ihm ein Wettbewerber nur dadurch einen wesentlichen und vielleicht uneinholbaren Vorsprung hat, daß er bei der Wahl seiner Eltern die nötige Vorsicht walten ließ und als Sohn eines reichen Vaters startete. Und zwar erstreckt sich die dem gegenüber zu erhebende Forderung der Startgerechtigkeit im Wesentlichen auf zwei Dinge: auf Bildung und auf Vermögen. (...) Von diesen beiden Forderungen ist die nach gerechter Gleichheit der Bildung die wichtigste und überdies die am leichtesten zu erfüllende."[20] In der Ukraine wird die soziale Einkommensverteilung noch nicht durch den genannten streng überwachten fairen Leistungswettbewerb geregelt – es fehlen zum einen die Institutionen, die überwachen und gegebenenfalls strafend eingreifen, es gibt zum anderen die Tendenz, dass die jeweils aktuellen Machthaber Einkommenssteigerungen anordnen, um ihre Wahlchancen zu vergrößern. Die Einkommen klaffen weit auseinander, und große Einkommen werden auch eingesetzt, um mit legalen und illegalen Mitteln den Vorsprung des eigenen Zöglings im Wettlauf um lukrative Studien- und Arbeitsplätze uneinholbar werden zu lassen. Natürlich untersagen Gesetze und Verordnungen jede Art von Bestechung an Schulen und Hochschulen, es halten sich nur nicht alle daran, und da auch das Rechtswesen äußerst korrupt ist, müssen diejenigen, die im Bildungsbereich wettbewerbsfremde Mittel einset-

---

20 Rüstow 1949/2004: 83 f.

zen, nicht befürchten, dafür belangt zu werden.[21] Geldzuwendungen an Lehrer, Mitglieder von Auswahl- und Prüfungskommissionen gehören zum Alltag, sind allgemein bekannt und werden nur notdürftig verdeckt. Die Korruption im Bildungswesen führt dazu, dass eine verzerrte Elitenauswahl stattfindet, dass die Kultur der Korruption auf die nächste, die nachsowjetische, Generation vererbt wird und dass sich kein Leistungsbewusstsein herausbilden kann.

„Die Wettbewerbsordnung kann ohne persönliche Verantwortung der einzelnen ebenso wenig funktionsfähig werden wie beim Fehlen ausreichender Markformen oder Geldordnungen.“ [22] Für Walter Eucken gehört das Prinzip der Haftung zur Lenkungsmechanik der vollständigen Konkurrenz. Verantwortung und Haftung existieren nicht an sich, wenn Menschen handeln. Beide Phänomene sind kulturell bedingt und müssen erlernt werden. Nur dann, wenn die zukünftigen Wirtschaftseliten in Familie, Schule und Hochschule zur Übernahme von Verantwortung für ihre Leistungen erzogen werden, wird sich das Verantwortungs- und Haftungsprinzip im Wirtschaftsleben durchsetzen können. Das ukrainische Bildungswesen ist nun von informellen Regeln durchsetzt, die die Herausbildung eines Verantwortungs- und Haftungsbewusstseins nahezu verhindern. Vor allem unter Eltern, Schülern und Studenten, aber auch in den Leitungsgremien vieler Schulen und Universitäten ist die Ansicht verbreitet, dass allein der Lehrer oder Dozent für die Leistungen seiner Zöglinge verantwortlich ist. Bekommen Schüler oder Studenten schlechte Noten oder fallen gar durch Prüfungen, dann wir die Schuld nicht beim Schüler oder Studenten gesucht, sondern beim Lehrer. Er muss den Durchfaller auf die Wiederholungsprüfung vorbereiten, gegebenenfalls muss er dafür in seiner Freizeit weitere Stunden anbieten. Überall im Lande ist die Auffassung fest verankert, dass nur die Note „sehr gut“ zählt und „gut“ bereits als Versagen gilt. Die beste Note wird nun nicht nur ge-

[21] Über das Problem der Korruption in den osteuropäischen Transformationsstaaten ist viel geschrieben worden, zur Ukraine vgl. die statistisch untermauerten Analysen in Polese 2006. Polese verweist auf weitere Literatur zum Thema Korruption in der Ukraine und da besonders auf Arbeiten zur Korruption im Bildungswesen.

[22] Eucken 1952: 280 f.

gen Geld oder andere Zuwendungen freigiebig verteilt. Mitleid mit dem Schüler oder Studenten, Vorgaben der Leitungsgremien an Instituten und Fakultäten, die mit guten Noten ihre Vorgesetzten beeindrucken wollen, der Wunsch mit dem Ruf, an der eigenen Einrichtung zu einem guten Abschluss zu kommen, Selbstzahler[23] anzulocken, oder die Angst des Lehrers vor der individuellen Nacharbeit in den Ferien – all das sind Ursachen für das massenhafte Auftreten der Note „sehr gut". Das fehlende Bewusstsein, Leistungen objektiv und abgestuft zu bewerten, wirkt sich äußerst negativ auf das Leistungs- und Verantwortungsbewusstsein aus.

Fehler und der rationale, verantwortungsbewusste Umgang mit ihnen gehören in jede moderne Gesellschaft. Der Umgang mit Fehlern muss an Schulen und Hochschulen eingeübt werden. Viele ukrainische Studenten berichten, dass Fehler, die sie in Seminaren machen, nicht diskutiert und zur Problemlösung benutzt, sondern als Ausdruck einer ungenügenden Lerneinstellung gerügt werden. Daraus resultiert eine weit verbreitete Angst vor Fehlern, die in vielen Fällen dazu führt, dass Studenten lieber schweigen, als mit Fehlern von der vorgegebenen Lehrbuchwahrheit abzuweichen. Wenn man Seminardiskussionen als Entdeckungsverfahren und eine Art Wettbewerb um den interessantesten Lösungsansatz für ein Problem begreift, wird deutlich, dass die Einübung in den Wettbewerb unter der Fehlerfeindlichkeit leidet. Am Umgang mit Fehlern, aber auch mit Meinungen, die sich vom vorgegebenen Standpunkt des Lehrbuchs oder des Dozenten unterscheiden, zeigt sich, dass es trotz zunehmender Hochschulkontakte zwischen der Ukraine und dem Westen bislang kaum gelungen ist, das alte sowjetische System des Vermittelns vorgegebener Meinungen aufzubrechen. Ausdruck dafür ist der in der Ukraine

[23] In der Ukraine gibt es zwei Formen, das eigene Studium zu finanzieren. Entweder bekommen die Studenten einen der wenigen Studienplätze, die vom Staat finanziert werden, oder sie bezahlen Studiengebühren, die zum überwiegenden Teil an den jeweiligen Hochschulen bleiben. Das sieht nur auf den ersten Blick gut aus, der Blick auf das Geld der Selbstzahler verführt die Aufnahmekommissionen nämlich oft dazu, die insgesamt limitierten Plätze vor allem an Selbstzahler zu vergeben und qualifizierte Kandidaten, die ihr Studium nicht bezahlen können, nicht zuzulassen. Dass die Idee des Leistungswettbewerbs dadurch völlig entwertet wird, liegt auf der Hand.

nach wie vor sehr beliebte Frontalunterricht, in dem sich die Schüler bzw. Studenten dominieren lassen. Kommunikative Unterrichtsformen, die einen freien und fairen Meinungsstreit, einen Wettbewerb ums beste Argument, eindeutig befördern, setzen sich nur langsam durch. Die Hochschulen sind noch längst nicht der Ort geworden, an denen eine Diskussionskultur ausgebildet werden kann, die den Erfordernissen einer liberalen Staats-, Gesellschafts- und Wirtschaftsordnung entspricht.

Unsere Beobachtungen zu den informellen Regeln, die im Hochschulwesen die Auswahl der Studenten, die Vergabe der Studienplätze, die Bewertung von Studienleistungen und Wortmeldungen in Seminaren steuern, lassen erkennen, dass in der Ukraine Studienkandidaten und Studenten nicht anhand allgemeiner Standards nach ihren Leistungen beurteilt werden. Vielen Begabten fehlen die Mittel oder die Beziehungen zu politisch oder ökonomisch ein-flussreichen Kräften, um chancenreich am Bildungswettbewerb teilzunehmen. Dass dieses Bildungssystem ohne Leistungswettbewerb die Produktivität des Gesamtsystems enorm beeinträchtigt liegt auf der Hand. Es ist erstens nicht in der Lage, Wissenspotentiale freizulegen, es begrenzt zweitens die Rekrutierungsbasis der ökonomischen und politischen Eliten und verhindert drittens eine optimale funktionale Ausdifferenzierung der geistigen Ressourcen des Landes. Ohne radikale Reformen im Bildungswesen wird es der Ukraine nicht gelingen, einen funktionierenden Leistungswettbewerb in Politik und Wirtschaft zum Durchbruch zu verhelfen. Und ohne einen solchen Wettbewerb wird es trotz aller Erklärungen der neuen Regierung nicht dazu kommen, verkrustete Machtstrukturen in Politik und Wirtschaft aufzubrechen. Noch haben die Verantwortlichen noch nicht einmal den Zusammenhang zwischen grundlegenden Bildungsreformen und allgemeinen Transformationserfolgen erkannt.

Literatur

Ahrens, J. (2009): The concept of the Social Market Economy for transition countries, in: Das Konzept der Sozialen Martkwirtschaft und seine Anwendung, S. 9

Berlin, I. (1978): Russian Thinkers, London (deutsch 1981).

Bialas, W. (1999): Gemeinschaft und Gesellschaft im Expressionismus, in: Nowak, C. / Schierz, K. U. / Ulbricht, J. H. (Hrsg.), Expressionismus in Thüringen. Facetten eines kulturellen Aufbruchs, Jena, 16-21.

Böhm, F. (1961): Demokratie und ökonomische Macht. Festvortrag zur Internationalen Kartellkonferenz Juni 1960, in: Kartelle und Monopole im modernen Recht, 1. Band, Karlsruhe, 1-24.

Dathe, C./Dathe, U. (2007): „Gelegentliche Gedanken über Universitäten in ukrainischem Sinn“: Der Provinzialismus im Hochschulwesen behindert die Nationsbildung, in: Bürgel, M. / Umland, A. (Hrsg.), Geistes und sozialwissenschaftliche Hochschullehre in Osteuropa III. Transformation und Stagnation an post-sowjetischen Universitäten, Frankfurt am Main u. a., 25-39.

Emmons, T. (1977): Russia's Banquet Campaign, in: California Slavic Studies 10, 45-86.

Eucken, W. (1952): Grundsätze der Wirtschaftspolitik, Tübingen.

Goldschmidt, N./Zweynert, J. (2006): Kulturelle Faktoren in wirtschaftlichen Transformationsprozessen. Ein Überblick, in: Goldschmidt, N./Zweynert, J. (Hrsg.), Die Interaktion der ökonomischen Kulturen und Institutionen im erweiterten Europa, Hamburg, 11-35.

Hilkes, P. (2002): Nationswerdung und die Ukrainisierung des Bildungswesens, in: Simon, G. (Hrsg.), Die neue Ukraine. Gesellschaft – Wirtschaft – Politik (1991-2001), Köln, Weimar, Wien, 149-173.

Hnatjuk, O. (2004): Zwischen Ost und West. Über die ukrainischen Identitätsdebatten, in: Makarska, R./Kerski, B. (Hrsg.), Die Ukraine, Polen und Europa. Europäische Identität an der neuen EU-Ostgrenze, Osnabrück, 91-115.

Jilge, W./Telus, M. (1998): Individuum und Gesellschaft als Probleme der neueren und neuesten Geschichte. Kontroverse Fragen und ihre Darstellung in den Geschichts- und Sozialkundebüchern – eine deutsch-ukrainische Schulbuchkonferenz in Kiew, in: Internationale Schulbuchforschung 21, 300-307.

Klüsener, S./Bredies, I. (2007): Das Bildungswesen der Ukraine. Katalysator oder Hemmnis für den Transformationsprozess, in: Geographische Rundschau 59, Nr. 12, S. 48-54.

Lepsius, R. M. (1990): Interessen und Ideen. Die Zurechnungsproblematik bei Max Weber, in: Ders., Interessen, Ideen, Institutionen, Opladen, 31-43.

Noack, C./Penter, T. (2001): Hochschulen in der Ukraine. Geschichte, Struktur, Perspektiven, Bonn.

Panther, S. (1998): Cultural Factors in the Transition Process: Latin Center, Orthodox Periphery?, in: Backhaus J. G./Krause, G. (Hrsg.), Issues in Transformation Theory, Marburg, 95-122.

Panther, S. (2002): Kulturelle Faktoren in der Transformation Osteuropas, in: Eger, T. (Hrsg.), Kulturelle Prägungen wirtschaftlicher Institutionen und wirtschaftlicher Reformen, Berlin, 95-118.

Penter, T. (2000): Das Hochschulwesen der Ukraine. Zu Reformen, gesetzlichen Grundlagen, Problemen und Perspektiven nach der staatlichen Unabhängigkeit, in: Osteuropa 50, 1212-1232.

Pleines, H. (2006): Die Bedeutung wirtschaftskultureller Faktoren. Methodische Überlegungen und Implikationen für die erweiterte EU, in: Goldschmidt, N./Zweynert, J. (Hrsg.), Die Interaktion der ökonomischen Kulturen und Institutionen im erweiterten Europa, Hamburg, 37-56.

Polese, A. (2006): *De jure* oder *de facto*? Die Gesundheits- und Bildungssektoren in der Ukraine, in: ukraine-analysen Nr. 16, 2-4 (www.ukraine-analysen.de), zuletzt aufgerufen am 14.1.2008.

Rodgers, P. (2007): ‚Compliance or Contradiction'? Teaching History in the New Ukraine. A View form Ukraine's Eastern Borderlands, in: Europe-Asia Studies 59, 503-519.

Rüstow, A. (1949/2004): Der dritte Weg, in: Ders., Die Religion der Marktwirtschaft, Münster, 43-102.

Sell, F. L. (2004): Vertrauen: Auch eine ökonomische Kategorie, in: Blümle, G. u. a. (Hrsg.), Perspektiven einer kulturellen Ökonomik, Münster, 399-410.

Shulman, S. (2003): The Role of Economic Performance in Ukrainian Nationalism, in: Europe-Asia Studies 55, 217-239.

Stetsevych, K. (2007): „Nation Building" eines Transformationsstaates – untersucht am Beispiel ukrainischer Schulbücher, in: Internationale Schulbuchforschung 29, 289-305.

Telus, M. (2001): Zum Ertrag des Projekts „Die Geschichts- und Sozialkundebücher der GUS-Staaten im Spannungsfeld von nationaler Selbstvergewisserung und internationaler Orientierung", in: Internationale Schulbuchforschung 23, 103-127.

Vanberg, V. (2005): Leistungswettbewerb in der Politik, in: Wohlgemuth, M. (Hrsg.), Spielregeln für eine bessere Politik. Reformblockaden überwinden – Leistungswettbewerb fördern, Freiburg, Basel, Wien, 14-24.

Vogel, J. (2000): Historische Anthropologie, in: Cornelißen, C. (Hrsg.), Geschichtswissenschaften. Eine Einführung, Frankfurt am Main, 295-306.

Zweynert, J. (2002): Eine Geschichte des ökonomischen Denkens in Rußland 1805-1905, Marburg, für die Europäische Union, Bonn 1994.

4.) Ordnungspolitische Ansätze der Wirtschaftspolitik in Ostasien – Herausforderung für die deutsche Wettbewerbsfähigkeit

Bernhard Seliger

Die zweite Welle: ordnungspolitische Herausforderungen der ostasiatischen Wirtschaftsentwicklung

1 Einführung

In den letzten Jahren mehrten sich die Stimmen, die das kommende Jahrhundert als das „asiatische“ Jahrhundert bezeichneten. Nach der japanischen Herausforderung, die vor allem Chalmers Johnson (1982) mit seinem Buch über „MITI and the Japanese Miracle“ popularisierte, erfolgt nun die chinesische Herausforderung. Das alte Sprichwort, „Optimisten lernen Russisch, Pessimisten Chinesisch“ aus dem Kalten Krieg scheint heute wieder eine neue Bedeutung zu erhalten. Bei westlichen Kommentatoren wird diese Entwicklung durchaus mit Sorge gesehen – Sorge um die Erhaltung von Arbeitsplätzen in Exportindustrien, Sorge um den eigenen Platz in der Weltwirtschaft, aber auch Weltpolitik – denn mit steigender Wirtschaftskraft wird auch das geo-politische Potenzial zum Beispiel Chinas anders bewertet – und auch die Frage, ob das marktwirtschaftliche Modell des Westens wirklich anderen Modellen so überlegen ist, wie es der Erfolg der entwickelten westlichen Marktwirtschaften im Positiven und der Misserfolg der sozialistischen Zentralverwaltungswirtschaften im Negativen zu beweisen schienen. Die verlorene Dekade Japans, das seit Anfang der neunziger Jahre des letzten Jahrhunderts unter Wachstumsschwäche und Bankenkrise zu leiden hatte, wird dabei weitgehend ausgeblendet. In Ostasien selber wird dagegen die Entwicklung der Wirtschaft und die eigene neue Stärke mit unverhohlenem Stolz betrachtet. So sprachen schon Deng Xiaoping und Rajiv Gandhi in den 1980er Jahren vom „asiatischen Jahrhundert“, das kommen würde. Jetzt ist es da. „Chindia“ ist die neue große Herausforderung: große Staaten mit noch größeren Menschenmassen, ein anscheinend unerschöpfliches Potenzial für den Arbeitsmarkt, bei Löhnen, die einfach nicht unterboten werden können. Das Ricardianische Theorem der komparativen Vorteile wird dann mal schnell unterschlagen, vor allem, wenn es um die Ausrichtung der künftigen Handelspolitik geht. Diese ist jetzt schon deutlich merkantilistischer geworden als noch vor wenigen Jahren. Während EU-Handelskommissar Peter Mandelson (2008) noch in der renommierten jährlichen Alcuin-Vorlesung der Cambridge-Universität vom „openness boom" der letzten zwei Dekaden spricht, sind tatsächlich die Weichen schon auf einen neuen Protektionismus eingestellt, z.B. in den USA, wo die Mehrheiten für die frühere Freihandelspolitik verloren gegangen sind. So ist die Schlussfolgerung von Jeffrey Sachs (2004) nur logisch: „Welcome to the Asian Century."

Aber was heißt das genau? Ist es nur die Anerkennung dafür, dass die ostasiatischen Staaten, ähnlich wie vorher die europäischen und nordamerikanischen Volkswirtschaften, marktwirtschaftliche Strukturen eingeführt haben? Ist es eine rein demographische Entwicklung, die Ostasien über eine junge Bevölkerung und große Märkte zum Mittelpunkt der Weltwirtschaft werden lässt? Oder ist es etwa eine Apologie der „Entwicklungsdiktatur", derjenigen Volkswirtschaften, die Marktwirtschaft mit der Missachtung der Menschenrechte verbinden? Die Asienkrise schien dies für die erste Welle erfolgreicher Industrialisierung in Ostasien durch die so genannten kleinen Tiger zu verneinen. Denn die Krise offenbarte gerade die Schwächen im institutionellen Gefüge dieser Diktaturen und autoritär regierten Staaten. Doch nun stellen Chinas und Vietnams Aufstieg ähnliche Fragen: Beides sind Länder mit den weltweit höchsten Wachstumsraten der letzten Jahre, und beides sind frühere sozialistische Zentralverwaltungswirtschaften, die das politische Monopol der kommunistischen Partei uneingeschränkt weiterführen. Dies ist insbesondere für die Ordnungspolitik der sozialen Marktwirtschaft eine erhebliche Herausforderung, denn diese betont ja gerade die Wichtigkeit von Institutionen für Wachstumsprozesse und die Interdependenz der Teilordnungen. In diesem Beitrag soll untersucht werden, welche Antwort die Ordnungspolitik auf diese Herausforderung geben kann. Im zweiten Abschnitt wird ein Rückblick auf die erste Welle der ostasiatischen Wachstumserfolge in den so genannten Tigerstaaten gehalten. Abschnitt 3 befasst sich mit den Lehren aus der Asienkrise. Im vierten Teil wird der Aufstieg der ostasiatischen Transformationsstaaten untersucht, gefolgt von Schlussfolgerungen für die Ordnungstheorie und Wirtschaftspolitik (5.).

2 Die erste Welle der ordnungspolitischen Herausforderung – Japan und die kleinen Tiger

Die ostasiatische Weltordnung, in der China im Mittelpunkt stand und ein Netz von Beziehungen zu anderen konfuzianisch geprägten Staaten und Regionen (wie Taiwan, Korea, Vietnam, Japan) unterhielt, hatte bis zum Ende des 19. Jahrhunderts Bestand.[1] Zwar hatte China selber durchaus eine hohe wirtschaftliche Entwicklung erreicht, allerdings hemmten das Feudalsystem langfristige, nachhaltige Investitionen, die wirtschaftspolitische Zentralisierung, die kulturelle Disposition und politische Faktoren wie die Furcht vor den Kolonialmächten Portugal und Niederlande und später England die Entwicklung des Handels und die kollektive Landwirtschaft des Nassreisanbaus den wirtschaftlichen Individualismus. Technologische Neuerungen, die ursprünglich dank des hohen Bildungsstandards durchaus ein Zeichen für die ostasiatischen Wirtschaften waren (wie etwa bewegliche Metalllettern beim Buchdruck) führten so, anders als in Westeuropa, nicht zu einer breit angelegten industriellen Revolution und im 19. Jahrhundert fielen die ostasiatischen Staaten, was den Stand der Technik und wirtschaftlichen Entwicklung, und damit einhergehend auch die militärische Macht, betraf, immer weiter gegen die westlichen Staaten zurück. Zwar unterhielt China schon im 18. Jahrhundert relativ regen Handelsaustausch mit dem Westen, die anderen Staaten hatten ihn aber wie Japan auf ein einziges Fenster (Nagasaki) beschränkt oder praktisch ganz abgelehnt, wie Korea. Dadurch kamen auch technische Neuerungen und neue Ideen nur bruchstückweise über China in diese Länder. Karl Marx sieht die Länder Ostasiens bereits nur noch als wachstumshemmende Feudalsysteme. Im Zeitalter des Kolonialismus führte dies zu Demütigungen durch Handelskriege (wie die Opiumkriege mit China), erzwungene Öffnungen (in China, Japan und Korea) und teilweise Kolonialisierung (wie in Indochina).

[1] Zur Einführung s. Kim (1980).

Der erste Staat, der eine eigenständige industrielle Revolution erreichen konnte, war Japan im 19. Jahrhundert. Durch eine Mischung aus Beibehaltung traditioneller Institutionen und Akzeptanz neuer Technologien, aber auch wirtschaftlicher Institutionen, kam es nach der Meiji-Restauration von 1868, bei der sich der Kaiser (Tenno) der Herrschaft der Shogune entledigte, zu einer schnellen Industrialisierung, die für die Zukunft ganz Ostasiens im 19. und 20. Jahrhundert schicksalhaft werden sollte. Denn sie führte auch zum Aufstieg der militärischen Macht Japans und zu Expansionsplänen, die teils auf ältere Vorbilder (wie die Kriege mit Korea und Japan im ausgehenden 16. Jahrhundert) zurückgriffen, teils wirtschaftlich begründet waren, teils dem Vorbild der Imperien Europas verhaftet waren. Japans Sieg über China im Krieg von 1894-1895 bedeutete das Ende der oben beschriebenen ostasiatischen Weltordnung. Wichtiger noch war der Sieg Japans im russisch-japanischen Krieg von 1904-1905. Hier siegte zum ersten Mal eine asiatische Nation über eine europäische. Dies beendete einerseits die These von der automatischen, z.B. rassisch begründeten, Überlegenheit des Westens, andererseits war es auch eine Rechtfertigung für die Öffnung für westliche Technik und Kultur in Japan. In Europa wurde das durchaus als Bedrohung einer vorher sicher geglaubten Machtstellung gesehen: das Wort von der „gelben Gefahr" hat hier seinen Ursprung; der Eurozentrismus war zum ersten Mal in Frage gestellt.

Japan wurde durch die Annexion Koreas und Taiwans selbst zur Kolonialmacht und die Vormachtstellung Japans in ganz Ostasien schien nur eine Frage der Zeit zu sein.[2] Dies brachte Japan in Gegensatz zu den USA und Großbritannien. Unter dem Slogan von der „*Greater East Asian Sphere of Co-Prosperity*" versuchte Japan, die Völker Ostasiens gegen die Kolonialmächte aufzuwiegeln und gleichzeitig dem eigenen Kolonialreich einzuverleiben. Im pazifischen Krieg, der von 1937 bis 1945 tobte, ging diese Vision unter – sie endete mit der fast totalen Zerstörung Japans und dem Abwurf zweiter Atombomben. Die Wirtschaftskraft, die einmal der Ausgangspunkt von Japans Expansion war, lag völlig danieder. Doch, genauso wie in Westdeutschland kam

[2] Zur Kolonialgeschichte Japans s. Beasley (1987).

es in Japan nach dem zweiten Weltkrieg zu einem so kaum erwarteten Wiederaufbautempo, das bald dazu führte, dass Japans Wirtschaftskraft noch viel größer war als vor dem Krieg und der bald als „Wirtschaftswunder" deklariert wurde. Diese Wirtschaftskraft wurde nun, unter einer betont pazifistischen Verfassung und in der engen Koalition mit den USA, nicht mehr zur militärischen Expansion eingesetzt. Aber wirtschaftlich gesehen wurde der Traum Japans, Mittelpunkt eines neuen ostasiatischen Weltsystems zu sein, bald erfüllt, denn japanische Waren, später japanisches Kapital und in den letzten Jahrzehnten auch japanische Kultur fassten überall in Ostasien rasant Fuß. Der Wiederaufstieg Japans wurde in den Wirtschaftswissenschaften und Regionalwissenschaften kontrovers diskutiert. Während sicherlich die Neubildung des Kapitalstocks hohe anfängliche Wachstumsraten begünstigte und einige Autoren wie Mancur Olson (1982) den Wiederaufbau auch auf institutionelle Faktoren wie die Zerstörung von Partikularinteressen (z.B. der Konglomerate, *Zaibatsu*) und Verteilungskoalitionen zurückführte, fokussierte vor allem die Regionalwissenschaft auf die Rolle der staatlichen vorausschauenden Industriepolitik und deren Durchsetzung durch staatlich gelenkte Banken. Freilich hat diese Erklärung durch die von etwa 1990 bis 2005 dauernde Wirtschaftskrise, in deren Mittelpunkt das verschachtelte und marode Bankensystem stand, viel von ihrer Ausstrahlung verloren.

Die Debatte um die ostasiatischen Wachstumserfolge ging aber weiter, denn nach Japan waren auch die so genannten ostasiatische Tigerstaaten oder genauer, kleine Drachen (亜洲四小龍), Südkorea, Hong Kong, Singapur, Taiwan erfolgreiche Industrialisierer. Auch bei diesen Staaten schien das politische Umfeld die Wachstumserfolge nicht gerade zu begünstigen: Südkorea war durch den Koreakrieg völlig zerstört, geteilt, lebte in einem brüchigen Waffenstillstand mit Nordkorea und hatte bis Ende der 1950er Jahre eine korrupte autoritäre Regierung, dann eine kurze Phase chaotischer Demokratisierung und schließlich ab 1962 ein Militärregime. Hong Kong und Taiwan waren isoliert vom chinesischen Festland und politisch durch den Kalten Krieg ebenfalls in einer prekären Situation. Singapur hatte erst vor kurzem die Unabhängigkeit erlang und stand, nach kurzzeitiger erfolgloser Fusion mit Malaysia, vor ethnischen Spannungen. Alle vier aber schafften es, vor allem durch Handel und wirtschaftliche Freiheit, in kurzer Zeit zu Industriestaaten zu werden. Und gegen Ende der 1980er Jahre zogen sie sogar die so genannten kleinen Tigerstaaten, Malaysia, Thailand, die Philippinen und Indonesien mit, obwohl dort große Unterschiede bei der Nachhaltigkeit der Wachstumserfolge bestehen blieben und z.B. die Philippinen für lange Zeit ein stagnierendes Pro-Kopf-Einkommen aufwiesen.

Die Gründe für den erstaunlichen Erfolg der kleinen Tiger beim Wachstum finden sich in einer Mischung aus Freiheit des Unternehmertums, Außenorientierung und Wirtschaftsethik. Obwohl das gesamte Wirtschaftssystem oft, wie z.B. im Fall Südkoreas, mit starken Planungsprozessen arbeitete (Südkorea nutzte Fünfjahrespläne, die stärker noch als die Indikative Planung etwa in Frankreich die wirtschaftlichen Prioritäten der Unternehmen lenkten, vor allem durch selektive Kreditvergabe), waren dem Unternehmertum wenige Grenzen gesetzt. Dies betrifft vor allem die Organisation der Unternehmen, die Rolle der Gewerkschaften, aber auch die Besteuerung und Regulierung. Außenwirtschaftlich gesehen waren einige der Tigerstaaten von Beginn an sehr frei, wie die Stadtstaaten Hong Kong und Singapur, andere, wie Südkorea oder Taiwan, nutzen eine Politik der selektiven Liberalisierung, um die Exportindustrien des Landes aufzubauen. Dazu wurden die Importe von Rohstoffen oder Zwischenprodukten, die für die Exportindustrien benötigt wurden, zuerst liberalisiert, erst später die Märkte für Endprodukte.

Allerdings ist dies nicht mit der Politik der Importsubstitution zu verwechseln, die auf den Aufbau von „*Infant Industries*“ unter einem Schutzzaun von Zöllen setzt. Im Gegensatz zu dieser Politik, die in den fünfziger Jahren z.B. von Südkorea erfolglos betrieben wurde, war die spätere Politik der kleinen Tiger eindeutig exportorientiert. Nur solche Firmen erhielten Kredite von den staatlich gelenkten Banken, die Exportindustrien aufbauten und beim Export auch Erfolge hatten. Dadurch war die Orientierung auf den Weltmarkt, die bei der Importsubstitution z.B. in Lateinamerika nie zustande kam, von Anfang an gegeben. Zur Öffnungspolitik zählte auch die Offenheit für Technologietransfer aus dem Ausland. Es ist eine Ironie der Geschichte, dass diese vor allem aus Japan kam, dem ungeliebten früheren Aggressor. Verbunden war sie oft, vor allem in Südostasien, mit Kapitaltransfers, den japanische Unternehmen begannen, die niedrigen Löhne in Südostasien für die eigene Produktion zu nutzen, so dass schließlich vom „Wildgänse-Modell" gesprochen wurde, bei dem die Produktion in Japan beginnt (Innovationsphase), später in der Wachstumsphase in die mehr entwickelte erste Garnitur der Tigerstaaten zieht und schließlich in der Reifephase in der zweiten Reihe der Tigerstaaten produziert wird.[3]

Ebenso wichtig wie diese Aspekte ist auch die Wirtschaftsethik der kleinen Tigerstaaten. Dazu gehörten vor allem die hohen Sparraten in der Bevölkerung. Diese kamen nicht, wie etwa in der Sowjetunion, in erster Linie durch erzwungenes Sparen durch den Mangel an Konsumgütern zustande, sondern durch die Einstellung der Menschen, die vor allem für die Ausbildung ihrer Kinder sparten. Investitionen in die Bildung der Kinder waren einer der wichtigsten Faktoren, der später den Übergang von Massenproduktion bei billigen Löhnen zum Aufbau von Hochtechnologieindustrien ermöglichten. Gleichzeitig wurden die Ersparnisse durch das Bankensystem in Exportindustrien gelenkt. Dies war zwar nicht immer wirtschaftlich effizient, wie Fehlinvestitionen in Sektoren wie die Schwerindustrie in Malaysia oder Südkorea zeigen, aber durch die Exportorientierung der Investitionen doch immer mit einem steigenden Anteil des Außenhandels an der Wirtschaftsleistung und einer größeren Außenorientierung verbunden, die wiederum auch Lerneffekte mit sich brachte.

Gegen Ende der 1980er Jahre waren die Wachstumserfolge in Ostasien nicht mehr zu übersehen – nachdem es in den 1970er Jahren viele Kritiker der Weltmarktorientierung gegeben hatte, die von endogenen Wachstumsprozessen schwärmten und die die Unterordnung der Peripherie unter die wirtschaftlichen Anforderungen vor allem der USA als Neokolonialismus kritisierten.[4] Die Weltbank verfasste daraufhin eine groß angelegte Studie, deren Titel, „*Economic growth and*

---

[3] Zum Zusammenhang von Exportförderung und Wachstum in Ostasien s. Pascha (1991).

[4] Typisch dafür sind die Veröffentlichungen im „Bulletin of Concerned Asian Scholars"; siehe z.B. Long (1977).

public policy", schon auf die Ursachen des Wachstums hinwies (Weltbank 1993). Sie identifiziert fünf verschiedene Faktoren, die für die Wachstumsprozesse in Ostasien charakteristisch sind.

1. „*Getting the basics right*" – die makroökonomische Lage der Tigerstaaten, vor allem der erfolgreichsten unter ihnen, war stets ausgesprochen gut. Zwar gab es auch hier, wie in Westeuropa und den USA, in den 1970er Jahren Phasen erhöhter Inflation, es kam zu Handelsbilanzdefiziten in einigen Staaten und durch die ausgeprägte Verbindung mit der Weltwirtschaft wirkten sich die Weltwirtschaftskrisen hier auch besonders stark aus. Aber in der Regel waren die Staatshaushalte ausgeglichen, die Privathaushalte wiesen hohe Sparraten auf und die Investitionen in Kapital und Humankapital wuchsen stark an.

2. Ein geringer Grad an Ungleichheit sorgte dafür, dass trotz der relativ großen Freiheit des Unternehmertums das Wachstum nicht zu sozialen Spannungen führte. Zwar kamen die Unternehmer, vor allem die Eigner der Konglomerate, zu märchenhaftem Wachstum, und zwar kam es in den autoritär geführten Staaten oft zu Günstlingswirtschaft, aber im Ganzen waren die Staaten Ostasiens relativ wenig durch Ungleichheit geprägt (mit Ausnahmen wie den Philippinen).

3. Ein wichtiger Grund dafür war das Produktivitätswachstum im Agrarsektor, das dazu führte, dass die notwendige Schere bei der Stadt-Land-Entwicklung nicht zu groß wurde. Um Arbeitskräfte in die Exportindustrien der Städte zu locken, mussten diese natürlich höhere Löhne zahlen, was auch aufgrund ihrer Exporteinnahmen leicht möglich war, aber es kam nicht zur Verelendung auf dem Lande, sondern die Landwirtschaft profitierte auch vom wirtschaftlichen Wandel. Dies sicherte den politischen Konsens für die Wandel, und erhielt natürlich auch die Nahrungsmittelbasis für die schnell wachsende Bevölkerung. Einige Staaten, wie Südkorea mit der neuen Dorfbewegung (*saemaul undong*), versuchten diese Prozesse auch konsequent zu nutzen.

4. Die öffentlichen Verwaltungen in den Tigerstaaten waren alles in allem relativ effizient. Zwar gab es große Unterschiede in Bezug auf die Korruption, die ja durch autoritäre Strukturen oft begünstigt wurde, aber im großen und ganzen waren die Verwaltungen Meritokra-

tien, bei denen ein guter Ausbildungsstand dem Personal gute Aufstiegschancen gab und die im Interesse des Aufbaus ihres Landes arbeiteten.

5. Marktfreundliche Interventionen (z.B. Exportziele) sorgten dafür, dass zwar nicht immer die effizienteste Investition ausgesucht wurde, die sich ja nur in einem Marktprozess herauskristallisieren kann, allerdings auch nicht konsequent gegen die Märkte investiert wurde. Im Bankenbereich versuchte die staatliche Allokation, Probleme der asymmetrischen Information, die in den sich erst entwickelnden institutionellen Systemen besonders groß waren, zu entschärfen.

Alles in allem waren die makroökonomische Stabilität, das weitgehend frei funktionierende Preissystem, ein staatlich gestützter, und dadurch relativ stabiler Finanzsektor und eine starke Neigung, in Humankapital zu investieren, typisch für die ostasiatischen Wachstumsstaaten. Wenn durch staatliche Lenkung Fehlinvestitionen entstanden, wie bei der Schwerindustrie in Malaysia und Südkorea in den 1970er Jahren, so wurden diese relativ schnell wieder korrigiert, weil dahinter keine ideologischen Zielsetzungen standen, sondern eine pragmatische Wirtschaftspolitik, die zuließ, was funktionierte und die dies auch von anderen Wirtschaftssystemen abkupferte. Die Bereitstellung langfristiger Finanzierung im Bankensystem war zudem eine Voraussetzung für Infrastrukturinvestitionen (wie den Ausbau des Straßennetzes in Südkorea), die sich erst Jahrzehnte später voll bezahlt machten. Die Offenheit für ausländische Technologie, auch wenn sie von Japan kam, gehört mit zum Pragmatismus der Wirtschaftspolitik, die Politik gegenüber ausländischen Direktinvestitionen war dagegen sehr uneinheitlich: Während Hong Kong und Singapur aggressiv Direktinvestitionen einwarben, sperrte sich z.B. Südkorea völlig dagegen.

Die obige Darstellung des asiatischen Wirtschaftswunders durch die Weltbank wurde, nach der Kritik und dem Spott der 1970er Jahre, wo viele Kritiker darin eine Unterwerfung unter den globalen Kapitalismus sahen, bald zur Orthodoxie in der Erklärung der Wachstumserfolge Ostasiens. Auch die Politik begann darauf zu reagieren, z.B. durch die Asieninitiativen, die viele westeuropäische Länder, z.B.

Deutschland, Anfang und Mitte der 1990er Jahre starteten. Wie jede Orthodoxie hatte sie jedoch auch ihre Kritiker. In diesem Fall war es Paul Krugman (1994), der „*The Myth of Asia's Miracle*" anzweifelte. Nach seiner Version der Wachstumserfolge handelt es sich rein um quantitatives Wachstum (d.h. den vermehrten Faktoreinsatz, vor allem den Einsatz von mehr Arbeit, aber auch Kapital, durch die hohen Sparraten), das die Wachstumserfolge erklärt. Sie ließen sich auf die griffige Formel von „*perspiration instead of inspiration*" (Schwitzen statt Kreativität) bringen, denn das Wachstum sei, z.B. in Singapur, fast ausschließlich auf den Faktormehreinsatz zurückzuführen.[5] Damit sei es nichts anderes als das Wachstum, das etwa die Sowjetunion in den 1950er Jahren aufwies.

Während es sicherlich wahr ist, dass der Faktormehreinsatz eine bedeutende Rolle für das Wachstum in Ostasien spielte, so berücksichtigt Krugman dennoch viele Faktoren nicht. Erstens ist die Mobilisierung des Faktormehreinsatzes selber schon eine wichtige Leistung der Volkswirtschaft. Es handelt sich ja nicht um erzwungene Rekrutierung von Arbeitsleistung, sondern um den gelungenen Aufbau von Industrien, die die Arbeitskräfte aus der relativ weniger produktiven Landwirtschaft umlenkte. Zweitens erfolgten Investitionen, die z.B. durch hohe Sparraten ermöglicht wurden, nicht wie in der Sowjetunion aufgrund staatlicher Zentralplanung, sondern waren im Prinzip frei, wenn auch staatliche Banken bei der Kreditallokation eine Umlenkung in Exportindustrien erreichten (ohne dass der Staat selber diese Industrien und konkreten Projekte bestimmte). Drittens übersieht Krugman die hohe technologische Anpassungsfähigkeit der ostasiatischen Wachstumsstaaten, die sich vor allem auch in Importen von Kapitalgütern wie Maschinen ausdrückt, die eine erhöhte Produktivität ermöglichen. Der Aufbau des Kapitalstocks war marktgelenkt und darin gerade unterschiedlich zu dem in der Sowjetunion. Es gab keine Ton-

[5] Krugman bediente sich, wie andere Autoren, der Wachstumsanalyse (*growth accounting*), um die Effekte des Mehreinsatzes von Arbeit und Kapital sowie, als Residuum, die Wachstumseffekte durch erhöhte Produktivität (*Total Factor Productivity, TFP*) auseinanderzudividieren, wobei TFP sowohl den technischen Fortschritt wie auch die verbesserte Organisation des Produktionsprozeßes, z.B. das Management, enthält.

nenideologie der Produktion, sondern die Investitionen erfolgten aufgrund von Markterfordernissen. Und die Verjüngung bzw. der Ausbau des Kapitalstocks war gleichzeitig mit eingebetteten Produktivitätsfortschritten verbunden, die sich in der Wachstumsanalyse nicht direkt niederschlagen.

Krugmans Kritik war wichtig, denn er wies auf die automatischen Grenzen des quantitativen Wachstums hin, die sich z.B. in Japan und Südkorea schon deutlich bemerkbar machten. Er wurde auch weit rezipiert und vor allem nach der Asienkrise auch als vorausschauend gelobt; dennoch vermochte er weder, die Krise vorherzusagen – die Analogie mit der Sowjetunion ließ eigentlich eher eine stetige, aber graduelle Abschwächung des Wachstums analog zur neoklassischen Produktionsfunktion erwarten, die gerade nicht eingetreten ist – noch vermochte Krugman, zu erklären, was Ostasien, anders als die Sowjetunion, so erfolgreich machte, denn bei Publikation seiner Kritik 1994 sprachen die Wirtschaftsdaten ja schon eine eindeutige Sprache, die eigentlich einen Vergleich mit der Sowjetunion verboten. Ungesehen in der Euphorie über das Wachstum in Ostasien, aber auch ungesehen von Skeptikern wie Krugman, braute sich eine Krise zusammen, die im Jahr 1997 und 1998 Asien, aber auch die Weltwirtschaft erschütterte.

3 Die Asienkrise als ordnungspolitische Krise – Wiederherstellung des ordnungspolitischen Konsenses?

Beginnend mit Thailand, brach 1997 eine Wirtschaftskrise aus, die das Selbstverständnis der Tigerstaaten stark erschütterte.[6] Seit Anfang der 1990er Jahre waren sie als positive Entwicklungsbeispiele in aller Munde und entsprechend stolz und zuversichtlich. Gleichzeitig begannen sie, ihre Kapitalmärkte zu liberalisieren, um noch mehr Kapital anzulocken und durch Kreditaufnahme im Ausland, das nur sehr gerne am Wirtschaftswunder Ostasiens teilhaben wollte, einen neuen Wachstumsschub zu ermöglichen. Die Zeiten, in denen nur staatlich

[6] Die Geschichte und Hintergründe der Asienkrise können hier nicht ausführlich diskutiert werden. Siehe aber zur Verlaufsgeschichte Henderson (199) sowie Kaufman et al. (1999) und Pempel (1999).

gelenkte Kredite erhältlich waren, waren längst vorbei. Verstärkt wurde der Geldzufluss aus dem Ausland noch durch die Bindung der Währungen der ostasiatischen Staaten an den US-Dollar. Traditionell waren die USA das wichtigste Exportland und die Dollarbindung sorgte für Planungssicherheit, auch für Investoren und Kreditgeber. Bei Inflationsdifferenzialen zu den USA (fast alle ostasiatischen Staaten wiesen während ihrer Hochwachstumsphase deutlich höhere Inflation auf als die USA) führte dies aber zur realen Aufwertung der ostasiatischen Währungen und z.B. in Südkorea zu Handelsbilanzdefiziten. Und die Sicherheitsmaßnahmen, die zum institutionellen Standard in vielen Marktwirtschaften gehören, waren noch nicht vorhanden. So kam es dazu, dass ungehemmte Wachstumsprozesse zur Blasenbildung und zu massiven Fehlinvestitionen führten. Fünf Krisenstaaten zeigten nach und nach Symptome der Krise, gegen die sich kein Staat wehren konnte. In Thailand, das einen Immobilienboom, vor allem in der Hauptstadt, erlebt hat, platze die Blase zuerst. Nachdem klar war, dass die Devisenreserven zur Verteidigung des Bath nicht ausreichten, wurde die Dollarbindung aufgegeben und es kam zur dramatischen Abwertung. Im August 1997 gab der Internationale Währungsfonds (IWF) einen Beistandskredit von 17 Mrd. US-$ zur Stützung der Währung, vor allem aber, um das Übergreifen der Finanzkrise auf weitere Staaten zu vermeiden.

Dazu war es aber schon zu spät. Auch Malaysia, das ein starkes Handelsbilanzdefizit aufwies, wurde im Juli Opfer von Kapitalabflüssen und Spekulation und musste seine Dollarbindung aufgeben. Anders als Thailand wehrte sich Malaysia dagegen, Kredite beim IWF aufzunehmen und dafür dessen Bedingungen zu akzeptieren und zog es vor, sich im September 1997 durch Kapitalverkehrskontrollen von den Folgen der Krise abzuschotten, bei gleichzeitiger Einführung einer neuen Dollarbindung. Indonesien musste als dritter Staat im August 1997 seine Währung Rupie floaten lassen und konnte nur durch einen Beistandskredit des IWF in Höhe von 23 Mrd. US-$ stabilisiert werden. Die Philippinen sahen eine kontinuierliche Abwertung des Pesos, die auch durch zwei kleinere IWF-Beistandskredite 1997 und 1998 nicht gestoppt wurde. Bis heute leidet es unter den Folgen der Krise, die auch politische Unruhen mit sich brachte. In Südkorea brachen im

Juli 1997 mehrere große Konglomerate (*chaebol*) zusammen, vor allem der Autohersteller Kia. Im November, nachdem die verfügbaren Währungsreserven fast erschöpft waren, musste auch Südkorea den IWF um einen Beistandskredit bitten, die Währung Won und der Aktienmarkt brachen ein und im Dezember gab es mit 58 Mrd. US-$ das größte bis dahin je vergebene Beistandsprogramm des IWF.

Die Krise in Ostasien war zunächst eine Währungs- und Finanzkrise, die durch den Vertrauensverlust von Anlegern entstand. Diese hatten massiv in Ostasien investiert, jedoch meist nicht in Form von Aktien oder langfristigen Krediten, sondern in Form kurzfristiger Kredite, die immer wieder verlängert wurden. Nach dem Beginn der Krise wurde das Kapital, das z.B. auf drei Monate angelegt war, abgezogen. In Ostasien wurden mit diesen Krediten aber häufig langfristige Projekte gefördert. Diese konnten nicht mit durchgeführt werden und Investitionsruinen, vor allem im Baubereich, waren das augenfälligste Zeichen der Krise. Die Krise steckte aber auch eigentlich für gesund gehaltene Unternehmen und Volkswirtschaften an („*contagion*"). Durch die Bildung von Risikogruppen bei der Risikobewertung (z.B. „*emerging economies*") wurden bei der Krise in einigen Staaten durch das höhere Risiko und die damit verbundenen stärkeren Risikoaufschläge auch andere Volkswirtschaften angesteckt. Denn plötzlich war dort die Kreditfinanzierung teurer, was einen größeren Anteil fauler Kredite bedeutete und eine Spirale höheren Zinsen oder gleich den Abfluss des Kapitals mit sich brachte. Gleichzeitig bedeutete die Dämpfung der Wirtschaft in einer Volkswirtschaft aber auch reale Effekte für andere Volkswirtschaften (*spill over*).[7]

Die Rolle der internationalen Finanzinstitutionen, vor allem des IWF, war durchaus umstritten während der Asienkrise. Die Bereitstellung großer Summen für die Stützung der Krisenstaaten und die Stützung einzelner *hedge funds*, die durch ungesicherte Termingeschäfte in Schwierigkeiten geraten waren und die drohten, das gesamte Weltfi-

[7] Innerhalb Ostasiens war diese Form der Krisenübertragung allerdings gering, da die wirtschaftliche Verflechtung durch intraregionalen Handel nicht sehr stark war. Am meisten litt noch Hong Kong als Umschlagplatz darunter. Wichtiger war sie z.B. für Rußland, das unter dem sinkenden Rohstoffpreisen für seine Hauptexportgüter litt und 1998 selber eine Finanzkrise durchlitt.

nanzsystem zu untergraben, entsprach zwar dem Selbstverständnis als „*lender of last resort*", Krisenfinanzier. Aber sie führte auch, so Kritiker, zu „*moral hazard*", dem unverantwortlichen Handeln bei den Betroffenen, die im Falle von Fehlspekulationen auf internationale Hilfen hoffen konnten. Andere Kritiker wiederum sahen die Bedingungen, die der IWF an seine Kredite knüpfte, als Knebelung an, weshalb ja auch Malaysia die Kredite von vorneherein ablehnte. In den Krisen der 1980er Jahre in Lateinamerika war die laxe Fiskalpolitik und staatliche Überschuldung oft der Kern des Problems gewesen. Deshalb reagierte der IWF auch auf die Krisen in Ostasien mit einer Forderung nach staatlichen Ausgabensenkungen, obwohl hier die makroökonomische Situation anders war. Kritiker sahen dies als Grund für die Rezession in den fünf Krisenstaaten im Jahr 1998 an. Allerdings war der IWF flexibel in der Anwendung seiner Instrumente und lernte schnell dazu. Die Debatte über den Sinn einer solchen Institution blieb allerdings bestehen.

Obwohl die Finanzkrise sich in Ostasien durch Ansteckung ausbreitete, wurden nicht alle Volkswirtschaften gleichermaßen angesteckt. Dies deutet daraufhin, dass auch strukturelle Faktoren die Krise mit begünstigten. „*Crony capitalism*", die Bereicherung kleiner Cliquen, oft aus dem Umfeld von Diktatoren oder autoritär regierenden Herrschern in Ostasien, war der Vorwurf. War dies vorher noch als speziell ostasiatische Form des Wirtschaftsstils, z.B. durch Netzwerke, gelobt worden, so stand plötzlich der Vorwurf des Handels am Markt vorbei im Raum. Die politisch gelenkte Kreditvergabe hatte nicht nur überall zu Fehlallokationen geführt, sondern war oft auch eine Form der Günstlingswirtschaft, die teilweise, wie in Indonesien, erhebliche Ausmaße annahm. Gleichzeitig wurde offenbar, dass viele Firmen Ostasiens bei ihrem Wachstum alleine vom Umsatzwachstum, nicht vom Gewinn, bestimmt waren. In Südkorea wurden die Konglomerate nicht umsonst als Kraken bezeichnet: sie dehnten sich in alle möglichen Geschäftsfelder aus, ohne auf Rentabilität zu achten. Durch Quersubventionen wurden nicht profitable Bereiche gestützt, insgesamt entstanden so Imperien, die nicht mehr in der Lage waren, die Kredite, durch die das Wachstum hauptsächlich finanziert war, zurückzuzahlen. Firmen wie Kia oder Daewoo, zwei Automobilhersteller aus Südkorea, hinterließen bei ihrem Zusammenbruch Schuldenberge von etlichen Milliarden US-$ (im Falle Daewoos 63 Mrd. US-$).

Obwohl die großen Konglomerate meistens an Börsen notiert waren, zeichneten sie sich durch starke Intransparenz aus. Vermittels verschachtelter Eigentumskonstruktionen und Überkreuzinvestitionen konnten die Gründerfamilien auch dann, wenn sie schon längst nicht mehr die Mehrheit an ihren Unternehmen hielten, die Unternehmen wie Privatbesitz kontrollieren. Eine funktionierende Kontrolle durch den Markt, in Form von Aufsichtsräten oder Publizitätspflichten, gab es kaum. Die ostasiatischen Konglomerate, die maßgeblich den Aufstieg der einzelnen Staaten mit gestaltet hatten, schienen nun plötzlich genauso für ihren Niedergang verantwortlich zu sein.

Die Frage, ob die Krise in Ostasien eher eine Währungskrise ist, die durch *contagion* und *spill-over* die gesamte Region erfasste, oder eine Wirtschaftskrise mit strukturellen Ursachen, ist für die Politikempfehlungen, die aus der Krise zu ziehen sind, entscheidend. Klar, ist, dass Strukturschwächen allein die Krise nicht erklären können. Denn diese Strukturschwächen waren schon lange bekannt und teilweise auch nur eine Umdeutung von vorher als Vorteilen gelobten Faktoren. So wurde das am Umsatz orientierte Wachstum südkoreanischer Konglomerate lange Zeit als Zeichen für eine langfristige Orientierung gesehen, die nicht auf kurzfristige Gewinne schielte. Gleichzeitig aber kann die Suche nach strukturellen Gründen für die Krise erklären, warum Länder mehr oder weniger erfolgreich die Krise gemeistert haben. Taiwan, Singapur und Hong Kong waren am wenigsten von der Krise betroffen. Taiwan hat eine ausgesprochen mittelständische Industriestruktur, Hong Kong und Singapur haben durch ihre Offenheit vor allem ausländisches Kapital angezogen und hatten keine Vormachtstellung weniger einheimischer, strikt regulierter Konglomerate. Sicherlich spielte auch die Liberalisierung der Kapitalmärkte in der Dekade vor der Krise eine wichtige Rolle. Viele Staaten versäumten es, die Liberalisierung durch den Aufbau neuer institutioneller Strukturen abzusichern. So konnte es zu Überschuldungskrisen kommen, die bis zum Platzen der Blase unbeachtet blieben.

Die Antworten auf die Asienkrise fielen in den einzelnen Krisenstaaten sehr unterschiedlich aus.[8] Malaysia schottete sich soweit wie möglich von internationalen Finanzmärkten ab, in Indonesien kam es zur partiellen Reform und politischen Transformation (ähnlich in den Philippinen) und in Südkorea zur Öffnung unter Akzeptanz der Auflagen internationaler Organisationen (ähnlich auch in Thailand). In Malaysia regierte seit 1981 Mahathir als Ministerpräsident autoritär. Er rechtfertigte diese Art der Regierung gegen Kritik mit dem Hinweis auf asiatische Werte, die nicht unbedingt mit den westlichen Standards für Menschenrechte im Einklang ständen. Die Krise führte Mahathir vor allem auf das Wirken von internationalen Spekulanten und unkontrollierten *hedge funds* zurück. Nach einer einmaligen Abwertung um 40 Prozent wurde der malaysische Ringgit wieder an den US-Dollar gebunden, die Wiedereinführung von Kapitalverkehrskontrollen und damit das Einfrieren von investierten Geldern sorgten dafür, dass diese Bindung Bestand hatte. Zwar konnte Malaysia damit die Krisenfolgen unmittelbar abdämpfen und litt nicht, wie etwa Indonesien, unter mehreren aufeinander folgenden Krisenschüben. Langfristig machte sich die Abschottung aber in Form einer fehlenden Umstrukturierung der Wirtschaft bemerkbar. Allerdings blieb Malaysia trotz aller Polemik über internationale Investoren ein offenes Land für ausländische Direktinvestoren, der Pragmatismus siegte.

In Indonesien, wie Soeharto schon seit 1967 autoritär regierte, war es unter seiner Regierung einerseits gelungen, den ethnisch wie religiös gemischten Staat zusammenzuhalten, andererseits war es zu einer krassen Bereicherung einer kleinen Oberschicht gekommen. *Reformasi*, der weit verbreitete Ruf nach Reformen, führte schließlich zu Soehartos Rücktritt. Es kam zu ethnischen Spannungen, vor allem mit den wirtschaftlich dominierenden Auslandschinesen, die unter Progromen zu leiden hatten, und zu territorialen Spannungen durch die Unabhängigkeit Ost-Timors und die Separatismus-Bewegung in Aceh. Nach den politischen Reformen wurden zwar die Bedingungen des IWF akzeptiert, die Umsetzung gestaltete sich aber als schwierig. So gab es ein neues, modernes Wettbewerbsgesetz, aber es bestand im

[8] Vgl. ausführlich Seliger (2000) für Indonesien, Malaysia und Südkorea.

Wesentlichen nur auf dem Papier. Indonesien hatte mehrfach unter den Nachwehen der Krise zu leiden, besonders auch, weil damit eine Erosion der staatlichen Macht einherging.

Südkorea hatte bereits 1987 eine erfolgreiche demokratische (politische) Transformation hinter sich gebracht. Die Krise brachte auch hier einen Regierungswechsel, aber einen demokratischen Wechsel von Regierung zu Opposition. Südkorea war, als erfolgreichster Tigerstaat, gleichzeitig mit am tiefsten getroffen von der Krise und erhielt das höchste bis dahin je vergebene Hilfsprogramm des IWF. Die Auflagen dazu wie die Bankenreform und die Öffnung für ausländische Investoren, u.a. durch den Verkauf zweier Banken an Ausländer, wurden akzeptiert. Die restriktive Finanzpolitik und die Zinspolitik wurden aber für die Rezession von 1998 verantwortlich gemacht, so dass in Korea die Asienkrise auch als „IWF-Krise“ bezeichnet wurde. Dennoch hat sich die Erfüllung der IWF-Auflagen für Südkorea gelohnt, denn schon 1999 konnte es eine erneute hohe Wachstumsrate von über neun Prozent aufweisen und im südkoreanischen Wachstumspfad stellt die Asienkrise letztlich nur eine Delle dar. Besonders erfolgreich war die Restrukturierung des Finanzsektors. Anders als etwa in Japan, wo die Bankenkrise nach 1989 mehr als zehn Jahre andauerte, wurde in Südkorea durch die Gründung der Korea Asset Management Company (KAMCO) ein Instrument zum Aufkauf und Zweitverkauf (mit Abschlägen) fauler Kredite entwickelt, was sehr erfolgreich arbeitete. Die Reform der Konglomerate blieb dagegen Stückwerk.[9]

Dieser kurze Überblick zeigt, dass sowohl die Krisenursachen als auch die Antworten darauf in Ostasien sehr vielschichtig sind. Klar zeigte die Krise die Interdependenz von politischer und wirtschaftlicher Ordnung und damit scheint sie auch eine erste Antwort auf die ordnungspolitische Herausforderung der Tigerstaaten zu geben: Die Herausforderung mag eine solche für die Firmen, die mit Konkurrenten aus Ostasien um Marktanteile kämpfen, nicht aber für die Ordnungspolitik Westeuropas und insbesondere die Ordnungstheorie der sozialen Marktwirtschaft, denn diese zielt ja gerade auf kohärente marktwirt-

[9] Für eine ausführlichere Diskussion der Reformpolitik in Südkorea s. Seliger (1999).

schaftliche Teilordnungen ab. Gleichzeitig zeigte die Krise auch die Rolle und die Wichtigkeit der Kompatibilität formaler und informaler Institutionen auf. Die Übernahme von formalen Gesetzen durch die Beratung durch internationale Finanzinstitutionen bringt nur dann Erfolge, wenn sie mit den informalen Institutionen kompatibel ist oder wenn diese informalen Institutionen sich auch ändern. Da dies oft nur langfristig der Fall ist, blieben zumindest zunächst viele Reformvorhaben wirkungslos. Damit ist schon eine gewisse Herausforderung für die Ordnungstheorie gegeben: Diese kann als normative Theorie der Wirtschaftspolitik nicht unabhängig von den informalen Institutionen eines Wirtschaftssystems gesehen werden. Drittens zeigte die Asienkrise auch deutlich, wie weit schon die Globalisierung die Spielräume für nationale Politik eingeengt hat. Der Optimismus, mit dem die ostasiatischen Staaten Anfang der 1990er Jahre die Globalisierung begrüßt hatten, an der sie durch Liberalisierung vor allem der Kapitalmärkte teilhaben wollten, war der Ernüchterung gewichen über die Restriktionen, die die Internationalisierung der Volkswirtschaften mit sich brachte.

Wenn damit auch der Mythos Ostasien angekratzt war, so war er dennoch nicht zerstört. In nur wenigen Jahren erholten sich die Volkswirtschaften Ostasiens von der Krise, die Volksrepublik China war sogar kaum von ihr betroffen. China sowie Vietnam, ein weiterer erfolgreicher Transformationsstaat, standen auch mehr und mehr im Blickpunkt des neuen Interesses an Ostasien nach der Asienkrise.

4 Die zweite Welle – die Transformation der ehemaligen sozialistischen Wirtschaftssysteme Ostasiens

Das Interesse an der Volksrepublik China hat sicherlich zunächst mit der Größe des Landes, den Möglichkeiten für Marktentwicklung, die sich hier auftun und den Chancen zu tun, die sich hier für ausländische Investoren seit der Entwicklung von Sonderwirtschaftszonen Anfang der 1980er Jahre, aber insbesondere seit Mitte der 1990er Jahre auftun. Allerdings gibt es noch einen anderen, wichtigen Aspekt des Interesses an der Volksrepublik China: Wie Vietnam ist es eine ehemals sozialistische Zentralverwaltungswirtschaft, die einen Weg der Transformation beschritten hat, der von Anfang an hohe Wachstumsraten mit sich brachte und damit eine ganz andere Erfahrung als die Transformation in Mittel- und Osteuropa, die ja durch tiefe Transformationskrisen gekennzeichnet war. China war unter Mao Tse-Tung zunächst mit Hilfe sowjetischer Berater in eine Zentralverwaltungswirtschaft sowjetischen Typs umgewandelt worden, wenn auch die wirtschaftlich rückständigen Regionen im Westen Chinas nie vollkommen diesem Modell entsprachen. Geo-graphisch wurde der Schwerpunkt der Industrialisierung sozialistischen Typs, mit besonderer Förderung der Schwerindustrie, deshalb auch auf die Entwicklung des westchinesischen Hinterlandes gelegt, auch da die bisher am weitesten entwickelte Küstenregion Südchinas sowie deren unmittelbares Hinterland als militärisch zu exponiert galten.[10]

Die großen wirtschafts- und gesellschaftspolitischen Experimente des „großen Sprungs" (*great leap forward*) Ende der 1950er Jahre und der Kulturrevolution in den 1960er Jahren, die einen eigenständigen entwicklungspolitischen Weg des Maoismus begründen sollten, führten zu katastrophalen wirtschaftspolitischen Ergebnissen. Letztlich waren die Massenbewegungen aber nicht viel mehr als ein ideologischer Überbau (mit negativen Konsequenzen) – daneben blieben die negativen Folgen der Einführung der Zentralverwaltungswirtschaft wie Mangelwirtschaft, Fehlallokation der Ressourcen, fehlende Anreize, Überbürokratisierung und weiche Pläne, voll bestehen. Die Abschottung gegenüber dem Ausland und die starken Autarkiebestrebungen waren dabei einerseits wirtschafts-politisch begründet, andererseits politisch begründet als eine Antwort auf die als nationale Demütigung empfundene erzwungene Öffnung Chinas durch die Westmächte im 19. Jahrhundert. Die Größe Chinas sollte durch die eigenständige Form des Sozialismus deutlich werden, die keinen Austausch mit kapitalistischen Staaten benötigte. Als nach dem Tod Maos und der Absetzung der „Viererbande" 1978 über die Grundlinien einer neuen Wirtschaftspolitik diskutiert wurde, wurde interessanterweise dasselbe

[10] In der Rhetorik der chinesischen Führung ging es um den Aufbau der „dritten Grenze" (*third frontier*), hinter der ersten Grenze (Küstenregionen) und zweiten Grenze (küstennahes Hinterland). Diese dritte Grenze hatte oberste Priorität bei Investitionen.

Argument, nämlich die nationale Größe, für die wirtschaftliche Öffnung Chinas verwandt. Inzwischen hatten sich viele der exportorientierten Staaten Ostasiens zu erfolgreichen Industriestaaten gewandelt und China in der wirtschaftlichen Entwicklung weit überholt.[11] China reagierte darauf mit einer „Politik der offenen Tür" sowie der Einrichtung von Sonderwirtschaftszonen, die zu Katalysatoren der wirtschaftlichen Entwicklung werden sollten.

Damit begann auch der Aufstieg Chinas zur wirtschaftlichen Großmacht unter Deng Xiaoping ab dem Jahr 1978. Nachdem China unter Mao und seinen Nachfolgern jahrzehntelang von Armut und Hungersnöten in einer dysfunktionalen Zentralverwaltungswirtschaft geprägt waren, haben die marktwirtschaftlichen Reformen zunächst in der Landwirtschaft und dann auch in der Industrie zu einem rasanten Wachstum geführt. Seitdem ist die chinesische Wirtschaft (BIP) im Jahr um durchschnittlich neun Prozent gewachsen, die Industrie sogar um 11 Prozent. Ein Ende dieses Booms ist noch nicht abzusehen. Dank großer Handelsüberschüsse von bis zu 200 Mrd. US-$ jährlich hat China die größten Devisenreserven der Welt angehäuft – ein Weltrekord, der jedoch wegen des ungelösten Problems der weiteren Entwicklung des Wechselkurses des Yüan nicht nur Freude bei den chinesischen Behörden auslöst. Ein Viertel der ausländischen Direktinvestitionen in Entwicklungsländer geht nach China, dem wichtigsten Zielland für ausländische Investitionen neben den OECD-Staaten. Dennoch gibt es auch in der chinesischen Wirtschaft große Probleme: Der Bankensektor ist marode, riesige Einkommensunterschiede zwischen dem entwickelten östlichen Küstenstreifen und dem westlichen Hinterland führen zu sozialen Konflikten, hunderte Millionen Wanderarbeiter und Unterbeschäftigte in der Landwirtschaft sowie im Staatssektor konnten bisher nur wenig vom Boom Chinas profitieren.

---

[11] Dies wurde insbesondere im Zusammenhang mit Hong Kong und Taiwan als Problem angesehen, da China auf beide territoriale Ansprüche erhob. In seiner Rede vor zehntausend Kadern der Kommunistischen Partei Chinas am 16. Januar 1980 bezeichnete Deng Xiaoping (in dieser Reihenfolge) als die drei wichtigsten Ziele Chinas den Kampf gegen amerikanische und sowjetische Hegemonie, die Rückkehr Taiwans und den wirtschaftlichen Wiederaufbau.

Etwa 15 Prozent der Bevölkerung leben immer noch unterhalb der Armutsgrenze von einem US-$ pro Tag.

Während die Erfolge, aber auch die ungelösten Probleme Chinas ein Ergebnis der Entwicklung der letzten 25 Jahre sind, hat die jüngste Zeit nach der Asienkrise von 1997 und 1998 doch eine bemerkenswerte Änderung mit sich gebracht.[12] War China vorher, bedingt durch die Konzentration auf die Entwicklung im Innern, im wesentlichen außenpolitisch passiv, und bedingt durch den Wunsch nach WTO-Mitgliedschaft außenwirtschaftspolitisch äußerst zurückhaltend, so änderte sich dies in den letzten Jahren deutlich. Dies betrifft vor allem den Einfluss Chinas in seiner unmittelbaren Nachbarschaft, wo es vom passiven, wenn auch wohlwollenden Empfänger von Investitionen und Entwicklungshilfe zum aktiven Teilnehmer an regionalen Entwicklungsprozessen wurde. Mehr noch wurde es selber zum Geber von Entwicklungshilfe, vor allem in Afrika und manchmal auch in so genannten „Schurkenstaaten“, die meist aber eine kaum kaschierte Form der Sicherung von Rohstoffvorkommen ist. Auch als Investor tritt China immer häufiger auch, inzwischen auch in Westeuropa, eine Tatsache, die z.B. durch die Übernahme von Schneider Electronics durch den chinesischen Konzern TCL, der auch schon die DVD- und TV Sparte der französischen Thomson Gruppe übernommen hatte, und nicht zuletzt die Zunahme des chinesischen Massentourismus, der inzwischen die japanischen und koreanischen Zahlen weit überholt hat, ins Bewusstsein gerückt wurde.[13]

Wirtschaftspolitisch gesehen wird vor allem der große Handelsbilanzüberschuss thematisiert, der etwa in den USA zu einer deutlich protektionistischeren Haltung in der Handelspolitik geführt hat, aber auch in Europa, etwa durch Textilquoten, zu Abwehrreaktionen führt. Aber auch ordnungspolitisch stellt der chinesische Weg, genau wie in einem kleineren Maßstab die Entwicklung Vietnams, eine Herausforderung dar: Anscheinend mühelos findet hier die Transformation von Zentralverwaltungswirtschaften zu Marktwirtschaften statt, bei einem Fortdauern des Machtmonopols der kommunistischen Partei. Diese

[12] Vgl. ausführlich Seliger (2006).

[13] Zur Herausforderung, die China speziell für Europa darstellt, s. Taube (2006).

Erfahrung scheint der von der Ordnungspolitik postulierten Interdependenz von politischem und wirtschaftlichem System augenscheinlich zu widersprechen. Geadelt wurde der chinesische Erfolg nicht zuletzt dadurch, dass ein Chinese, der auch die Regierung bei ihren Reformen beraten hat, Chefökonom und Vizepräsident der Weltbank wurde.[14] Welche Faktoren waren für den Transformationserfolg maßgeblich? Um dies zu verstehen, muss man sich zwei Dinge vor Augen halten: erstens entspricht diese Art der Transformation fast genau der Entwicklungsstrategie und den Erfahrungen der kleinen Tiger, eine Tatsache, die durch die Bezeichnung der Regime als kommunistisch eher verschleiert wird. Und zweitens, und da sind die Erfahrungen ebenfalls ähnlich mit den Tigerstaaten, ist China sowie Vietnam immer noch durch eine unvollständige Transformation gegangen und die Erfahrungen der Asienkrise könnten sich eines Tages auch in diesen Staaten wiederholen.

Die Volksrepublik China und Vietnam nennen sich zwar weiterhin kommunistisch und im ideologischen Überbau wird diese Fiktion noch aufrechterhalten, wie die Pilgerscharen von Besuchern aus China zeigen, die zum Marx-Geburtshaus nach Trier fahren, die besonderen Beziehungen zu kommunistischen Bruderparteien und Staaten wie Nordkorea, die Fortdauer der Mao-Verehrung und die politische Rhetorik. Inhaltlich haben sich China wie Vietnam allerdings rein pragmatisch auf einen in vieler Hinsicht marktwirtschaftlichen Kurs begeben und dabei auch eine Lockerung des gesellschaftspolitischen Monopols der Partei in Kauf genommen. Obwohl die Gesellschaften weit entfernt von einer liberalen Gesellschaft westlicher Prägung sind, so sind doch Denkverbote, Repressionen und Restriktionen überhaupt nicht mit denen der ursprünglichen sozialistischen Phase zu vergleichen. Damit entfallen aber auch viele der Bedingungen, die die sozialistischen Wirtschaften gelähmt hatten, zuallererst der Mangel an Anreizen, vor allem das Gewinnstreben. Pragmatisch wurde z.B. das Internet als Massenmedium akzeptiert, wenn auch mit gelegentlichen Zensurversuchen. Am härtesten treffen diese Versuche diejenigen, die das Machtmonopol der KPCh in Frage stellen, weniger oft in ideologi-

[14] Justin Yifu Lin, der Gründungsdirektor des China Centre for Economic Research an der Universität Peking.

scher Weise als das Machtmonopol als Privilegium einer Funktionärskaste. Ein ganz wichtiger Aspekt der Freiheit, der gleich zu Beginn der Reformen wichtig war, ist die relativ große Anzahl von Auslandsstudenten, die China und Vietnam zugelassen haben und die zwar zu einer erheblichen Anzahl zunächst nicht zurückgekehrt sind, die aber von Anfang an, und gerade heute als Rückkehrer die besten Medien sind, um neue Ideen und neue Technologien, neue Managementmethoden und neue Organisationsformen in die Heimat zu bringen. Und inzwischen bringen die Rückkehrer, die zunächst oft in den USA oder anderswo im Ausland eine Karriere gemacht haben, auch Kapital mit zurück. Der Beitrag dieser Studenten zu Wissens- und Kapitaltransfer sollte nicht unterstützt werden. Die Rolle der Auslandsstudenten, die es auch in den Tigerstaaten gab und gibt, ist eng mit der Hochschätzung von Bildung verbunden.

Ebenfalls ähnlich wie in den Tigerstaaten war das schnelle Wachstum des Agrarsektors in der ersten Phase der Transformation ein wichtiges Element, das den Rückhalt der im Wesentlichen agrarisch geprägten Staaten für den Transformationsprozess mit sich brachte. Darin unterscheiden sich die Volksrepublik China und Vietnam z.B. deutlich von den mittel- und osteuropäischen sozialistischen Wirtschaften, in denen eine viel stärker industrielle Prägung vorhanden war und in denen gleichzeitig auch dort, wo die Landwirtschaft wie in Südosteuropa oder Polen eine wichtige Rolle spielte, keine großen Produktivitätssprünge in der Landwirtschaft gelangen. Auch bei den Interventionen gibt es Parallelen zu den Tigerstaaten: Ursprünglich waren die Interventionen allumfassend gewesen und oft gegen den Markt gerichtet. Aber schon die Einrichtung der Sonderwirtschaftszonen wies in eine andere Richtung: auch hier wurden Exportziele vorgegeben, während die Interventionen z.B. in das Preissystem schnell abgebaut wurden und der Arbeitsmarkt freigegeben wurde. Zwar sind die Interventionen auch gegen den Markt noch weitaus zahlreicher als in den Tigerstaaten, aber die Richtung hat sich deutlich gewandelt. Schließlich ist auch die makroökonomische Stabilität vergleichbar mit der der Tigerstaaten: trotz Phasen von hoher Inflation hatte es China immer in den vergangenen zwei Jahrzehnten geschafft, die makroökonomischen Daten insgesamt stabil zu halten, was angesichts des Erbes, dass die chinesischen Reformer 1978 angetreten sind, ein bemerkenswerter Erfolg ist.

Anders als in den Tigerstaaten ist vor allem der Mangel an Transparenz und Effizienz der Behörden gerade in China ein noch ungelöstes Problem. Zwar werden mit großem Aufwand Anti-Korruptionsverfahren angekündigt, die strukturellen Ursachen der Korruption, wozu nicht zuletzt das Machtmonopol der Partei gehört, werden aber nicht beseitigt. Bereits heute beklagen ausländische Firmen die Willkür der Verwaltung und des Gerichtssystems, die auch den Abfluss von Investitionen auslösen können. Auch die Ungleichheit ist weitaus höher als in den Tigerstaaten, vor allem in China, wo eine punktuelle Transformation Stadt versus Land und östliche Küstenregion versus westliches Hinterland in krasse Gegensätze verwandelt hat. Damit sind die Tigerstaaten und China in drei von der Weltbank als besonders wichtig erachtete Kriterien für den Wachstumserfolg vergleichbar („*getting the basics right*“, landwirtschaftliche Produktivitätsfortschritte als Basis der Transformation und ein verstärkter Einsatz „marktfreundlicher“ Interventionen) und zwei eher nicht vergleichbar (die effiziente und relativ korruptionsfreie Verwaltung und die relativ geringe Ungleichheit).

Der letzte Punkt, die punktuelle Transformation, weist auch schon auf die zweite wichtige Tatsache hin: der Transformationsprozess ist noch nicht abgeschlossen. Trotz der beeindruckenden Wachstumserfolge, die im Falle Chinas auch den wichtigsten Beitrag zur weltweiten Armutsbekämpfung darstellten, war das Niveau, von dem aus hohes Wachstum in China und Vietnam erreicht wurde, äußerst gering (viel geringer als in Mittel- und Osteuropa und der Sowjetunion) und viele Schwierigkeiten der Transformation stehen den beiden Transformationsstaaten noch bevor. Zwar waren die Faktoren Arbeit und (einheimisches) Kapital zu Zeiten der Zentralverwaltungswirtschaft schon weitgehend ausgeschöpft, aber nur quantitativ: das Ende von politisch bestimmten Fehlallokationen durch die Einführung marktwirtschaftlicher Prozesse führte zu großen Produktivitätsgewinnen. Und zeitgleich kam es, zunächst in den Sonderwirtschaftszonen, zum Zufluss neuen Kapitals aus dem Ausland. Dennoch blieb der Transformationsprozess unvollendet: Um den politischen Schwierigkeiten der Transformation aus dem Wege zu gehen und gleichzeitig das Machtmonopol der Partei aufrechtzuerhalten, kam es, anders als in den sozialistischen Staaten Europas, nicht zu Massenprivatisierungen. Stattdessen wurde die Entstehung eines Marktsektors neben dem schrumpfenden Staatssektor geduldet, so dass jetzt eine duale Ökonomie besteht.

Die fehlende Privatisierung ist allerdings mit großen Kosten verbunden, denn die staatlichen Unternehmen sind zwar schon modernisiert und operieren in einem marktwirtschaftlichen Umfeld, werden aber auch bei Insolvenz in der Regel am Leben erhalten. Hybridunternehmen, die so genannten *Township and Village Enterprises*, habe die kleine Industrialisierung auf dem Lande vorangetrieben. Aber auch sie operieren in Krisenzeiten im Zweifel mit einer weichen Budgetbeschränkung. Bisher waren die sozialen Vorteile des Bestehens des staatlichen Sektors für die Wirtschaftslenker offensichtlich wichtiger als die Kosten. So sind die Staatsunternehmen z.B. ein wichtiges soziales Netz, das jedes Jahr mehrere Millionen junge Männer aufnimmt, die aus dem Wehrdienst kommen und die theoretisch einen Anspruch auf einen Arbeitsplatz im Staatsunternehmen haben. Diese bilden ein erhebliches Unruhe-potenzial und in den letzten Jahren, als sich immer mehr Staatsunternehmen weigerten, sie gegen die ökonomische Rationalität in ihren Betrieb aufzunehmen, kam es bereits mehrfach deswegen zu Unruhen.

Das allmähliche Schrumpfen des staatlichen Sektors bei einem gleichzeitig stärkeren Anwachsen des Privatsektors mag die Hoffnung auf eine harmonische Lösung aufkommen lassen, nach der eine fortschreitende Integration von Arbeitskräften im immer stärkeren marktwirtschaftlichen Sektor auch die soziale Funktion der Betriebe mehr und mehr obsolet macht. Allerdings ist auch damit die Frage ungelöst, inwieweit die politischen Eliten sich mit dem Ende der von ihnen als Pfründe behandelten Unternehmen zufrieden geben. Ein weniger harmonisches Ende könnte auch sein, dass sich die neuen Privatbetriebe oder, etwa bei Steuererhöhungen, die Bürger schlichtweg weigern, die Kosten für die Staatsbetriebe weiter zu tragen, vor allem dann, wenn im Falle z.B. eine zyklischen Krise die Kosten erheblich steigern. Gleichzeitig sind damit regionale (Küste versus Hinterland) und auch ethnische (Han-Chinesen versus Minderheiten in Grenzprovinzen) Verteilungskämpfe eingeschlossen, die auch die politische Stabilität Chinas bedrohen können. Diese war im bisherigen Transformationsprozess ja in mancher Hinsicht – und dies ist ausdrücklich keine ethische Bewertung – ja ein Pluspunkt, da politische Unruhen wie in manchen anderen früheren sozialistischen Staaten ausblieben.

Die Rolle der Staatsunternehmen hat übrigens durch die zunehmenden Investitionstätigkeiten dieser Unternehmen im Ausland auch handelspolitische und wettbewerbspolitische Aspekte; dies trifft gleichermaßen für die Staatsholdings der Tigerstaaten wie etwa Temasek in Singapur zu. Zwar werden diese Staatsbetriebe nach wirtschaftlichen (nicht politischen) Gesichtspunkten geführt, und ihr Vorteil als Staatsunternehmen besteht vor allem in der Möglichkeit, von niedrigeren Kreditzinsen zu profitieren. Allerdings könnte sich in Krisenzeiten der fehlende Staatseinfluss schnell einstellen, und dann wären die Unternehmen potenzielle Probleme für eine Wettbewerbsordnung der Marktwirtschaft. Dies gilt umso mehr, als dass inzwischen drei der gemessen an der Marktkapitalisierung größten Unternehmen der Welt (nämlich PetroChina auf Rang eins und China Mobile sowie die Industrial & Commercial Bank of China auf Platz vier und fünf) unter den fünf größten Unternehmen weltweit vertreten sind. Für die Zukunft lassen sich daraus eine Reihe möglicher Konfliktsituationen erwarten.

5 Schlussfolgerungen für die Ordnungstheorie und Wirtschaftspolitik in Deutschland und Europa

Die wirtschaftspolitischen und auch ordnungspolitischen Herausforderungen Ostasiens, die nach dem Frühstart Japans in zwei Wellen der Tigerstaaten und der früheren sozialistischen Wirtschaften aufgetreten sind, konnten in diesem Beitrag nur überblicksartig dargestellt werden. Tatsächlich stellt Ostasien mit seinem Aufschwung eine Herausforderung für die Ordnungspolitik Deutschlands und Europas dar. Der Westen genießt keine automatische Vorrangstellung und muss sich durch Reform seiner Wirtschaftssysteme, aber auch z.B. durch die Reform der internationalen Finanzinstitutionen, in denen Ostasien in der

Zukunft zwangsläufig stärker vertreten sein wird, auf das Ende dieser Vormachtstellung einstellen. Ostasien hat auch weit erfolgreicher als andere Regionen der Welt zur Armutsbekämpfung und damit auch viel zum Verständnis von Wachstum und Entwicklung beigetragen. Gleichzeitig ist Ostasien zum Wachstumsmotor der Welt geworden, aber auch zum Wettbewerber für westliche Firmen, der sie zur Innovation zwingt und diejenigen, die dazu unfähig sind, zur Aufgabe.

Allerdings zeigte die Diskussion des Aufstiegs der ostasiatischen Staaten auch, dass dies nicht als eine fundamentale ordnungs-theoretische Herausforderung zu verstehen ist. Denn die Politik dieser Staaten ist, wo sie erfolgreich ist, durchaus mit den Erwartungen der Ordnungstheorie vereinbar.

Gerade im Bereich der Bildung und des Bildungswillens, der zu den Kennzeichen der Entwicklungsprozesse in Ostasiens schnell wachsenden Volkswirtschaften gehört, ist auch das Ineinandergreifen spezifisch „asiatischer“ Werte mit der wirtschaftlichen Entwicklung zu sehen. Die Bildung von Humankapital kann dabei nicht nur durch Inputs gemessen werden, sondern muss kulturelle Faktoren mit berücksichtigen. So wäre es in der westeuropäischen Bildungskultur etwa völlig undenkbar, wenn ein entsprechend hoher Anteil der Privathaushalte an den Bildungsausgaben verlangt würde wie in Südkorea. Es sollte aber nicht vergessen werden, dass kulturelle Faktoren schwierig zu messen sind und sich nicht einfach auf eine „Konfuzianismus-Hypothese“ reduzieren lassen. Denn diese war – im umgekehrten Sinn – bei Karl Marx und Max Weber vereinfachend gesprochen die These, dass der Konfuzianismus in seiner Orthodoxie im 18. und 19. Jahrhundert ein Hemmschuh der wirtschaftlichen Entwicklung war.[15] Der Pragmatismus in Wirtschafts- und Gesellschaftspolitik, der einerseits die Beibehaltung bisheriger institutioneller Systeme ermöglicht, die wie im Fall der japanischen Monarchie schon über tausend Jahre zurückreichen, andererseits die schnelle Adaption von westlichen Werten und Organisationsformen in Management und Gesellschaft erlaubt, ist wohl ein wichtiger Faktor für die oft widersprüchliche institutionelle Entwicklung, die Beobachter verwirrt. So ist die fundamental unterschiedliche

[15] Zur Konfuzianismusrezeption im Westen s. Lee (2003).

Einschätzung von Investitionsverhalten südkoreanischer Konglomerate als langfristige Wachstumsstrategie oder schlichtweg als ökonomisch irrational zu erklären, so auch die unterschiedliche Einschätzung von Beziehungsnetzwerken als effiziente Grundlage für schnelle Ressourcenmobilisierung oder schlichtweg als „*crony capitalism*".

Die Erfahrung Ostasiens zeigt auch, und dies gilt ebenfalls gleichermaßen für die erste und die zweite Welle der Wachstumsstaaten, dass westliche Werte wie Transparenz keinesfalls westlich sind, sondern dass sie eine notwendige Voraussetzung für kontinuierliches Wachstum sind. Die Diskussion um *corporate governance* in Ostasien zeigt deutlich die Grenzen des Wachstums für intransparente Unternehmen, aber auch Wirtschaftssysteme auf. Während diese Diskussion in China noch am Anfang steht, aber schon eine wichtige Bedeutung gewonnen hat, ist sie in anderen Staaten schon weiter fortgeschritten. Analoges gilt für die Gesellschaftsordnung: Relativ korruptionsfreie autoritäre Regierungen mögen nicht wachstumshinderlich sein; sie sind aber sicherlich keine Voraussetzung für Wachstum; zugleich besteht eine viel größere Gefahr für Korruption bei autoritären Regierungen.

Die Antwort auf die ostasiatische Herausforderung kann nicht Protektionismus sein; das verbietet schon der Selbstschutz, wegen der Märkte vor allem Chinas für deutsche und europäische Produkte. Die Antwort ist aber auch nicht in einer Neuformulierung und Neuausrichtung der Ordnungstheorie bzw. der Grundlagen der Wirtschaftspolitik zu sehen. Vielmehr ist sie als eine konsequente Anwendung der Ordnungstheorie zu sehen, wie sie von den Ordnungstheoretikern der sozialen Marktwirtschaft entworfen wurden. Kontinuierliche Reform im Innern ist die beste Voraussetzung für Wettbewerbsfähigkeit, dann erlauben Innovationen es auch Hochlohnstandorten, zu produzieren. Voraussetzung dafür ist allerdings Innovationsfähigkeit und -willigkeit, und dies gilt gleichermaßen für neue Technologien wie für das Gesellschafts- und Wirtschaftssystem. In Einzelpunkten wie dem Aufkommen großen Staatsholdings mag es wettbewerbspolitischen Klärungsbedarf geben, wobei die Klärung nicht in der Einführung weltweiter Aufsichtsbehörden, sondern in der Verpflichtung auf gemeinsame Wettbewerbsregeln zu sehen ist. Für die Ordnungstheorie aber ist der Aufstieg Ostasiens nicht ein neues Paradigma, sondern eine Bestätigung alter Einsichten. Es kommt darauf an, diese zu nutzen und auch im eigenen Land wieder in Einsatz zu bringen.

Literatur

Beasley, William G. (1987), *Japanese imperialism 1894-1945*, Oxford: Clarendon Press.

Henderson, Callum (1998), Asia falling, New York: McGraw-Hill.

Johnson, Chalmers (1982), *MITI and the Japanese Miracle: The Growth of Industrial Policy, 1925-1975*, Stanford, CA: Stanford University Press.

Kaufman, George G. – Thomas Krueger – William C. Hunter (1999), *The Asian Financial Crisis: Origins, Implications and Solutions*, New York: Springer.

Kim, Key-Hiuk (1980), *Last Phase of the East Asian World Order: Korea, Japan, and the Chinese Empire, 1860-1882*, Berkeley: University of California Press.

Krugman, Paul (1994), "The Myth of Asia's Miracle. A cautionary Fable," Foreign Affairs, Vol. 73, no. 6, pp. 62-78.

Lee, Eun-Jung (2003), *"Anti-Europa". Die Geschichte der Rezeption des Konfuzianismus und der konfuzianischen Gesellschaft seit der frühen Aufklärung. Eine ideengeschichtliche Untersuchung unter besonderer Berücksichtigung der deutschen Entwicklung*, Münster: LIT Verlag.

Long, Don (1977), "Repression and Development in the Periphery: South Korea," *Bulletin of Concerned Asian Scholars*, Vol. 9.

Mandelson, Peter (2008), "Europe's openness and the policy of globalization," *The Alcuin lecture*, Cambridge, February 8, 2008, im Internet:http://trade.ec.europa.eu/doclib/docs/2008/february/tradoc_137739.pdf (Zugriff am 10. Februar 2008).

Pascha, Werner (1991), *Die außenorientierte Industrialisierung von Ländern Ost- und Südostasiens*, Habilitationsschrift, Freiburg.

Pempel, T.J. (1999), *The Politics of the Asian Economic Crisis*, Ithaca, NY: Cornell University Press.

Sachs, Jeffrey (2004), "Welcome to the Asian Century," *Fortune Magazine*, January 12, 2004, im Internet: http://money.cnn.com/magazines/fortune/fortune_archive/2004/01/12/357912/index.htm (Zugriff am 10. Februar 2008).

Seliger, Bernhard (2006), „Die neue politische Ökonomie Ostasiens und die Rolle Chinas," *Aus Politik und Zeitgeschichte*, Beilage zu „Das Parlament", No. 49, 4.12.2006, http://www.das-parlament.de/2006/49/Beilage/002.html

Seliger, Bernhard (2000), "Die Interdependenz von Wirtschaftsordnung und politischer Ordnung – das Beispiel der Asienkrise," in: Edward Keynes (Hrsg.), *Willensbildungsprozesse und Demokratie*, Frankfurt/ Main 2000, S. 209-226.

Seliger, Bernhard (1999), *DJnomics – Ordnungspolitische Entwicklungen in der Republik Korea seit der Asienkrise*, Konrad Adenauer Stiftung, Occasional Papers No. 7, Seoul 1999.

Taube, Markus (2006), „Die VR China als aufstrebende Macht in der Weltwirtschaft: Herausforderungen an Europa," *Politische Studien*, Vol. 57, no. 408, S. 26-35.

Weltbank (Hrsg.) (1993), *The East Asian Miracle - Economic Growth and Public Policy*, Oxford: Oxford University Press.

Jang Tae-Seok

South Korea's Aid to North Korea's Transformation Process: Social Market Perspective

1 Introduction

A way to understand North Korea from the outside is sometimes contrasted with the perspective of the Korean peninsula. North Korea's penchant for brinkmanship tactics aroused concerns over international relations while South Korea pursues implicitly unification policy. Since the former South Korean president Kim Dae-Jung's engagement policy culminated in the first summit of North-South Korea in the 15th June 2000, increase in economic relations as well as people exchange has initiated a new phase in Korea. The implementation of the "Sun-Shine Policy" has been evaluated as an institutionalization of economic cooperation between two Koreas. However, South Korea has been criticized over policy toward North Korea, because South Korea's aid neglected commercial activities characterized by the state involvement and interruption to the market process in North Korea.[1]

It is, therefore, worthwhile to note that discussion on South Korea' aid is stimulated to concretize process in economic relationship between two Koreas. An assessment to the institutional set-up in the economic cooperation can be deepened and widened with projects like special economic zones, industrial specializations, investment in infrastructure, etc. (see Cho, 2007 and Kim, 2007). Until now, the relationship between two Koreas is dominated by the top-bottom approach, because the political system of North Korea did not allow any negotiation beyond the control of its party. And more the nuclear crisis, which is frequently incurred by the North Korean regime, brought on negative effects for the external commercial relations.

However the political impasse in North Korea and its losing control on people now reveals the reason why North Korea seeks the open

---

[1] It is also a contrast to the engagement of China, which is consistent with the market-conforming trade and investment. See Haggard and Norland (2007).

economy. So we can pay attention to the recent development of foreign relationship of North Korea with China, Russia and Mongolia. The institutional set-up for economic convergence of North Korea will be undertaken for tasks in the social market economy.

In this paper we discuss possible ways to economic transformation of North Korea from the social market perspective. Firstly, we argue based on the recent statistics released by the Ministry of Unification that South Korea's policy keeping economic relationship with North Korea was inconsistent and ineffective during the last decade, supposedly based on nationalism or other motivation from the domestic politics. Assuming that two Koreas continue to cooperate in the future, we introduce the concept for the proper scope of aid in North Korea. It follows that South Korea's aid will have substantial effect on the way of economic transformation process in North Korea. Furthermore, rent-seeking under the North Korean regime will be discussed to assess social market system. With a strategy for social market economy, open economy, stabilization, and investment in infrastructure, the development aid to North Korea should be supported by the political decision and evaluation process. And it concludes.

Table 1 Official Meeting between South Korea and North Korea (Source: Ministry of Unification in South Korea, 2007)

	Politics	**Military**	**Economic**	**Humanitarian, Social, Cultural**	**Total**
2000	6	4	3	2	15
2001	2	2	3	1	8
2002	4	9	14	5	32
2003	5	6	17	8	36
2004	2	5	13	3	23
2005	10	3	11	10	34
2006	5	4	8	6	23
2007	3	5	10	6	24
Total	**37**	**38**	**79**	**41**	**195**

2 South Korea's Aid to North Korea: Past and Present

It is interesting to see how the official meetings in Korean peninsula have been developed. (Table 1) According to the recent publication of the Ministry of Unification in South Korea (2007), we find that the official meeting between two Koreas has been drastically increased since the first summit in 2000. The humanitarian, cultural, and especially economic meetings peaked around 2003. These meetings are followed by humanitarian aid from South Korea to North Korea.

The increasing trend of aid from South Korea to North Korea is reflected in the official meetings for humanitarian, social, and cultural activities. In reality we can say without exaggeration that the first summit was supported by the promise of humanitarian aid to North Korea (Table 2.2). We pointed out that civilian sector also increased its contribution to humanitarian aid. It is contrasted by the trend in the aid of international organization. Since the nuclear crisis in the early 2000 influenced on the activities of the international organizations, there are now few activities in North Korea for economic development aid except for humanitarian aid.[2] In fact the South Korean policy of development aid to North Korea is deviated from the trend of international society, supposedly based on either nationalism or other motivations for domestic politics.

[2] In 1993, representatives of 171 States adopted by consensus the Vienna Declaration and Programme of Action of the World Conference on Human Rights. This idea supports the necessary conditions of civil and political rights for the poor as well as food and water. It leads to the arguments that human rights should be conditioned by development aid, security, and other international issues beyond its basic moral. In other words, the inclusion, cooperation, and responsibility from the recipient countries are necessary conditions for the successful development aid. (World Bank, 2005)

Table 2 Humanitarian Assistance from South Korea to North Korea

Period	Gov.	Civil	Total
`95	232	0.25	232.25
`96	3.05	1.55	4.6
`97	26.67	20.56	47.23
`98	11	20.85	31.85
`99	28.25	18.63	46.88
2000	78.63	35.13	113.76
2001	70.45	64.94	135.39
2002	83.75	51.17	134.92
2003	87.02	70.61	157.63
2004	115.12	141.08	256.2
2005	123.88	88.66	212.54
2006	141.36	44.57	185.93
Total	1001.2	558	1559.2

See the website: http://unikorea.go.kr/english/ENK/ENK0301R.jsp) (Unit: million US $)
(Source: Ministry of Unification in South Korea, 2006 (On-line publication)

The state's dominant economic cooperation has been associated with the recent increase in trade volume between two Koreas. (Table 2) Although the government and NGO's aids to North Korea increased for the last 5 years, the commercial activities remain standstill or slightly increasing compared to the total volume of trade in South Korea. The trends are heading in the opposite direction from the fact that the borderline commercial activities with China have been increased.[3] Since the economic cooperation between two Koreas is still regarded as a special relationship beyond the normal relations among nations, unifi-

[3] Its impact of market activities with North Korea will be discussed in the next section. The possible explanation of increasing trade only with China will be as follows. Firstly, Chinese companies keep product prices cheaper than that of South Korean companies. Secondly, the borderline activities are authorized by the Chinese government, which makes it difficult for Korean companies to gain profits. See KOTRA (2007).

cation with a higher priority precedes the profits and rationality with a lower priority.

Table 3 Ratio of inter-Korean trade to the entire South Korean trade

(Unit: 100 million US $,%)

Period	2000	2001	2002	2003	2004	2005
Inter-Korean trade volume	4.2	4.1	6.4	7.2	7.0	10.6
The ration of inter-Korean trade to the entire South Korean trade	0.13	0.14	0.20	0.19	0.15	0.19
The total amount of the entire South Korean trade	3,328	2,915	3,146	3,726	4,783	5,454

(Source: Ministry of Unification in South Korea, 2006)

3 Scope of Economic Aid for Economic Transformation in North Korea

South Korea's development aid to North Korea is considered to be incompatible with international norms. Also, China sometimes emphasizes the unconditional aid to north Korea, assuming that sudden eruption of North Korean regime might bring about disastrous side effects. In fact, however, South Korean government intends to introduce market economy in North Korea through the gradual reforms. The sun shine policy also has a great goal to introduce self-sufficient economic growth in North Korea through reform and market opening, which eventually contributes to unification in Korean peninsula. (Lankov, 2005)

Figure 1 Relationship between Human Rights, Aid and Situation of Donor and Recipient Countries

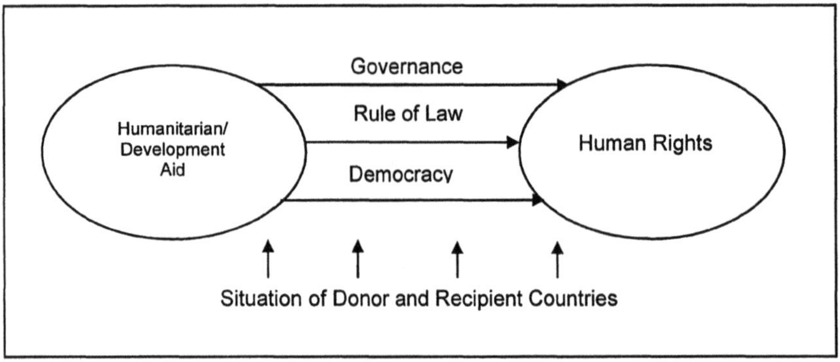

Then the criticism over economic aid which is different from the market economic process in a transition country should be reconsidered. Its explanation is visualized in figure 1 In practice for principles of governance, rule of law and democracy in the recipient countries, donor countries tended to link the aid with human rights issues. The failure of effective development aid has been attributed to the absence of favorable interactions with domestic situations.

However it should not be detracted from the necessity of Korean government aid to North Korea, because initial conditions for suitable economic development in North Korea are still desirable. Only the scope of economic aid to North Korea then remains controversial. The critical point here is related to the type of aid, condition, and the political situation in North Korea. Furthermore North Korea is reluctant to reveal its basic economic data, which makes it difficult for donor countries to understand properly macroeconomic situation. (Eberstadt, 2000) Taking it into account, we have to find some alternatives to enhance policy implementation in dealing with the aid to North Korea.

Firstly, the influence of state supervision should remain intact or decreased to some extent for the balance with the private sector. South Korean government also promotes the trade-friendly environment in cooperation with North Korea. It should be a long-term commitment because North Korea takes time to learn market economy system. We can consider market enhancing model as a possible strategy (Ahrens, 2006). An assessment to the quality of institutions for market oriented policies and private-sector coordination is important. So, it can allow North Korea to unfold its way to market economy if proper transitional institutions are maintained with educated public officials in North Korea.

Secondly, South Korea's aid to North Korea should be aimed at the market-friendly environment. Since transition countries from the Soviet Union experienced corruptions and malfunction of public institutions, South Korea's transfer of institutional rules to North Korea can be enacted either in people exchange or in projects. In practice political decisions and supports are critical for its implementation.

And the economic development model for North Korea can be adjusted according to the perspectives from social market system. If policy for the market economy system is adopted gradually throughout North Korea, South Korea's aid which is conditioned by market-friendly projects will contribute to promote market activities. And the aid from the government's side could slowly be crowded out. Now the special economic zones made good starting points, but scope and conditions are still limited. Several other projects are to be planned. For example, the interest of North Korea on international financial system shows good reasons why North Korea tries to reform by itself as the cooperation with international organization like IMF or World. Even though the political system in North Korea added restrictions to the economic reforms, conditional assessments to the international system will be effective to change North Korea's opaque and unstable economic system (Reed, 2005).

4 Social Economic System in North Korea

The economic landscape in North Korea has been described as a collapse of planned economic policy, dominance of heavy industry, change after reforms in 2002, but few considerations into market oriented policies (EUI, 2007). Though North Korean regime remains proud of its ideology *Juche*, self-sufficiency turns out to be ineffective, and imminent release for aid seems to be necessary. That's why

North Korea is interested in the international financial system and the foreign investment. Since the foreign investment has been mostly conditioned by the market situation, stable social market economy rules for successful transition period are necessary in North Korea. This view is also relevant to the plan in the Gaeseong Industrial Complex Project[4]. But technology transfer and aid should be compatible with the interim process to market system in North Korea. It gives more leverage to the government for the intervention in the market.

Therefore the successful orientation to market economy should be enacted either through control or through the cooperation with the donor countries. Some previous experiences in the eastern European countries also give implications for economic transformation in North Korea. And the experience of German reunification showed that people and their awareness to political decisions influenced transformation process. For instance, we know that the rent-seeking activities of politicians in the former German Democratic Republic (GDR) invoked the revolt against the regime. It is therefore recommended for South Korea to check the scope of the aid to North Korea through annual based evaluation. Because the possibility that the politicians raise money from aid and do not distribute it for its own purpose is not to be excluded, the transparent flow of money will be a precondition for the effectiveness of aid.[5]

Table 4 Social market perspective in North Korea's Transformation Process

	Open economy	Stabilization	Infrastructure
Role of North Korea	Promotion of commercial activities	Control on Marco-economics	Linkage to the domestic industry
Role of South Korea	Promotion of commercial activities	Conditional aid/Capacity building	Project cooperation like special economic zones

[4] For the recent report about Gaeseong Industrial Complex, see the website of Ministry of Unification.

[5] I am grateful to Prof. Dr. Jürgen Backhaus for his comment on the German experiences. Since the transformation process in North Korea is unusual compared to other previous transition economies, a careful assessment dealing with the people's awareness will be more important.

In fact, the following questions should be asked to concretize the role of governance in a transitional phase: could commercial activities be complemented with governmental control? In initial phase, the control on economy should be more dominant than the liberalization strategy. With the combination of the open economic system, a successful path will be the gradual transition to social market economy. Then government should play a role in creating breakthrough in the stagnating economic situation. The analysis is based on social market perspective.[6]

In table 4, the role of government is classified by the application to market economic system in North Korea. Since the foundation to the market economy is linked to provide stable institution rules and proper application of politics, South Korea may restrict itself to play a role in promoting commercial activities and leading some projects, which will have spill-over effects on other economic sectors in North Korea. Especially the success in North Korea's economic transformation will depend on the political factors rather than economic theory on the development. Furthermore the unique political situation under the dictatorship should be considered.

5 Conclusion and Outlooks

We try to describe South Korea's aid to North Korea during the last decade. Though the aid takes aim at improving cooperation and prosperity between two Koreas, the way to implementation is deviated from the international trend in development aid. Since political and security reasons held the advantage over commercial interest in North Korea, the effectiveness of aid still remains a controversial issue for economic cooperation. Facing with losing control over people and external challenges, North Korea tries to increase economic cooperation with neighbourhood countries. In this point, some lessons can be drawn from the social market economic perspectives.

[6] Participation in the conference for Social Market Economy in Zwickau led me up to this point. I would like to express gratitude to the participations for the useful comments and the discussion.

Economic orientation toward social market will have substantial effects on the transition process in North Korea. While market system for open economy, stabilization, and infrastructure provide economic foundations for a successful transition process, the government side of two Koreas should cooperate to give the political assistance to the related economic activities. In so doing, the institutions will provide good environments to attract private investment and to make North Korea's economy competitive, which at least supports sustainable economic growth.

From the perspectives of social market economy, the conditional aid for effectiveness and policy rules in commercial activities should be designed in advance and evaluated to avoid rent-seeking under the dictatorship in North Korea. Although experiences in the other transition economies could not be applied to the case of North Korea, some lessons from social market economy will give two Koreas some insight for economic cooperation. It may enable us to avoid trial and error in the last decade.

Literature

Ahrens, Joachim (2006), North Korea: From Failing towards Reforming State? Presentation at the AEA/KAEA Session "North Korea Economy at a Crossroads

Babson, Bradley O. (2006), Visualizing a North Korean "Bold Swithover": International Financial Institutions and Economic Development in the DPRK, Asia Policy, Number 2, 11-24

Eberstadt, Nicholas (2000), 'Our Own Style of Statistics': Availability and Reliablity of Official Quantitative Data for the Democratic People's Repulic of Korea, in the economics of Korean reunification, Vol. 5, no.1, pp. 68-93

EC (2001), Linking Relief, Rehabilitation and Development - An Assesment, Communication from the Commission to the Council and the European Parliament, Brussels

Economic Intelligence Unit (2007), Country Profile: North Korea (www.eiu.com/schedule)

Haggard, Steffan and Marcus Norland (2007), North Korea's External Economic Relations, Peterson Institute for International Economics, WP 07-7

Kim, Youn-Suk (2006), An Increasing Inter-Korean Economic Integration: The Case of the Gaeseong Industrial Park, North Korean Review, Fall, 62-74

Lankov, Andrei (2005), "No Sunshine Yet Over North Korea," Asia Times Online (www.atimes.com/atimes/Korea/GE13Dg01.html, retrieved on 8th Dec. 2006)

Manyin, Mark E. (2006), U.S. Assistance to North Korea: Fact Sheet, CRS Report for Congress

Reed, Edward P. (2005), The Role of International Aid Organizations in the Development of North Korea: Experience and Prospects, Asian Perspective, Vol. 29, No. 3, pp. 51-72

OECD (2006), Integrating Human Rights into Development- Donor Approaches, Experiences and Challenges, The Development Dimension, OECD, Paris

조명철(2007), 북한 경제특구정책의 교훈과 정책과제- 나진·선봉 및 신의주경제특구정책을 중심으로, KIEP 오늘의 세계경제, Vol.7, No.40

한국무역공사(2007), 북중변경무역 향후 전망과 시사점, Global Business Report 07-22.

5.) Alternative Ansätze der Wirtschaftspolitik

Herbert Strunz

Staat, Wirtschaften und Governance

Einleitung

Das Gemeinwohl zielt auf die Wohlfahrt aller ab. Der Staat ist traditionell der Sachwalter dieses hehren Gutes. Seine Aufgabe ist es, die verschiedenen Interessen der gesellschaftlichen Gruppen auszugleichen. In diesem Rahmen sind die Aktivitäten der verschiedenen wirtschaftlichen Akteure von besonderer Bedeutung. Diese haben sich im Zeitalter der Globalisierung enorm dynamisiert, nicht immer zum Vorteil des Individuums. Das vielzitierte Primat der Ökonomie droht, extrem übermächtig zu werden und alle Lebensbereiche in ungünstiger Weise zu beeinflussen. Angemessene Reaktionen sind gefragt. Ethische Fundamente und ein entsprechend ordnendes, im positiven Sinn regulierendes und weitblickendes Handeln des Staates scheinen mehr gefragt denn je. Ziel des Beitrages ist es, eine überblicksartige diesbezügliche Bestandsaufnahme vorzunehmen, auf die gegebenen Defizite hinzuweisen und entsprechende Lösungsansätze darzustellen.

Zum Gemeinwohl als Maß der Dinge

Hauptmaxime staatlichen Handelns ist es, für die Wohlfahrt aller zu sorgen. Daraus erwächst dem Staat seine Legitimität. Keine menschliche Gesellschaft kann ohne eine gemeinsam bewusste und gemeinsam angestrebte Wohlfahrt aller auf Dauer bestehen. Um die verschiedenen gesellschaftlichen Interessen auszugleichen, geht es letztlich um ein Primat des Gemeinwohls vor dem Einzelwohl. Der Staat ist der Sachwalter dieses *bonum commune*. Allerdings gibt es zwischen den Interessen der Gesellschaft und des Individuums ein Spannungsverhältnis. Aufgrund dessen ist es auch Aufgabe des Staates, die üblicherweise stark differenten Gruppeninteressen auszugleichen. Dabei geht es auch um die Gestaltung der Beziehungen zwischen Individuum und Kollektiv.

Dies kann von Seiten des Staates in eher dirigistischer oder eher liberaler Hinsicht erfolgen. Einschränkungen oder bewusste Gewährung individuellen Handlungsspielraumes – allerdings in den Grenzen des Sittlichen – sind dabei das zentrale Thema. Die bestehenden gesellschaftlichen Spannungsfelder können allerdings nie restlos ausgeglichen werden, konkret bleibt der Antagonismus zwischen „Sozialstaat" versus „freier Marktwirtschaft" unabhängig von Staatstypus und Wirtschaftsordnung im Grunde bestehen. Die ökonomische Theorie nennt auch Bedingungen, deren Erfüllung ein Maximum an Wohlfahrt gewährleistet. Dieser – pareto-optimale – Zustand wäre dann gegeben, wenn kein Mitglied der Gesellschaft besser gestellt werden kann, ohne dass zumindest ein anderes besser schlechter gestellt werden müsste. Ideale Leistungen werden somit dann erstellt, wenn sich dadurch die Position keines (anderen) Wirtschaftssubjekts verschlechtert. Dieses Modell vollkommener Gegebenheiten korreliert mit der wirtschaftlichen Realität allerdings nicht. Die tatsächliche Unvollkommenheit des Marktes führt nämlich insbesondere zu Wirkungen betrieblicher Aktivitäten, die sich außerhalb des Marktes vollziehen (externe Effekte). Dies führt zu einer nicht optimalen Allokation von Ressourcen. Davon ausgehend stellt sich die Forderung, Wohlfahrt jedenfalls nicht nur auf die rein ökonomische Dimension zu beschränken, sondern als gesamtgesellschaftliche Kategorie zu betrachten. Eine am Gemeinwohl orientierte Wirtschaftsweise kann denn auch als eine Art Ordnungsprinzip verstanden werden.[1]

Diese erweiterte Sichtweise bedingt zunächst, sowohl ethische Urteile einzubeziehen, wie insbesondere auch soziale sowie ökologische Kosten und Nutzen zu erfassen. Im Zusammenhang damit sind in die Kalküle der einzelnen Wirtschaftssubjekte unmittelbar derartige Komponenten zu integrieren. In diesem Zusammenhang sind auch die jüngsten Bemühungen um eine *Corporate Social Responsibility* zu sehen. Entgegen üblicher Polarisierungen schließt Gemeinwohl entsprechend seinem ganzheitlichen Charakter das Wohl des Einzelnen ein, das somit notwendigerweise zum Wohl des Ganzen gehört. Eine Wirt-

[1] Vgl. Thiemeyer, Theo: Gemeinwirtschaftlichkeit als Ordnungsprinzip, Berlin 1970.

schaftsordnung, wie sie etwa die soziale Marktwirtschaft repräsentiert, bietet durch relativ ausgewogene Freiheiten und Bindungen für Individuum und Gemeinwesen auch eine derartige Synthese auf relativ hohem Niveau. Der Einzelne sollte und dürfte dabei seine Bedürfnisse nur im Rahmen des Ganzen befriedigen, was in weiten Bereichen über den Markt gewährleistet sein sollte. Die Betrachtungsweise ist allerdings verkürzt, wenn sie lediglich auf die Marktbeziehungen zwischen Anbietern und Nachfragern, Produzenten und Konsumenten abzielt. Die Anteilnahme der Wirtschaftssubjekte am wirtschaftlichen und gesellschaftlichen Leben und ihr jeweiliger Beitrag zum Wohl des Gemeinwesens sind nämlich weitaus vielfältiger und komplexer. Dies lässt sich tatsächlich jedoch erst erkennen, wenn man die Wirtschaftssubjekte sowie ihre Interessen differenziert und ihre jeweiligen Spezifika analysiert.[2]

Einzelwirtschaft und Gemeinwohl

Als Wirtschaftssubjekte werden etwa Betriebe, Organisationen, Institutionen, Einzelwirtschaften und Personen verstanden, die nach autonomen Wirtschaftsplänen und eigenen Erwägungen bzw. Zielsetzungen Entscheidungen über wirtschaftliche – d.h. knappe, geeignete und zugängliche – Güter treffen (können). Damit werden auch Wirtschaftssubjekte erfasst, die nicht oder nicht nur erwerbswirtschaftlichen Zielen folgen. Naheliegend ist es, zunächst das Individuum als Wirtschaftssubjekt zu charakterisieren.

In Form von Ein- und Mehrpersonenhaushalten strebt es nach Deckung seiner Bedürfnisse, letztlich eine qualifizierte Form der Selbsterhaltung. Dabei sichert es seine ökonomische Selbständigkeit durch Einkommenserzielung, i.d.R. über den Weg von Arbeit. Seine Bedarfsdeckung erfolgt durch Konsum unter Verwendung des erzielten Einkommens. Die privaten Unternehmen agieren demgegenüber ge-

---

[2] Vgl. Strunz, Herbert: Betriebswirtschaftslehre und Gemeinwohl, in: Pracher, Christian/Strunz, Herbert (Hrsg.): Wissenschaft um der Menschen willen – Festschrift für Klaus Zapotoczky zum 65. Geburtstag, Berlin 2003, 613 ff.; Strunz, Herbert: Einzelwirtschaft und Gemeinwohl, in: Zeitschrift für Ganzheitsforschung IV/2004, 182 ff.

winnstrebend über Umsatzerlöse. Die erstellten Leistungen werden auf dem Markt aufgrund von Angebot und Nachfrage entgeltlich abgesetzt. Genossenschaften sind wiederum auf wirtschaftliche Förderung ihrer Mitglieder ausgerichtet. Die Bedarfsdeckung erfolgt nach dem Identitätsprinzip. Das bedeutet, dass die Mitglieder in erster Linie von der Bereitstellung günstiger Leistungen durch die Genossenschaften profitieren. Ihre Finanzierung erfolgt durch Beiträge der Mitglieder aufgrund der erbrachten Leistungen der Genossenschaft.

Öffentliche und gemeinwirtschaftlich orientierte Unternehmen verfolgen – ähnlich privaten Unternehmen – überwiegend die Deckung individueller Bedarfe. Allerdings handeln sie im öffentlichen Interesse und werden demgemäß häufig auch als Instrument zur Erfüllung staatlicher Ziele eingesetzt. Ihre Finanzierung erfolgt durch Umsatzerlöse, aber auch durch Abgaben und teilweise durch öffentliche Subventionen. Verbände und Vereine decken den Bedarf eines klar umrissenen Adressatenkreises. Sie erbringen dabei i.d.R. nicht marktfähige, meist kollektive Leistungen, die üblicherweise unentgeltlich abgesetzt werden. Die Aufrechterhaltung des Verbandes/ Vereines und seiner Autonomie erfolgt durch materielle sowie immaterielle Leistungen seiner Mitglieder. Schließlich bilden öffentliche Verwaltungen einen Typ von Wirtschaftssubjekten, deren Existenz sich auf die Erbringung von Leistungen zur Bedarfsdeckung für die Allgemeinheit und auf Abgaben der Gemeinschaft gründet.

Diese idealtypisch differenzierten Wirtschaftssubjekte tragen auf unterschiedliche Weise zur Wirtschaft der Gesellschaft bei, das Gemeinwesen fördernd oder sich auf dessen Kosten betätigend. In der Praxis erfolgt dies in unterschiedlicher Weise, je nachdem, inwieweit Wirtschaftssubjekte mehr oder weniger eigen- oder gemeinwirtschaftlich ausgerichtet sind. Wenn die Tätigkeit etwa eines privaten Unternehmens – z.B. der Industrie – überwiegend eigenwirtschaftlich orientiert ist, bedeutet dies eine Dominanz des Unternehmensinteresses. Vom Unternehmen profitieren also zunächst Kapitaleigner und Unternehmensangehörige. Mittelbar kommen die Leistungen des Unternehmens aber auch etwa Kunden, Lieferanten, Banken und dem Staat zugute (vgl. *„Stakeholders“*). Gemeinwirtschaftliche Unternehmen – z.B. Nahverkehrsunternehmen – dienen demgegenüber einer übergeordneten Gesamtheit ausschließlich und unmittelbar. Insbesondere ist dabei die Frage bedeutend, welcher Zielkomponente Priorität eingeräumt werden soll. Die Abwägung des eigenwirtschaftlichen Formalziels – also Substanz- und/oder Kapitalerhaltung – mit dem gemeinwirtschaftlichen Formalziel, der unmittelbaren Nutzenstiftung, stellt sich letztlich allerdings als schwer vereinbare Aufgabe. Entsprechende Grenzen werden nur allzu oft deutlich, gewissermaßen vorprogrammierte Zielkonflikte offenkundig. Im Grunde geht es um den von den einzelnen Wirtschaftssubjekten gestifteten sozialen Nettonutzen als Differenz zwischen sozialem Nutzen und aus ihrer Wirtschaftstätigkeit entstandenen sozialen Kosten.[3]

Ein in diesem Zusammenhang wichtiger Aspekt liegt darin, dass die Möglichkeit unmittelbarer Gemeinwohlförderung – betriebswirtschaftlich betrachtet – dauerhaft nur dann gegeben ist, wenn die Erhaltung des entsprechenden Beitrages der jeweiligen Organisation gewährleistet ist. Dies legt aber auch die Notwendigkeit nahe, (sozial-) nutzenstiftende Leistungen unter der Nebenbedingung der Kostendeckung - entgegen derzeit vorherrschender Tendenzen - verstärkt zu forcieren. Problematisch ist dabei, dass in jedem Fall letztlich immer Märkte mitbestimmen, was als nutzenstiftend gilt, bzw. was nicht. Worin letztlich „gesellschaftlich unerwünschte" Leistungen bestehen, stellt deshalb ein wesentliche Frage dar. Aufgrund der Vielzahl und Vielfalt der Möglichkeiten derartiger Leistungen erweist es sich als nützlich, förderungsbedürftige Bereiche des Gemeinwohls zu stimulieren, kontrollbedürftige Bereiche zu regulieren und ergänzungsbedürftige Bereiche zu komplettieren. Grundsätzlich scheint dies unbezweifelt, an konkreten Inhalten und Fragen der Finanzierung unterscheidet man sich üblicherweise allerdings erheblich. Letztlich ist diese Frage auch eine der konsequenten Findung und Anerkennung von menschlichen Bedürfnissen, sowohl individueller Art sowie auf einzelwirtschaftlicher und gesellschaftlicher Ebene. In engem Zusammenhang damit steht die Problematik des Trägers von Organisationen. Ausgangspunkt ist dabei die Frage, ob und inwieweit öffentliche

---

[3] Derartiges nachzuweisen bemühen sich Sozialbilanzen und ähnliche gesellschafts- und umweltbezogene Rechnungslegungsansätze seit langem mit nicht gerade allgemein akzeptiertem Erfolg.

Aufgaben vorliegen, die den Einsatz gemeinwesenfördernden Wirtschaftens verlangen und rechtfertigen. Hier kommt es zur Notwendigkeit einer umfassenden Auseinandersetzung mit dem Begriff der sogenannten „Instrumentalfunktion". Leitend ist dabei der Gedanke, dass die Erfüllung öffentlicher Aufgaben zunächst jedenfalls eine Angelegenheit öffentlicher Verwaltungen ist. Davon ausgehend kann eine entsprechende Erfüllung in nicht wenigen Zusammenhängen auch durch andere Organisationen in Betracht gezogen werden. Der gegenständliche Themenkreis ist letztlich fokussiert auf die Problematik der Aufgaben wirtschaftlichen Handelns im Dienst der Allgemeinheit. Daraus resultiert auch die betriebswirtschaftliche Frage nach der Art und Weise der Aufgabenerfüllung. Zahlreiche Typen von (öffentlichen und privaten) Organisationen leisten diesbezüglich auf einzelwirtschaftlicher Ebene unmittelbar und mittelbar Beiträge zur Förderung des Gemeinwesens. Ausgehend von ihren (üblicherweise bestehenden) Zielsystemen bzw. den Anforderungen, die die Problematik an diese Zielsysteme stellt, stehen die konkreten Beiträge dieser Organisationen als einzelne Wirtschaftssubjekte und diesbezüglich weitergehende Möglichkeiten sowie deren Operationalisierbarkeit bzw. Messung im Zentrum des Interesses und hoffentlich künftig auch mehr zur Diskussion als derzeit.

Globalisierung und ihre Schattenseiten

Angesichts gegenwärtigen recht starken, sogenannten neoliberalen Tendenzen[4], die nicht primär im Dienste des Menschen stehen und auch von Seiten der Wirtschaftswissenschaften nur allzu oft unterschätzt werden, bleibt die Hoffnung, dass das vielzitierte „Pendel" wieder zurückschwingt. Reale (Fehl-)Entwicklungen – insbesondere auch im internationalen Kontext – verlangen geradezu nach einer ver-

[4] Vgl. Harvey, David: Kleine Geschichte des Neoliberalismus, Zürich 2007. Die Bezeichnungen „liberal" und insbesondere „neoliberal" sind oft tendenziös und nicht treffend. „Tendenziös dann, wenn die Gegner sich die Kritik leicht machen wollen". (Eucken, Walter: Grundsätze der Wirtschaftspolitik, Tübingen/Zürich 1955, 375)

stärkten Suche nach Alternativen, sowohl ordnungspolitischer[5], wirtschaftspolitischer wie einzelwirtschaftlicher Art.

Wichtig scheint diesbezüglich jedenfalls bewusstes Gegensteuern seitens des Einzelnen und insbesondere auch der Wissenschaft als Ganzes im Sinne steter Kritik an herkömmlichen – in diesem Zusammenhang ökonomischen – Formen und Modellen. Paradigmenwechsel haben, gerade aus meist antizyklischem Denken geboren, selten geschadet. Globalisierung ist nichts Neues, aber ihre heutige Erscheinungsform unterscheidet sich deutlich von früheren. Sie lässt Zeit und Raum schrumpfen und Grenzen wegfallen, daher werden Verbindungen enger, intensiver und direkter als je zuvor. Globalisierung bietet tatsächlich enorme Chancen für den menschlichen Fortschritt, aber nicht nur. Globalisierung schafft aber auch neue Bedrohungen für wirtschaftliche, insbesondere finanzielle Stabilität, die Entwicklung von Arbeit und Einkommen, den kulturellen Bereich, den Umweltbereich sowie für Politik und Soziales im Allgemeinen. [6]

Ethische Fundamente

Chancen und Bedrohungen verlangen gleichermaßen nach Schutzmaßnahmen bzw. nach Instrumenten, mit Hilfe derer künftig sinnvoll mit den Erscheinungsformen der Globalisierung umgegangen werden kann. Globalisierung muss vielmehr geprägt sein durch einen verantwortungsvollen Umgang mit den entsprechenden Tendenzen. Moral, Gerechtigkeit, Einbeziehung der Beteiligten bzw. Betroffenen, menschliche Sicherheit sowie eine nachhaltige Entwicklung sind dabei unumgänglich zu berücksichtigende Themen und Problemfelder. Sicherlich eine der größten Herausforderungen der heutigen Zeit ist vor diesem Hintergrund die Bewältigung der Bedrohung, die – ungeachtet aller Vorteile – die Globalisierung mit ihren Möglichkeiten nach sich zieht. Die dadurch gegebenen Handlungsmöglichkeiten greifen mit einer beispiellosen und wohl auch ungeahnten kausalen Reichweite in die Zukunft. Bisher waren Macht und Wissen der Men-

---

[5] Vgl. Ansätze dazu z.B. in http://www.ordnungspolitisches-portal.de.

[6] Vgl. Strunz, Herbert/Dorsch, Monique: Management, München/Wien 2001.

schen trotz allem stets zu begrenzt, um die entfernte Zukunft in das Bewusstsein eigener Kausalität einzubeziehen. Die hauptsächlich durch wirtschaftliche Aktivitäten entstehenden Folgen menschlicher „Zivilisation“ verlangen im Gegensatz zu den derzeit überwiegend praktizierten Methoden nach weit mehr als nur nach „technischen“ Lösungen: Vielmehr sind neue und auch andersartige Verpflichtungen einzugehen, ethische Fundamente für die Zukunft sind notwendigerweise unumgänglich.[7]

Die Wahrnehmung von Verantwortung bildet dabei das zentrale Element einer Ethik für die moderne, technologisch orientierte Zivilisation. Die Gewährleitung und Sicherung des Gemeinwohls steht dabei im Vordergrund.[8] Eine bezüglich der Wahrnehmung von entsprechender Verantwortung besonders prekäre Situation lässt sich – international betrachtet – in den Bereichen Umweltschutz und Arbeit feststellen. So geht die Forderung nach einer speziellen Umweltethik, d.h. Anwendung der Ethik in bezug auf Umweltschutz und Ökologie, von der Erkenntnis der Gefahren ökologischer Veränderungen durch menschliche Eingriffe aus.[9]

Eine lediglich „partnerschaftliche Beziehung“ zwischen Mensch und Natur war nämlich bisher bedauerlicherweise keine ausreichende ethische Motivation. Das durch diese Erkenntnis entstehende Umweltbewusstsein doch vieler Menschen resultiert aus dem Bedürfnis nach Schutz der natürlichen Umwelt als Lebens- und Wirtschaftsgrundlage.

Ein derartiges Umweltbewusstsein gründet sich letztlich auf umweltethisches Empfinden. Dieses hat seinen Ursprung wiederum in einer allgemein „ethischen Sensibilität“ als Resultat von Erziehung und Ausbildung und ist Voraussetzung für umweltbewusstes Handeln. Über die Problematik des Umweltschutzes hinaus gehört die Gestaltung der Arbeitswelt sicherlich zu den großen Problemen der heutigen Zeit. International angemessene Sozialstandards zu etablieren und auch für deren Einhaltung zu sorgen, stellt sich vor dem Hin-

---

[7] Vgl. z.B. Jonas, Hans: Das Prinzip Verantwortung, Frankfurt a. M. 1979.

[8] Vgl. Homann, Karl/Lütge, Christoph: Einführung in die Wirtschaftsethik, Münster 2004.

[9] Vgl. Strunz, Herbert: Umweltmanagement, Wien/New York 1993, 15ff.

tergrund teilweise ungeheurer Missstände als äußerst vordringlich dar.[10]

Ethik im Bereich der Arbeit kommt hier höchste Bedeutung und Priorität zu. Besonders im Bereich der textil- und Bekleidungsindustrie, aber auch in vielen anderen Branchen ist dringendes Handeln gefordert. Angesprochen sind hier vor allem zahlreiche internationale Konzerne und jene Staaten, die diese trotz der eklatanten Missstände gewähren lassen, bzw. diese durch entsprechende Rahmenbedingungen begünstigen.[11] Nicht zuletzt sind aber auch die Verbraucher gefordert, die durch ihre (Nicht-)Kaufentscheidungen das Handeln der Firmen sehr wohl beeinflussen können. Mittlerweile gibt es genügend Beweise dafür, dass die Konzerne kritische Blicke fürchten, wenn sie sich auf die soziale und ethische Dimension ihrer Unternehmenspolitik richten.

Verselbständigung versus Einbettung der Ökonomie

Angesichts der vielen Probleme, die von der Globalisierung ausgehen und die am ehesten mit „Verselbständigung der Ökonomie“ (*disembedded economy*) umschrieben werden können,[12] wird derzeit durchaus über Alternativen, maßvollere Konzepte bzw. ein „Einbettung“ (*embedding*), speziell von Arbeit und Natur in die Kapitalverwertungsinteressen nachgedacht. Dabei geht es vor allem auch um sinnvolle Normen betreffend die Vernunft sowie sozial und ökologisch verantwortliches Handeln, wobei die Möglichkeiten der Selbstbestimmung des Menschen und durchaus auch eine reale und gleichzeitig allgemeine Wohlstandsmehrung nicht ins Hintertreffen geraten sollen.

Diesbezügliche Beträge leistet etwa die Neue Politische Ökonomie, die unter dem Rubrum „Public Choice“ politisches Verhalten, Ent-

---

[10] Vgl. Strunz, Herbert: Arbeitsgesellschaft quo vadis?, in: International 5/2005, 24 ff.

[11] Vgl. Gorz, André: Arbeit zwischen Misere und Utopie, Frankfurt a. M. 1997

[12] Vgl. Altvater, Elmar/Mahnkopf, Birgit: Grenzen der Globalisierung, Münster 1999

scheidungsprozesse und darüber hinaus -strukturen, ausgehend von der neoklassischen Wirtschaftstheorie untersucht und zu erklären sowie zu gestalten versucht. Betrachtet werden dabei die politischen Akteure individuell und/oder innerhalb kollektiv handelnder Gruppen wie Wähler, Verwaltungen, Parteien oder Interessensvertretungen. Sicherlich interessant sind auch die Überlegungen im Hinblick auf Umrisse für einen real-utopischen Entwurf einer emanzipierten Gesellschaft und bedarfsorientierten Wirtschaft skizziert,[13] und gewissermaßen als Ausblick mit der Empfehlung zur Reflexion und Diskussion bewusst auch hier genannt.

Abbildung 1 Umrisse des real-utopischen Entwurfs einer emanzipierten Gesellschaft und bedarfsorientierten Wirtschaft[14]

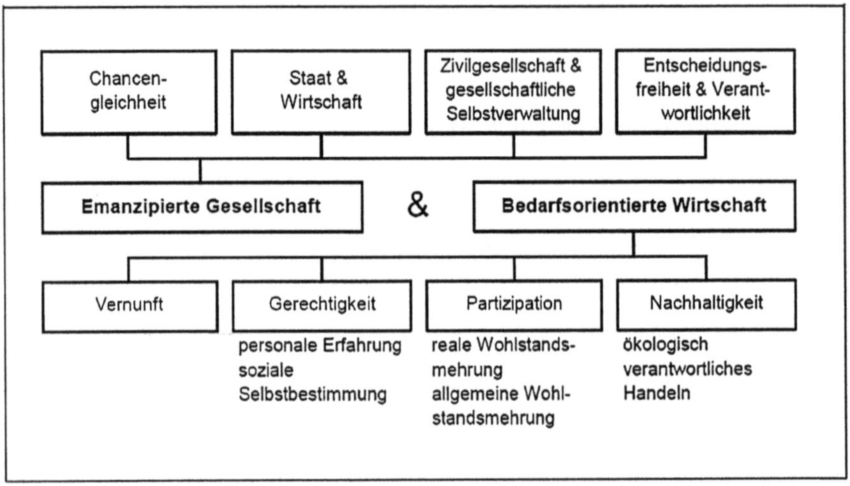

Der Staat als wichtiger Akteur

Beim Ausgleich der zweifellos divergenten Interessen der gesellschaftlichen Akteure ist der Staat besonders gefordert. Die Realität hat nämlich gezeigt, dass Freiwilligkeit der Beteiligten nicht unbedingt zu

---

[13] Vgl. Conert, Hansgeorg: Vom Handelskapital zur Globalisierung, Münster 1998, 459 ff.

[14] nach Conert, Hansgeorg: Vom Handelskapital zur Globalisierung, Münster 1998, 459 ff.

erwarten ist. Die Rolle des Staates lässt sich in diesem Zusammenhang gewissermaßen als jene eines *Mediators* definieren. Gefragt sind staatliche (Steuerungs-) Maßnahmen, die eine demokratische Mitgestaltungsmöglichkeit der sehr unterschiedlich positionierten *Stakeholders* im Dienste einer gemeinwohlorientierten Bedürfnisbefriedigung gewährleisten sollen. Dabei ist das Konzept der sogenannten *Governance* intensiv angesprochen. Dieses meint – im Rahmen des allgemein festzustellenden Wandels der Formen politischer Steuerung und Koordination – ein Abzielen auf ein neues Verhältnis zwischen Staat und Gesellschaft. Zum einen geht es um eine gewandelte Form gesellschaftlicher und ökonomischer Selbstkoordination sowie Selbstregulierung ohne direkte staatliche „Einmischung"; zum anderen um einen neuen Regulierungsmodus jenseits der Dichotomie „Staat/Markt". Vielmehr steht ein innovatives, interaktives Arrangement von öffentlichen und privaten Akteuren mit dem Ziel, gesellschaftliche Probleme zu lösen und neue Chancen zu eröffnen, im Vordergrund. Kooperation, Koordination und anzustrebende Netzwerke zwischen allen Organisationsformen spielen dabei eine bedeutende Rolle. Konkret geht es auch um die Schaffung oder Veränderung institutioneller Arrangements, der Regeln und Anreizstrukturen, die den Rahmen der Aktivitäten der verschiedenen Wirtschaftssubjekte bilden und – dieser Umstand ist entscheidend – zu einer neuen oder zumindest veränderten Arbeitsteilung zwischen Staat, Wirtschaft und Zivilgesellschaft zu finden. In diesem Zusammenhang ist vor allem auch die Ordnungspolitik angesprochen, die als „Marktwirtschaft mit staatlichem Rahmen" mit ihrer betont starken und bewährten ethischen Dimension künftig wieder mehr forciert werden sollte. Die zunehmende Komplexität der zu lösenden Probleme und die verstärkten Interdependenzen zwischen den Akteuren können insgesamt gleichermaßen als Herausforderung oder als „gordischer Knoten" gesehen werden. Die erfolgreiche Bewältigung der entsprechenden Risiken und die Nutzung der sich bietenden Chancen wird freilich erst die Zukunft weisen.[15]

---

[15] Vgl. Jann, Werner: Governance, in: Eichhorn, Peter u.a. (Hrsg.): Verwaltungslexikon, Baden-Baden 2003, 449 ff.; Strunz, Herbert: Verwaltung, München/Wien 1993

Literatur

Altvater, Elmar/Mahnkopf, Birgit: Grenzen der Globalisierung, Münster 1999

Conert, Hansgeorg: Vom Handelskapital zur Globalisierung, Münster 1998

Eucken, Walter: Grundsätze der Wirtschaftspolitik, Tübingen/Zürich 1955

Gorz, André: Arbeit zwischen Misere und Utopie, Frankfurt a. M. 1997

Harvey, David: Kleine Geschichte des Neoliberalismus, Zürich 2007

Homann, Karl/Lütge, Christoph: Einführung in die Wirtschaftsethik, Münster 2004

Jann, Werner: Governance, in: Eichhorn, Peter u.a. (Hrsg.): Verwaltungslexikon, Baden-Baden 2003, 449-451

Jonas, Hans: Das Prinzip Verantwortung, Frankfurt a. M. 1979

Ordnungspolitisches Portal; http://www.Ordnungspolitisches-Portal.de

Strunz, Herbert/Dorsch, Monique: Management, München/Wien 2001

Strunz, Herbert: Arbeitsgesellschaft quo vadis?, in: International 5/2005, 24-31

Strunz, Herbert: Betriebswirtschaftslehre und Gemeinwohl, in: Pracher, Christian/Strunz, Herbert (Hrsg.): Wissenschaft um der Menschen willen – Festschrift für Klaus Zapotoczky zum 65. Geburtstag, Berlin 2003, 613-619

Strunz, Herbert: Einzelwirtschaft und Gemeinwohl, in: Zeitschrift für Ganzheitsforschung IV/2004, 182-211

Strunz, Herbert: Umweltmanagement, Wien/New York 1993

Strunz, Herbert: Verwaltung, München/Wien 1993

Thiemeyer, Theo: Gemeinwirtschaftlichkeit als Ordnungsprinzip, Berlin 1970

Ordnungspolitische Dialoge

Herausgegeben von Bernhard Seliger, Jüri Sepp und Ralph Wrobel

Band 1 Bernhard Seliger / Jüri Sepp / Ralph Wrobel (Hrsg.): Das Konzept der Sozialen Marktwirtschaft und seine Anwendung. Deutschland im internationalen Vergleich. 2009.

www.peterlang.de

Peter Lang · Internationaler Verlag der Wissenschaften

Alfred Fresin

Die bedürfnisorientierte Versorgungswirtschaft

Eine Alternative zur Marktwirtschaft

Frankfurt am Main, Berlin, Bern, Bruxelles, New York, Oxford, Wien, 2005.
304 S.
ISBN 978-3-631-54446-4 · br. € 32.–*

Die heutige ökonomische Literatur beschäftigt sich damit, wie die Marktwirtschaft effektiver oder sozialer gestaltet werden kann. Völlig ausgeblendet bleibt dabei, wie eine Wirtschaft organisiert sein könnte, die nicht auf den marktwirtschaftlichen Prinzipien Markt, Preis, Lohnarbeit aufgebaut ist. Das zentrale Kapitel des Buches versucht folgende Frage zu beantworten: Wie könnte eine Ökonomie beschaffen sein, die ohne Geld auskommt und deren Zweck eine bedürfnisorientierte Versorgung ist? Die *bedürfnisorientierte Versorgungswirtschaft* (BVW) wird dargestellt und der Marktwirtschaft mit ihren Auswirkungen auf Wohlstand, Arbeit, Gesundheit und Umwelt gegenübergestellt. Ausführlich wird auch auf mögliche Gegenargumente bezüglich dieser alternativen Wirtschaft und Gesellschaft eingegangen.
Ein eigenes Kapitel ist der Fragestellung gewidmet, wie ein Übergang von der Marktwirtschaft zu einer BVW vonstatten gehen könnte. Schließlich werden auch andere bekannte alternative Wirtschaftsmodelle und realisierte Alternativen, die einen ähnlichen Ausgangspunkt wie die BVW hatten, näher erläutert, und die Unterschiede zur BVW herausgearbeitet.

Aus dem Inhalt: Die Rationalität einer irrationalen Ökonomie · Das Elend der Marktwirtschaft · Der staatliche Umgang mit der Marktwirtschaft und deren Elend · Grundriss der BVW · Der Übergang von der Marktwirtschaft zu einer BVW · Die Gegner der BVW und ihre Argumente · Die alternative Gesellschaft als Utopie · Die Nichtutopie: Der wissenschaftliche Sozialismus · Realisierte Versuche alternativer Ökonomien